보육교사(인성)론

이성희 · 이민경 · 이영주 · 최인숙 · 장윤정

창지사

머리말

『보육교사(인성)론』은 영유아기관에서 보육교사가 되기 위한 전문적 훈련과정 중 하나인 보육교사에 대한 기본내용을 배우는 전공 필수과목입니다.

벤자민 프랭클린(B. Franklin)은 "교육에 대한 투자가 가장 높은 이자를 받는다."라고 하였습니다. 우리가 영유아 교육에 조금이라도 성공적인 결과를 이루는 데 기여할 수 있다면 이보다 더 좋은 축복이 아닐 수 없습니다.

교육이란 무엇인가? 좋은 교사가 되려면 어떻게 해야 할까? 이 물음은 보육교사가 되길 희망하는 사람들이나 현재 교사인 분들, 그리고 영유아 교육에 관심 있는 모든 이들의 공통적인 주제일 것입니다. 많은 사람이 교육에는 정도가 없고, 최상의 교육내용과 교육 여건을 갖추었더라도 교육의 질은 교사의 질을 넘지 못한다는 말에 공감하며, 교사 역할의 중요성을 인식하고 있습니다. 교사가 아이들의 생애 초기 발달에 지대한 영향을 미칠 수 있다는 생각을 하면 떠오르는 장면이 있습니다.

> 선생님이 그 애벌레를 학교에 갖고 온 날 상당히 오랜 시간 그 외의 모든 학급활동이 중단되었습니다. 숱 많은 갈색과 오렌지색 털로 덮인 그 애벌레는 아름다웠고, 그 날 이후 몇 주 동안 아이들은 자주 자리에서 살그머니 빠져나와 그 애벌레를 부드럽게 쓰다듬거나 경이로운 눈으로 쳐다보곤 했습니다. 애벌레가 스스로 실을 내어 지은 회색 고치

안으로 모습을 감춰 버린 날도 물론 아이들에게는 잊을 수 없는 중요한 날이었습니다. 그리고 드디어 아주 화려한 봄나방이 되어 고치 밖으로 나왔을 때 선생님은 창문을 열어 그것을 4월의 하늘로 날려 보냈습니다. 봄나방을 위한 축하의식을 치른 뒤, 아이들은 그 나방과 비슷한 종의 생명주기에 관해 공부했습니다.

— 조너선 코졸(J. Kozol), 『젊은 교사에게 보내는 편지』 중.

이 글귀를 읽으면 교사는 무엇을 가르치는 것보다 아이의 영혼과 먼저 관계를 맺어야 하며, 잘 가르친다는 것은 사랑으로 아이들과 눈을 맞추는 것이라는 생각이 더 강해집니다. 교사직에 대한 중요성과 책임의식으로 현장에서 만나는 아이 한 명 한 명을 이해하고, 그 아이들에게 정성을 다해 교류할 수 있는 깨어 있는 교사직 수행은 직업의식을 넘어 사명감이 동반되는 역할이라 하겠습니다.

이 책은 대학 및 양성기관에서 보육교사가 되고자 하는 학생들이 교재로 사용하여 기본적 이론과 바람직한 가치관을 바탕으로 한 실천적 기술을 학습할 수 있도록 내용을 구성하였으며, 총 5부 12장으로 한 학기 과정으로 계획할 수 있도록 하였습니다.

1부의 1장, 2장에서는 **보육교사의 기초**로 보육의 개념과 필요성, 보육패러다임의 변화와 보육교사직의 전반적 특성에 대해 다루었으며, **2부의 3장, 4장**에서는 **보육교사의 정신건강과 자기이해** 부분으로 구성하여 보육교사의 행복과 안녕을 위한 정서관리와 자기이해를 위한 통찰을 얻도록 하였으며, **3부의 5장, 6장**에서는 **보육교사의 인·적성과 윤리**로 교육현장에서 요구되는 교사의 인·적성과 윤리의식과 이에 당면되는 사례를 제시하여 문제해결력을 높이고자 하였습니다. **4부**는 **보육교사직 수행 및 역할**로 **7장과 8장**에서는 보육교사의 자격기준과 임면, 보유교사의 처우와 복무관리 등에 대해 다루었으며, **9장**에서는 보육교사의 역할과 직무에 대해 영아, 유아로 나누어 기술하였으며, **10장**에서는 직무의 다양성에 따라 장애통합, 시간연장, 다문화 학급에 따른 교사의 역할과 직무를 다루었습니다. **5부의 11장, 12장**은 **보육교사의 성장**으로 구성하여 보육교사의 발달과 전문성에 대해 다루었습니다.

그리고 각 장의 마지막에는 관련된 내용을 좀 더 실천적으로 학습하기 위해 과제를 제시함으로써 각 장이 추구하고자 목표를 확인하고자 하였습니다.

『보육교사(인성)론』은 대부분 기초과목으로 배치되므로, 보육교사로서 가져야 할 기본 인성 형성과 바람직한 가치관 점검, 최소한의 이론과 실무기술을 익힐 수 있도록 하는 것에 목표를 두었습니다. 지역사회 여러 대학의 공저자로서의 인연이 보육교사 및 예비보육교사의 역량과 역할을 강화하는 학문적 연구와 실천적 노력의 연대로 확대될 수 있기를 바라며, 부족한 부분에 대한 부끄러움은 지속적인 수정과 보완에 대한 노력을 다짐하는 것으로 대신합니다. 이 책의 출간을 위해 애쓴 창지사 편집부 직원 여러분께도 감사의 마음을 전합니다.

마지막으로, 오늘도 묵묵히 영유아 보육현장에서 아이들과의 교감으로 인생 발달의 튼튼한 초석의 한 곁을 지키고 있는 졸업생인 모든 교사에게 응원을 보내며, 그 한몫을 해내려는 우리 예비 보육교사들에게도 지지와 격려를 보냅니다.

2018년 6월

저자 일동

차 례

제2부 보육교사의 정신건강과 자기이해

제3부 보육교사의 인 · 적성과 윤리

제4부 보육교사직 수행 및 역할

제5부 보육교사의 성장

제1부

보육교사의 기초

신은 우리가 성공할 것을 요구하지 않는다. 우리가 노력할 것을 요구할 뿐이다.

— 테레사 수녀(Mother Teresa).

기술은 하나의 도구에 불과하다. 어린 아이들의 협동심을 고취하고 의욕을 불어넣는데는 교사가 가장 중요하다.

— 빌 게이츠(Bill Gates).

어떻게 하면 지혜로운 교사가 되어 아이들을 잘 돌볼 것인가에 대한 질문을 던지며 그 역할을 수행하기 위해 첫 번째 부에서는 보육의 기초로 보육의 개념과 보육의 필요성, 보육패러다임의 변화를 알아보고, 보육교사직의 이해, 보육교사의 신념, 보육교사의 인간관계 등의 보육교사직의 특성을 살펴보고자 한다.

CONTENTS

제01장 보육의 기초

1 보육의 개념

'보육'은 주로 영유아기의 아동을 보육하는 사회적 행위를 가리키는 말로 사용되며, 가정에서 자녀를 기르는 것을 의미하는 '양육'이라는 행위의 사회화된 측면이 반영된 것이라고 할 수 있다. 보육의 개념은 학자마다 다르게 정의하나 영유아를 보호하고 교육한다는 것에는 공통적으로 동의하고 있다.

보육에 관해 『사회복지사전』(대구대학교 사회복지연구소 편, 1991)에서는 "낮 동안 다른 사람의 보호를 받아야 할 아동에게 주어지는 보호로서 그 대상은 주로 영세시민이나 보호능력이 없는 시민의 자녀이다."라고 기술하고 있으며, 유엔(UN, 1968)은 "아동이 그의 가정 내에서 정상적인 양육을 받지 못할 경우 하루 중의 일정한 시간을 타인에 의해 주어지는 보호를 의미한다."라고 하였다. 플랭크(Flank, 1972)는 "저소득층 가정과 결손가정, 파손가정의 어머니가 일하러 나가는 동안 아동의 성격적 욕구, 교육적 욕구, 건강의 욕구 등을 충족시켜 주기 위한 사업이다."라고 정의하고 있으며, 데커와 데커(Decker & Decker, 1984)는 보육이란

"영아에서 초등학교 연령까지의 아동을 대상으로 부모가 직장에 나가서 일하는 동안 하루 중의 일부 혹은 하루 종일 그들의 자녀를 보호·교육하는 것이다."라고 정의하고 있다. 『유아교육사전』(한국유아교육학회 편, 1996)에서는 "어린 생명을 보호·육성하는 의미와 유아를 보호·교육하는 의미를 갖고 있다."라고 하였다.

「영유아보육법」(1991)이 제정되기 전에는 탁아(託兒)라는 용어를 사용하였으며, 그 의미는 부모가 아닌 타인이 아이를 일정 시간 동안 맡아 주는 일이었다. 전통적으로 아동의 양육자였던 어머니의 경제활동이나 사회참여 등으로 인해 가정에서 정상적인 양육을 받기 어려운 아동을 하루 또는 일정 시간 타인이 보호, 교육하는 것을 의미했다. 1991년 제정된 「영유아보육법」에서는 보육의 목적을 "보호자가 근로 또는 질병, 기타 사정으로 인하여 보호하기 어려운 영아 및 유아를 심신의 보호와 건전한 교육을 통하여 건강한 사회구성원으로 육성함과 아울러 보호자의 사회적·경제적 활동을 원활하게 하여 가정복지 증진에 기여함"이라고 기술한다.

보육이라는 용어는 보호와 교육이 포함된 내용이라는 것과 가정의 복지 증진에 기여하는 것이 목적이라는 측면에서 「영유아보육법」 제정 이전의 탁아와는 차별성을 갖고 있다. 보육의 개념이 부모의 근로시간 동안 사회적·경제적 지위가 낮은 가정을 대상으로 하여 음식, 안식처 등을 제공하는 보완적인 역할에서 모든 아동을 대상으로 하여 보호와 교육을 제공하는 보편적인 사업으로 변화되는 것이다. 이후 2011년 개정된 「영유아보육법」에서는 영유아(嬰幼兒)의 심신을 보호하고 건전하게 교육하여 건강한 사회구성원으로 육성함과 아울러 보호자의 사회적·경제적 활동이 원활하게 이루어지도록 함으로써 영유아 및 가정의 복지 증진에 이바지함을 목적으로 한다고 규정하고 있다. 1991년 제정한 「영유아보육법」의 목적에서는 보호자가 보호하기 어려운 상황일 경우 영유아의 보육을 의미하였다면, 2011년 개정된 「영유아보육법」에서는 모든 영유아가 보육의 대상임을 보여 준다. 또한, 보육은 영유아의 이익을 최우선적으로 고려하여 제공되어야 하며 영유아가 안전하고 쾌적한 환경에서 건강하게 성장할 수 있도록 하여야 하고, 영유아는 자신이

나 보호자의 성, 연령, 종교, 사회적 신분, 재산, 장애, 인종 및 출생지역 등에 따른 어떠한 종류의 차별도 받지 아니하고 보육되어야 한다고 「영유아보육법」 제3조의 보육이념과 '아동권리헌장'에서도 밝히고 있다.

결론적으로 보육은 보호와 교육의 개념으로 단순히 영유아를 보호하는 데 그치지 않고 영유아의 발달 특성에 따른 교육적 서비스를 제공하는 것이다. 즉, 보육은 교육, 사회서비스, 영양, 건강서비스 등을 종합한 보호·교육의 통합적 개념이며, 이를 실현하기 위해 어린이집과 가정의 양육을 모두 지원하는 서비스라고 할 수 있다.

따라서 여기에서는 영유아보육의 개념을 「영유아보육법」(제2조, 개정 2011. 6. 7.)에서 제시하는 '6세 미만의 취학 전 영유아를 건강하고 안전하게 보호·양육하고 영유아의 발달 특성에 맞는 교육을 제공하는 어린이집 및 가정양육 지원에 관한 사회복지서비스'로 정의하고자 한다.

2 보육의 필요성

1) 영유아 측면에서 본 보육의 필요성

보육이 필요한 가장 본질적인 이유는 영유아기의 중요성 때문이다. 영유아기는 정서, 인지, 신체 등의 모든 발달에 있어서 중요한 시기이므로 이 시기의 적절한 보살핌과 교육경험은 개인적인 차원뿐 아니라 국가적인 차원에서도 매우 중요하다. 서영숙과 김경혜(2012)에 의하면, 보육경험은 영유아의 신체 및 운동발달, 인지발달, 사회·정서발달에 긍정적인 영향을 미친다고 하였는데, 여기에 전제된 조건은 질적으로 우수한 교사와 함께했을 때이다. 더욱이 보육교사는 생후 3개월의 영영아부터 만 5세까지의 유아를 대상으로 하고 있어 영유아들의 연령 폭이 다양한 만큼 보육교사의 전문성은 매우 중요하다고 할 수 있다.

정범모(1971)는 '국가발전과 어린이'라는 세미나의 기조강연을 통하여 영유아기 교육의 중요성을 나타내는 네 가지 발달원리를 제시한 바 있다.

발달의 적기성 : 발달에는 결정적 시기가 있어서 이 시기를 소홀히 하면 그 이후의 교육은 효과를 거두지 못한다는 것이다. 예를 들어, 지능발달에 있어서 결정적 시기는 출생부터 8세 사이이다. 그중에서도 4세 이전에 지능발달의 50%가 결정되므로 이 시기 동안 지적으로 적절하고 충분한 인지적 자극과 경험이 필요하다.

발달의 기초성 : 생의 초기인 유아기의 경험은 후기의 발달에 기초가 된다. 다시 말하면, 유아기의 영양결핍이나 지적 · 언어적 자극의 결핍은 후기의 신체발달, 인지발달 또는 언어발달을 지체시키거나 발달의 장애를 유발한다.

발달의 누적성 : 발달은 이전의 단계를 기초로 현 단계의 발달이 이루어지며 다시 그 위에 다음 단계의 발달이 형성된다. 그러므로 한 단계의 발달이 잘못되면 그것이 원인이 되어 다음 단계의 발달에 더 심한 부정적 영향을 주게 된다.

발달의 불가역성 : 특정 시기의 발달에 문제가 생기면 그 시기가 지나간 다음에는 다시 수정하거나 교정될 수 없다는 것이다. 예를 들어, 신장의 성장이 끝난 이후에는 아무리 충분한 영양을 섭취하더라도 더는 키가 자랄 수가 없다.

영유아기가 발달의 결정적 시기라는 점에서 볼 때 적기교육이 필요하다. 보육기관을 통해 지적 또는 언어적으로 적절하고 풍부한 자극과 경험이 주어지고 또래나 교사와의 사회적 상호작용이 활발해지게 함으로써 영유아의 전인발달에 긍정적으로 기여하게 된다. 맞벌이가정 자녀의 경우 부모가 일하는 낮 동안 신체적으로 안전하게 보호받음과 동시에 생리적 욕구, 즉 식사와 간식, 배설, 낮잠 등의 욕구를 충족시킬 수 있다. 물론 방과후 보육이나 24시간 보육을 실시하는 시설을 이용하여 하루 중 어느 때라도 보호를 받을 수 있다.

이처럼 영유아는 안정적이고 교육적인 환경에서 생활함으로써 다양한 발달을 촉진시킬 수 있으며, 이때 저소득층 아동은 보상교육도 겸하여 받을 수 있다. 특히, 저소득층은 교육을 통해 보상받음으로써 후기 학습에서 성공의 가능성을 증대시킬 수 있다. 그러므로 영유아 측면에서 본 보육의 필요성으로 영유아기의 적절하고 풍부한 보육경험은 매우 의미 있는 것이라 할 수 있다.

2) 부모와 가족의 측면에서 본 보육의 필요성

오늘날 여성 대부분이 출산 후에도 일하기를 원하며 자기계발에 대한 욕구가 증대하면서 자녀를 영아 시기부터 어린이집이나 조부모에게 맡겨 도움을 받는 경우가 점차 증가하고 있다. 현대사회의 산업화와 도시화 현상은 가족구조의 변화와 보육의 필요성을 부각시켰다. 전통적인 대가족제도에서 핵가족으로의 변화는 가족구조와 기능, 가족구성원의 역할, 가족 수 및 가치관의 변화를 가져왔다. 전통적인 가족구조에서는 부모를 대신해서 아동의 보호, 양육, 문화전달, 가치 및 규범을 사회화시켜 줄 대리양육자—할아버지, 할머니, 고모, 이모, 삼촌, 숙모 등—가 있어서 자녀양육 문제를 가족 내에서 해결할 수 있었다.

부부중심의 핵가족에서는 자녀양육을 전반적으로 부모에게만 의존하게 됨으로 인해 가족의 자녀양육 기능을 약화시키는 결과를 가져왔다. 이에 젊은 부모들의 자녀양육을 지원하고 역량을 강화하는 차원으로 보육의 필요성이 대두되었다. 또한, 한부모가족, 조부모가족 등 가족형태의 다양화로 인하여 돌봄의 공백이 발생하고 있어 보육이 절실하게 필요한 상황이 되었다. 산업사회를 거쳐 오면서 여성의 사회 진출은 괄목할 만한 성장을 보였다. 그로 인한 취업모의 증가는 보육의 필요성을 강조하는 가장 큰 원인 중 하나가 되었다.

〈표 1-1〉과 같이 여성경제활동인구 조사에 의하면 지난 10년간 여성경제활동참가율은 50% 수준에서 정체된 상황이다. 1999년 이후 점진적인 경기회복으로 2004년 49.9%, 2005년에는 50.1%로 최초로 50%를 넘어섰으나, 2009년 경제위기로 다시 49.3% 수준으로 하락하였고, 2010년 49.6%, 2011년 49.8%, 2012년 50.1%로 다시 소폭의 상승세를 이어가다 2012년 다시 50%를 넘어섰으며, 2017년 52.7%로 50% 대 초반의 수준을 보이고 있다. 여성경제활동인구는 1998년 8,576천 명으로 급격한 감소 이후 다시 증가하는 추세를 보이기 시작하여 2009년 10,153천 명, 2010년 10,335천 명, 2011년 10,520천 명, 2012년 10,704천 명, 2013년 10,862천 명, 2014년 11,229천 명, 2015년 11,426천 명, 2016년 11,583천 명, 2017년 11,773천 명으로 꾸준히 증가하고 있다. 여성경제활동인구가 2010년 이후 약 1천만 명을 넘어섰으나 이 수치는 취업자와 실업자의 합계로 경제활동인구의 증가가 곧바로 여성취업자의 증가를 의미하는 것은 아니며, 여성경제활동인구 증가분 대다수가 중·장년층 이상의 노동시장 재진입자 위주로 구성되어 있다고 볼 수 있다.

〈표 1-1〉 경제활동인구 조사 (단위 : 천 명, %)

구분	2008	2009	2010	2011	2012	2013	2014	2015	2016	2017
15세 이상 여성인구	20,333	20,593	20,846	21,119	21,356	21,576	21,806	22,018	22,205	22,357
여성경제활동인구	10,207	10,153	10,335	10,520	10,704	10,862	11,229	11,426	11,583	11,773
여성경제활동 참가율	50.2	49.3	49.6	49.8	50.1	50.3	51.5	51.9	52.2	52.7

출처: 통계청(2018년).

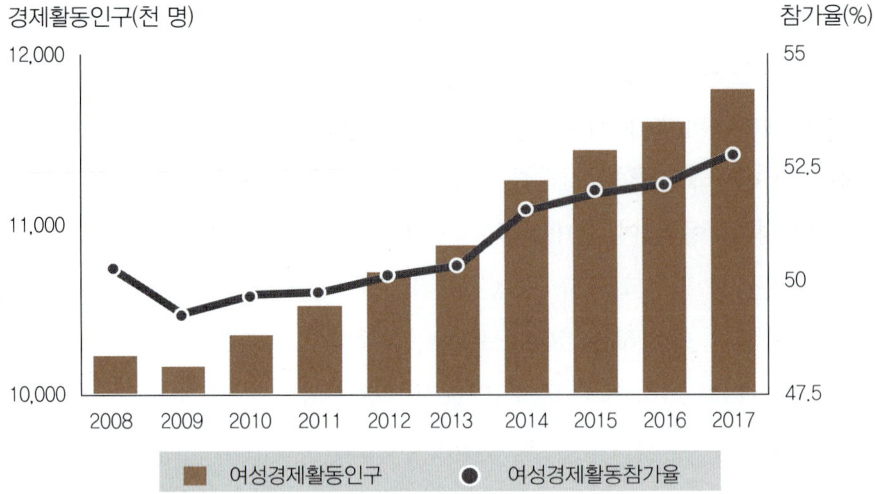

[그림 1-1] 여성경제활동 인구 및 참가율

출처: 통계청 「경제활동인구 조사」.

결론적으로, 여성의 경제활동을 장려하고 여성의 노동력에 의존하는 비중이 큰 사회로 변화해 가면서, 보육에 대한 관심과 요구가 높아지게 되었음을 알 수 있다. 또한, 취업형태가 다양해지면서 시간제 보육, 24시간 보육, 방과후 보육 등 보육서비스에서도 다양한 요구가 제시되었다.

따라서 부모와 가족의 측면에서 본 보육의 필요성은 맞벌이가정에 당면한 문제인 자녀양육 기능을 보충해 줌으로써 안심하고 생업에 전념할 수 있게 하며, 가정경제의 향상을 기대할 수 있다. 더불어 부모, 특히 어머니가 사회참여를 통해 자아실현을 이룰 수 있으며, 함께 성숙하는 부부로서의 생활이 가능해져서 부부 관계의 질적 향상을 도모할 수 있게 한다.

3) 국가의 측면에서 본 보육의 필요성

최근 우리 사회는 급격한 출산율의 저하로 현재 사회체제의 존속이나 유지를 위협할 수 있다는 우려가 나오고 있다. 그러므로 취업모가 안고 있는 자녀양육 문제는 개별적으로 해결해야 할 개인적인 문제가 아니라 국가·사회적인 차원에서 관심을 갖고 다루어야 할 문제로, 이 또한 보육의 필요성을 증대시킨 것이라 하겠다.

출산율 저하의 요인은 복잡하다. 기존 연구에서는 출산율 저하의 주된 원인으로 여성의 경제활동 참여 증가를 주로 들었으나, 최근 연구에서는 여성의 일-가정 양립을 불가능하게 하는 사회적 양육분담 시스템 부재가 저출산 문제를 심화시키는 것으로 나타났다. 또한, 결혼관이나 자녀관 등 가치관의 변화, 기혼층의 미래에 대한 불확실성 증가, 보육비·교육비 및 사교육비 부담, 육아지원 인프라의 미흡 등도 출산율을 기피하거나 중단하는 요인으로 언급된다.

저출산이 위험한 이유는 미래 성장동력의 상실을 의미하기 때문이다. 저출산이 지속되면 궁극적으로 세대 간 갈등도 더 깊어질 수밖에 없다. 이러한 저출산 현상이 지속될 경우 국가경쟁력에도 심각한 타격을 주게 될 것으로 전망된다.

'브릿지(BRIDGE)' 플랜은 문화·관행 바꾸기(Bulding new culture), 만혼대책 강화 등 방향 전환(Restructure), '있는 제도'의 실천(Implementation), 아빠의 육아 참여(Daddy), 민간·지역·정부협력(Go together), 사회구조 경제 등 영역 확장(Enlargement)의 앞 글자를 딴 슬로건이다. 2020년까지 정부의 저출산 대책을 망라한 계획이다. 이제 '저출산 해결은 남성의 가사분담, 기업의 일-가정 양립 실천 분위기, 생명존중 등 사회의 인식, 문화, 행태가 바뀌어야 하는 문제로 정부정책만으로는 해결에 한계가 있으므로 시민단체, 종교계, 기업, 지자체 등 사회 전체가 함께 힘을 모아야 한다'라고 강조하고 있다. 부모에 의한 양육지원에 결함이 생기지 않도록 사회적 책임을 다한다는 관점에서 실시되는 보육의 필요성은 미래시민과 국민을 양성한다는 의미에서 건강하고 건전하며, 정신적으로 안정될 뿐만 아니라 사회적 역량을 갖춘 영유아는 국가번영의 지속적인 자원이다. 따라서 국가 측면에서 보육의 필요성은 매우 중요한 역사적 사명이라고 볼 수 있다.

3 보육패러다임의 변화

앞서 기술한 바와 같이 보육은 지속적으로 변화·발전하였다. 이는 사회적 요구의 변화가 보육패러다임의 변화를 가져왔기 때문이다. 과거와 현재의 보육패러다임의 변화를 간단하게 요약하면 〈표 1-2〉와 같다.

〈표 1-2〉 보육패러다임의 변화

구분	과거	현재
보육대상	선택적 보육	보편적 보육
보육주체	개별 부모의 책임	국가의 참여 확대
보육의 운영	공급자 중심의 서비스	수요자 중심의 다양한 서비스
유아교육과의 관계	유·보 분리	유·보 통합

1) 보편적 보육의 확대

최근 보육정책의 흐름은 요보호아동에 대한 선별적 차원의 보육에서 일반아동을 대상으로 한 보편적 보육이 적극적으로 이루어지고 있다. 종전 부모의 근로시간 동안 사회적·경제적 지위가 낮은 가정을 대상으로 하여 가정을 대신해 음식, 안식처 등을 제공하는 보완적 역할에서 모든 아동을 대상으로 한 보호와 교육을 제공하는 보편적 사업으로 변화되고 있다. 이러한 보육정책은 공공서비스의 형태이므로 국가 책임하에 관리, 지원하여 보육의 공공성을 확보하도록 정책이 수립되고 보육수요자에게 혜택이 갈 수 있는 적절한 재정 투입과 부모가 신뢰할 수 있는 어린이집을 확충하는 것도 필요하다. 또한, 영유아를 주체로 보고 사회적 계층, 부모 특성, 환경 등에 관계없이 영유아에 대한 보육서비스가 제공되어 영유아의 권리 측면에서 볼 때도 영유아는 차별받지 않고 사회구성원으로 건강하게 성장하고 평등하게 보호받고 교육받을 권리가 있음을 인정하는 사회적 공감대가 형성되고 있다.

아동은 보호와 교육을 받을 권리를 지닌 주체로서 보호자가 누구인지에 상관없이 자신의 개성과 잠재능력을 계발하고 장차 자아실현을 할 수 있는 기반을 닦도록 평등하게 보호받고 교육받을 기회를 누려야 한다. 이제 국가는 보육에 대한 투자가 복지적 차원이 아니라 성장동력을 확충하는 문제라고 인식하고 있으며, 영유아에 대한 국가적 책임이 확대되어야 한다는 것을 인식하고 다각적으로 노력해 왔다. 그러나 보편적 확대가 자칫 조기교육의 열풍과 부모역할의 소홀로 이어지지 않도록 하며, 보육정책을 실행하는 데 무엇보다도 영유아의 복지와 행복을 우선으로 하는 철학과 보육관이 바탕이 되어야 할 것이다.

2) 국가의 책무성 확대

국가의 장래는 영유아에게 달려 있고 국가에 필요한 영유아를 기르는 일은 개별 부모의 책임을 넘어서 사회적·경제적으로 국가의 책임이 되었다. 특히 저출산·고령화되는 현 시점에서는 더욱 그러하다. 보육은 국가의 책임하에 보편적 관점에서 추진되어야 하나 그동안 보육현장은 민간에 의해 주도되어 왔다. 최근 국가는 보육에 관해 국가의 책무성을 확대하기 위해 무상교육 및 보육료 감면제도 확대, 국공립어린이집 확충, 민간시설에 대한 정부지원의 확대 등을 통해 노력하고 있지만, 수요자의 요구에는 충분하게 대응하지 못하고 있는 실정이다.

국가는 저출산 대책의 하나로 영유아의 보육지원을 점차 확대하고 있다. 정부는 3~5세 누리과정을 시행하는 2013년부터 소득과 관계없이 지원하고 있으며, 이를 통해 취학 전 교육의 질을 제고하고 생애 초기인 영유아기에 평등한 출발을 보장하는 국가의 책무를 실현하고 있다.

현재 보육료 지원은 보육사업안내에 따라 지원기준을 적용하고 있는데 정부의 한정된 예산으로 아직도 수요자의 욕구에 충분히 충족되지 못하고 있다. 정부는 보육서비스 전달체계상의 행정체계 및 지원체계가 제 기능을 다할 수 있도록 각 지방자치단체의 보육전담인력을 확충하여 보육전달체계의 효율성을 증대하고 각 지역 특성에 부합하는 보육발전 중·장기계획을 수립할 수 있도록 해야 할 것이다.

보육지원체계 중 하나인 육아종합지원센터의 기능이 활성화되도록 네트워크를 구축하고, 센터의 전문인력과 예산을 증가해야 한다. 또한, 보육공무원을 보충하여 현실에 맞는 계획과 수용자의 욕구에 맞는 정책이 전달되어야 할 것이다.

국가의 보육정책을 실현하기 위해서 정부는 기본적인 지도·감독체계를 갖추어야 한다. 특히 정부가 운영하는 어린이집은 정해진 지침에 따라 어린이집이 운영되도록 철저하게 지도·감독하여야 할 것이다. 또한, 국가지원에 걸맞은 어린이집의 책임도 확대시키는 정책을 실천하고 있는데, 2012년 9월부터는 국공립 등 보조금을 지원하는 어린이집부터 단계적으로 재무·회계규칙을 제정해 적용하고 불성실한 회계를 제재할 수 있도록 회계관리시스템과 클린카드를 도입하며, 2013년 5월부터는 연구용역(육아정책연구소)을 통해 특별활동 표준모델 및 가이드라인 등을 개발하고, 이를 토대로 특별활동 운영 등과 관련한 규정을 법정화하는 등의 관리대책을 실시하는 중이다. 또한, 보육교사의 근무여건 향상을 위해 2013년부터 3~5세반을 담당하는 교사에게 처우개선비를 지원하고, 0~2세 영아반 교사에게도 처우개선비를 지원함으로써 질 높은 보육서비스 제공을 위해 노력하고 있다.

국가는 부모가 아이 걱정 없이 직장에서 일할 수 있도록 빈틈없는 보육지원체계를 구축하여 우리 사회의 저출산 문제를 해결하고 일-가정 양립이 가능하게 하는 등 사회 변화에 맞추어 나가기 위해 최선을 다해야 할 것이다.

3) 수요자 중심의 보육서비스

보육서비스는 일차적으로 가족의 책임이다. 그러나 현 상황에서 영유아보육이 가족 내에서만 이루어지기에는 한계가 있다. 지역사회나 각 가정의 요구에 따라 어린이집의 활동 형태와 보육수요층이 다양해진 만큼 다양한 보육서비스 제공이 필수적이나, 보육기관에서는 이러한 수요층을 수렴하지 못하는 실정이다. 여성의 교육수준 향상, 사회문화적 가치관의 변화, 남성 홑벌이만으로는 보장하기 불안정한 가계상황 등은 젊은 여성세대 중심으로 취업률 증가 현상을 가져왔다. 이는 당연히 사회적 돌봄, 즉 보육서비스 관련 욕구의 확대로 이어졌다. 그러나 절대적으로 부족한 보육시설과 안심하고 맡기기 어려운 보육서비스 환경은 여성이 취업과 돌봄 노동을 모두 해야 하는 이중 부담을 지게 하였고, 결국 저출산으로 이어지고 있다.

따라서 여성에게는 출산을 기피하거나 출산 후 경력단절을 해야 하는 어쩔 수 없는 선택이 남았을 뿐이다. 그래서 사회적 돌봄 확대를 통해 출산율도 높이고 경력단절로 인한 인적 자원 낭비도 막아 보자는 보육정책 기조가 등장한 것이다. 물론 현재 보육기관은 시간연장, 휴일보육, 방과후 보육, 24시간 보육서비스, 일시보육, 장애영유아 보육 등 다양한 보육서비스를 제공하고 있지만 현실적으로 보육수요자들은 아이를 제대로 맡길 곳이 없다고 하소연하고 있다.

그 이유는 장시간 근무로 인한 교사의 정신적·육체적 한계로 양질의 보육서비스가 이루어질 수 없기 때문이다. 대부분 오전에 영유아를 보육한 교사가 오후에도 연장하여 보육하는 상황이며, 어떤 보육기관에서는 교사가 요일을 정하여 종일반을 맡아 교육하고 유치원 종일반 보육도 한 교사가 오전부터 오후까지 영유아를 맡아 교육과 보육을 해야 하는 상황이다. 이러다 보니 보육시설에서는 취업모에게 빠른 퇴근시간을 요구하게 되며 조금만 늦어도 부담을 갖게 하는 등으로 이어지고, 취업모는 심리적으로 부담을 느끼게 되어 많은 보육기관 및 다양한 서비스에도 불구하고 여전히 조부모에게 보육부담을 지게 하는 악순환이 이어지는 실정이다.

이에 정부는 아이와 부모의 보육서비스 요구 상황에 맞게 지원을 다양화하고자 2016년 7월부터 맞춤형 보육제도를 시행하고 있다. 맞벌이가정 등 장시간 어린이집 이용이 필요한 가구에게 필요한 만큼 충분한 보육서비스를 제공하여 일-가정 양립을 지원하며, 가정 내 돌봄이 가능한 영아에게 적정시간의 보육서비스를 지원하여 영아의 건강한 성장·발달을 지원하고 있다. 앞으로 여성의 더 많은 사회진출 기회 등을 고려해 볼 때, 다양한 양질의 보육서비스가 제대로 이루어질 수 있는 수요자 중심의 사회·국가적 환경, 시스템 관리 등이 요구된다.

4) 유아교육과 보육의 통합

현재 우리나라는 유아교육과 영유아보육이 이원적인 체계로 운영되고 있다. 유아교육은 교육부에서, 영유아보육사업은 보건복지부에서 주관하고 있다.

무엇보다도 영유아의 입장에서 어린이집이나 유치원 중 어느 곳을 다니든지 동질의 교육을 받을 권리가 있다는 측면에서 유아교육과 보육이 통합될 필요성이 있다는 지적이 있었다. '영차프로젝트'와 '누리과정'은 유·보협력 및 통합을 위한 하나의 방안이 되고 있다.

(1) 누리과정 제도의 도입

누리과정은 만 3~5세아 보육·교육에 대한 국가의 책임 강화와 만 3~5세 보육·교육과정 통합, 보육·교육비용 부담 경감을 목적으로 도입되었다. 이것은 미래 인적 자원에 대한 투자로서 보육·교육 지원을 확대하여 부모 양육부담 경감, 출발선상 공정기회 보장 및 건강한 성장·발달지원과 어린이집과 유치원으로 이원화되어 있는 교육·보육과정을 '누리과정'으로 통합하여 유아기에 필요한 기본소양, 자율성과 창의성 및 바른 인성을 기르고 전인발달을 이루도록 구성·적용하고 있다.

주요내용

- 만 3~5세아에 대한 유아 공통과정(누리과정) 도입
- 3~5세 연령별 누리과정은 만 3~5세 유아의 심신의 건강과 조화로운 발달을 도와 민주시민의 기초를 형성하는 것을 목적으로 구성
- 질서, 배려, 협력 등 기본생활습관과 바른 인성을 기르고 자율성과 창의성을 기르는 데 중점을 두고 전인발달을 이루도록 구성
- 사람과 자연을 존중하고, 우리 문화를 이해하는 데 중점을 두어 구성하였으며 만 3~5세아의 발달 특성을 고려하여 연령별로 구성
- 초등학교 교육과정과 0~2세 표준보육과정의 연계성을 고려하여 구성
- 3~5세 연령별 누리과정은 신체운동·건강, 의사소통, 사회관계, 예술경험, 자연탐구의 5개 영역을 중심으로 하는 주요 내용으로 구성
- 보육·유아교육에 대한 투자는 일석사조(맞춤형 복지, 저출산 대책, 미래대비 투자, 일자리 대책 등)의 효과를 추구
- 보육교사 등 사회서비스 일자리를 창출하고, 여성의 경제활동참여를 촉진
- 만 3~5세 유아교육·보육의 질이 한 단계 높아지고, 학부모의 부담이 실질적으로 경감
- 만 3~5세 유아의 질 높은 공통과정 적용 및 초등학교 교육과정과 0~2세 표준보육과정의 연계성 강화

(2) 영차프로젝트

영차프로젝트는 육아정책연구소가 유아교육과 보육의 협력과 통합 가능성을 탐색하고자 2009년부터 수행한 연구이다.

배경 및 목적 : 유아교육과 보육의 이원화 체제로 인한 행정·재정의 중복, 유아교육과 보육서비스의 보편화 및 유사성의 증가로 유·보협력에 대한 요구가 증가하므로 유·보협력에 대한 정책과제와 전략들을 구체화하여 현장에 적용함으로써 유·보협력의 가능성을 탐색하고자 하였다.

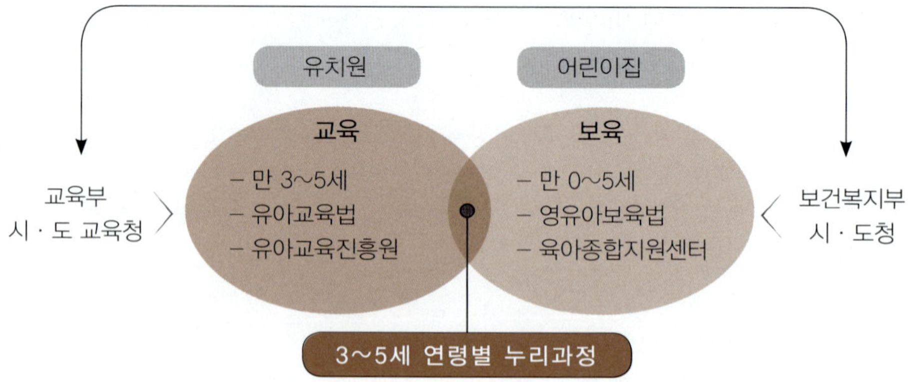

누리과정 시행 이전

- 유치원은 만 3~5세 유아 대상의 교육 중심으로,
  어린이집은 만 0~5세 영유아 대상의 보육 중심으로 운영됨.

누리과정 시행 이후

- 2012년 3월부터 전국 모든 유치원과 어린이집에 다니는 만 5세아를 대상으로 공통과정인 5세 누리과정이 운영됨.
- 2013년 3월부터 3~4세아에게 확대 시행되고 있음.
- 누리과정 시행으로 유치원과 어린이집 두 기관 모두에서 균등한 양질의 서비스를 제공하고자 함.

영차 프로젝트는 누리과정의 성공적인 운영을 선도하면서
유치원과 어린이집의 실질적인 협력을 추구함.

[그림 1-2] 영차프로젝트 개요

출처: 육아정책연구소.

이와 같은 과정을 통해 영차프로젝트에 참여한 유치원과 어린이집의 협력 성과를 알아보면 다음과 같다(문무경, 2012).

첫째, 기관운영 협력 측면에서 참여 유치원과 어린이집이 연초에 연간 협력계획안을 협의하고 난 후에 기관운영을 시작하여 효율적인 유·보협력기관 운영이 이루어졌다.

둘째, 시설환경 협력 측면에서 이동급식, 차량 활용, 도서관 이용, 텃밭 활용 등의 기관 간의 쌍방향 교류가 정례화되고 확대되었다.

셋째, 프로그램 협력 측면에서 처음에는 현장학습과 공동행사 위주의 일회성 협력활동이 이루어지다가 연중 프로그램으로 계획하여 지속적으로 심도 있게 협력하는 방향으로 전환되었다.

넷째, 교사 협력 측면에서 기관 간의 교사협의회를 최소한 월 1회로 정례화하고 교사연수를 강화하여 유·보협력에 대한 이해증진 및 협력활동이 체계적으로 전개되었다.

다섯째, 부모교육 및 참여 협력 측면에서 참여한 유치원과 어린이집들은 공동의 부모교육 프로그램 및 부모참여 워크숍을 운영하였다.

여섯째, 예산 협력 측면에서 교재·교구의 공동구입 및 교재활용, 공동 교사연수를 한 강사비용의 공동부담 등 예산 절감의 내용이 다양화되었다.

[그림 1-3] 영차프로젝트 수행단계

출처: 육아정책연구소.

학습실천과제

1 국가, 학부모, 영유아가 바라는 좋은 교사는 무엇을 말하는지 정리해 본다.

2 나는 어떤 교사가 좋은 교사라고 생각하는지 정리해 본다.

3 좋은 교사가 되기 위해 무엇을 준비해야 하는지 정리해 본다.

제02장 보육교사직의 특성

1 보육교사직의 이해

일반적으로 보육교사의 모습을 상냥하고 예쁘며, 다재다능하고, 단정하고 청순하게 그려 낸다. 학부모들은 보육교사의 이미지 구성요소인 역할, 자질, 전문성 중에서 교사의 역할이나 전문성보다는 자질을 중요하게 생각한다. 또한, 영화나 드라마에 나타난 교사의 이미지에 관한 연구에서는 영유아교사의 인성적 특성, 외형적 특성, 전문적 자질과 역할, 직업적 위상이라는 이미지 구성요소 중에서 여성스럽고 청순한 외모에 사랑이 강조된 전통적 교사역할이 주로 부각된다고 하였다.

영화나 드라마 등에 왜곡되어 표현된 보육교사에 대한 이미지는 보육전문가로서의 모습을 약화하므로 그 개선이 절실히 필요하다. 한편 보육시설에 근무하는 교사는 대중이 생각하는 것과는 달리 교사 자신을 교육전문가이며 전문성을 갖춘 사람으로 인식한다. 조운주(2007)의 연구에 의하면 영유아교사는 여성적인 이미지보다는 양성적, 정서적 이미지, 가르침의 이미지를 가지고 있었다. 이처럼 영유아교사에 대해 대중과 영유아교사가 생각하는 이미지 사이에는 간극이 존재한다. 이러한 문제를 해결하기 위해 보육교사직의 특성에 대해 살펴보고자 한다.

1) 교직의 특성

교사는 학생을 가르치는 직업을 가진 사람이다. 교사는 학생의 성장과 발달을 조력하고 학생이 자아실현을 이루도록 교육활동에 직접 참여하여 학생을 가르치는 사람이다. 이러한 일을 하는 직종을 교직이라고 한다.

교직은 배우는 학생에게 단순히 지식을 전달하는 역할만 하는 것이 아니라 무한한 잠재 가능성이 있는 개인의 전인적 성장을 도모한다는 점에서 매우 중요한 역할을 한다. 그러므로 교직은 직업 특성상 전문직이라 할 수 있다.

또한, 교육하는 일을 수행하기 위해서는 고도의 지적 능력이 요구되고 준비를 위한 교육기간도 길며, 교직은 다른 전문직과는 다른 교직만의 특수성이 있으므로 교직수행에 요구되는 전문성을 갖추기 위해 노력해야 한다. 그러나 교직의 전문성을 갖추었다 하더라도 교직은 인간을 대상으로 하므로 단순한 직업이라고 할 수 없다. 교사는 비전과 헌신을 속성으로 하는 사명감이 있어야 산 교육을 할 수 있고 학생의 정신 성장을 돕는 참교육자가 될 수 있다. 이런 의미에서 교직은 전문성을 가지고 있으나 소명의식이 요구되는 직업이다. 즉, 교직은 인간을 가르치는 성스러운 직업으로서 특별한 자질과 사명감을 가져야 한다. 또한, 교직은 전문직으로서 자율적인 선택과 결단에 의하여 그 직무를 수행하므로 다른 직업보다도 자율성이 보장되고 유지되어야 한다. 교사는 교사로서의 직무를 수행함에 있어서도 외부의 환경이나 권위에 의한 강요나 지식에 얽매이지 않고 자유로이 의사결정을 할 수 있어야 한다.

이러한 자율성과 책임을 중시하는 교직의 특성에 대하여 정리해 보고자 한다.

첫째, 교직은 인간을 대상으로 한다. 교직은 단순히 지식전달에 그치지 않고 전인적 인간을 길러 내는 직업이다.

둘째, 교직은 인간의 정신적 생활을 대상으로 한다. 교직은 미성숙한 학생이 건전하고 이성적이고 합리적인 정신을 함양하도록 양육하는 직업이다.

셋째, 교직은 미성숙자를 대상으로 하는 직업이다. 즉, 무한한 성장 가능성을 가진 인간이 성숙한 인격을 가진 인간으로 성장할 수 있도록 도와주는 직업이다.

넷째, 교직은 봉사직이다. 교직은 물질적, 경제적 보상이 다른 직종에 비해 부족하다. 교직은 이러한 보상보다는 천직이나 성직처럼 교사로서의 소명의식이나 헌신적인 자세가 더 요구되는 봉사직이다.

다섯째, 교직은 공적인 일이다. 즉, 교직은 미성숙한 학생을 가르쳐 국가와 민족의 미래를 책임질 지도자를 양성한다는 점에서 공적인 일을 하는 것이다.

여섯째, 교직은 전문성을 지니고 있다. 교사가 되기 위해 고도의 지적 능력을 필요로 하는 전문적인 교육과 교직수행을 위한 지속적인 연구가 필요하다.

일곱째, 교직은 인류가 쌓아 온 문화유산을 보존하고 다음 세대에 전달하고 새로운 문화를 창출하는 데 기여하는 직업이다.

여덟째, 교직은 가르치는 사람과 배우는 사람이 동일한 일을 한다. 교사는 학생에게 가르치지만 교사도 학생들을 가르치기 위해 계속적으로 전문적 지식을 배워야 한다.

2) 보육교사직의 특성

보육교사의 일반적 특성은 다른 교직과는 차이가 있다. 인생에서, 특히 영유아 시기의 초기 보육경험은 발달에 결정적인 영향을 미칠 수 있으므로 중요한 의미를 지닌다. 또한, 영유아기는 학습의 결정적 시기일 뿐만 아니라 자아개념과 사회적 관계 형성에 중요한 시기이다. 보육교사는 영유아 발달에 결정적인 영향을 미칠 수 있는 존재로서 자신이 영유아의 삶에 미치는 영향과 보육교사직에 대한 가치를 올바르게 인식하는 것이 중요하다. 보육교사가 갖추어야 할 직업적 특징에 대하여 살펴보고자 한다.

첫째, 보육교사직은 사랑에서 시작해야 하는 직업이다. 보육교사는 어린 영유아를 대상으로 하는 직업으로 따뜻한 사랑과 보살핌으로 영유아의 요구에 민감하게 반응하고 수용해 주어야 한다. 모든 교육이 사랑으로 시작되지만, 특히 영유아보육에서 영유아와 교사의 개별적 관계가 미치는 영향은 전 생애를 통해 나타나므로 교사와 영유아 간의 함께하는 사랑이 보육의 성패를 좌우한다고 볼 수 있다.

둘째, 보육교사직은 가르치는 일과 돌보는 일 사이의 조화를 유지해야 하는 직업이다. 보육교사직은 영유아를 가르치는 데에만 그치지 않는다. 보육교사는 영유아에게 안전하고 안정된 환경을 제공하고 영유아가 환경을 탐색하고 상호작용하도록 돕는 등의 교육이 이루어지게 한다. 나이가 어릴수록 가르치는 것보다는 돌보는 행위가 더 강조되지만, 교육 역시 이루어진다. 즉, 영아에게도 보육과 교육이 동시에 이루어지며 연령에 따라 탄력적으로 운영되고, 교사가 영유아를 관찰하여 상황에 적절하게 보육과 교육의 비중을 구성하는 것이다.

셋째, 보육교사직은 눈에 보이지 않는 측면의 상호작용에 민감해야 하는 직업이다. 나이가 어린 영유아는 언어로 자기 생각이나 감정을 표현하는 데 서투르다. 따라서 교사는 영유아가 표현하는 얼굴 표정, 눈빛 등의 비언어적 신호에 민감해야 한다. 보육교사는 영유아가 건강한 사회구성원으로 자라는 데 중요한 밑그림을 그리는 사람이다. 그러므로 보육교사는 영유아가 발달이 미흡하여 표현하지 못할 때나 비언어적인 행동표현을 할 때 이를 잘 관찰하고 민감하게 반응하고 영유아와 적절하게 상호작용하여 전인적 발달을 도와야 할 것이다.

3) 「영유아보육법」에 나타난 보육교사직의 특성

「영유아보육법」에 나타난 보육교사직의 특성을 살펴보기 위해서 먼저 보육의 개념을 살펴보자.

「영유아보육법」(2014) 제2조 제2항에 의하면 '보육'이란 영유아를 건강하고 안전하게 보호 · 양육하고 영유아의 발달 특성에 맞는 교육을 제공하는 어린이집 및 가정양육 지원에 관한 사회복지서비스를 말한다. 보육교사는 앞에서 언급한 보육의 개념을 실천하는 사람이며 보육교사직은 영유아에게 보호와 교육을 지원하는 사회복지 차원의 서비스를 수행하는 특성을 가지고 있다. 이에 보육교사직의 특성을 보호와 양육, 교육, 사회복지서비스의 측면으로 논의해 볼 수 있다.

(1) 보호와 양육

현대사회의 변화로 그동안 아동의 보호와 양육을 담당하던 가족의 기능이 약화되면서 사회적 차원에서 기능 보완이 요구되었다. 부모를 대신하여 또래집단 속에서 사회성을 키우고 심리적 · 신체적으로 건강하게 성장할 권리를 보장한다는 취지 아래 영유아보육의 의미는 더욱 강조되고 있다.

교사만이 갖고 있는 직업적 특성 중 하나는 인간을 대상으로 하는 직업이라는 것이다. 보육교사직은 그중에서도 가장 어린 연령의 영유아를 대상으로 하는 직업이므로 보육연령이 낮을수록 교사에 대한 의존도는 상대적으로 높아진다. 따라서 가정이라는 사적인 영역에서 이루어지는 보호와 양육이 공적 영역인 어린이집에서도 함께 이루어지고 있는 것을 볼 수 있다.

보육교사의 직무 중 보호와 양육 부분이 있기 때문에 보육교사가 전문직이냐 하는 물음이 제기되기도 한다. 최근까지도 보호와 양육은 특별한 지식이나 기술 없이도 아무나 할 수 있는 비전문적 영역으로 인식되었다. 그러나 시대의 변화로 보호와 양육이 사적 영역뿐만 아니라 공적 영역에서도 다루어지도록 요구되었다. 우리나라도 사회 변화에 따라 공적 영역에서 보호와 양육이 이루어지고 있고 사회적 관심이 증대되고 있다. 그러나 여전히 보호와 양육에 대한 대중의 인식 부족으로 인해 사회적으로 인정받지 못하는 실정이다. 그럼에도 불구하고 현실적으로 보호와 양육은 전문성이 필요한 부분이다. 영유아를 어떻게 돌보는가에 따라 양육의 질이 달라지기 때문이다. 영유아와의 상호작용은 영유아와 정서적 유대감을 형성하며 돌보는 행위 자체가 영유아의 건강한 발달에 기여하게 된다. 또한, 보육교사는 영유아의 안정적 애착형성 과정을 도와주며, 부모와의 협력을 통해 영유아의 균형 잡힌 건강한 발달을 지원하는 중요한 역할을 하게 된다. 따라서 보육교사는 전문성 있는 보호와 양육을 위해 노력하고, 교사로서의 정체성을 확립하는 것이 필요하다.

(2) 교육

보육교사는 초기에는 보호(care)만 담당했으나 점차 보호와 교육의 통합된 개념인 보육(educare)을 담당하는 '전문화된 어머니'로서의 역할이 요구되고 있다. 이전처럼 영유아의 보호와 양육에 머무는 것이 아니라, 어린이집에서 영유아들과 관계되는 모든 일에 대해 전문적으로 판단하고 결정하는 의사결정자로서의 전문적 역할도 부각되고 있다. 보육교사는 사람의 생애주기에서 가장 활발하게 심신의 성장을 보이는 영유아에게 전문적인 개입을 할 수 있어야 한다. 또한, 영유아의 신체적, 정서적, 사회적, 지적 발달이 신체 나이와 균형 있게 이루어지고 있는지를 지속적으로 관찰하고 점검해야 한다. 그리고 다양한 경험과 교육으로 습득한 교수방법으로 영유아의 연령과 발달 수준에 적절한 자극을 제공하는 교육전문가로서의 역할도 수행해야 한다.

보육교사직은 아직 성장하지 않은 미성숙한 인간을 대상으로 하는 직업이다. 미성숙한 존재란 무엇이 부족하다는 의미보다는 앞으로 성장 가능성이 높다는 의미이다. 보육교사는 영유아를 보호·양육할 뿐만 아니라 동시에 교육해야 한다. 일반적으로 돌봄과 교육은 서로 구분되는 개념이지만 보육현장에서는 돌봄과 교육이 서로 밀접한 관계에 놓여 있다.

영유아의 발달은 물리적으로나 정서적으로 안전하고 안정된 환경을 전제로 한다. 영유아의 학습은 주변 환경에 대한 탐색과 환경과의 상호작용을 통해 이루어지므로 성인의 보호 아래 안전하게 세상을 탐색할 수 있어야 한다. 따라서 보육교사의 돌보는 일과 가르치는 일은 구분하기가 어렵고, 이 두 가지 일을 병행한다고 볼 수 있다. 이를 통해 영유아기의 전인적 성장과 발달을 추구한다. 보육교사 외에도 인간을 대상으로 하는 직업은 많이 있지만 보육교사는 단순한 지식전달뿐만 아니라 영유아의 전인적 성장을 더욱 중요시한다. 즉, 보육교사는 영유아의 어느 한 면만이 아닌 총체적인 인간으로서의 성장 가능성을 최대화시키는 중요한 일을 하는 사람이다.

보육교사는 보육을 위해 보육과정을 계획하고 보육활동의 수행 및 평가 등을 행하는 교수자의 역할도 해야 한다. 보육교사는 0~2세의 경우 표준보육과정을 근거로, 만 3~5세 유아에게는 누리과정을 근거로 연령에 적합한 보육프로그램을 수립하고 수업을 진행하며, 영유아의 종합적인 관찰과 평가를 통해 생활기록부를 작성하고 관리해야 한다. 이를 위해 보육교사는 영유아의 개별적 눈높이와 능력 수준을 고려하여 교육에 임해야 한다.

(3) 사회복지서비스

보육의 정의(영유아보육법 제2조 제2항)에서 살펴보았듯이, 보육의 주요 기능은 사회복지의 성격 또한 지니고 있다. 사회복지란 인간의 행복을 추구하기 위한 사회적 노력과 활동을 말하며, 인간의 행복이란 물질적, 신체적, 지적, 정신적 안녕과 발전의 기회를 가지는 것을 말한다. 따라서 사회복지란 모든 사람의 물질적, 정신적 행복을 추구하는 일련의 사회적인 노력과 조직적인 실천활동이라고 할 수 있다. 그러므로 보육도 영유아뿐만 아니라 그들이 속한 가정의 안녕과 행복을 추구하기 위한 사회적 노력을 포함하는 것이어야 한다.

보육교사는 부모를 대신하여 영유아의 건강과 안전을 돌보며, 어린이집은 부모의 경제활동이 가능하도록 육아부담을 덜어 주어 가족복지에 기여하며, 지역사회와의 교류를 통해 지역 공동체의 발전을 가져오는 기능을 수행한다. 이렇듯 보육교사의 직업적 특성은 개인 및 가족, 지역복지의 향상을 가져오기 위한 사회복지 서비스의 관점에서 논의될 수 있다.

2 보육교사의 교육신념

1) 교사의 신념과 유형

『교육학 용어 사전』에 의하면 '신념'이란 판단, 주장, 의견 따위를 생각하는 마음의 상태이며, 자기 생각을 굽히거나 의심하지 않으려는 의지 또는 정신적 태도로 정의하고 있다. 신념은 한마디로 한 개인이 세상을 보는 눈이며, 사람의 행동을 이끌어 간다고 생각되는 정신상태의 구조와 내용을 말한다. 따라서 교육신념은 교사가 자신의 신념을 교육현장에 적용하는 것을 의미한다.

신념을 가지고 있다는 것은 자기 생각을 굽히거나 의심하지 않으려는 의지를 가지고 있음을 의미하기 때문에 교육신념은 교사의 판단, 계획 및 실행에 지대한 영향을 미치게 된다. 교사가 자신이 가지고 있는 신념을 살펴보는 것이 중요한 이유는 교사의 신념이 가르치는 행위에 직접적인 영향을 미치기 때문이다. 교사교육에서 이루어진 수많은 연구는 교육신념이 교사의 태도와 교수행위에 영향을 준다는 결과를 반복적으로 보여 준다.

영유아는 성인의 절대적인 도움 없이 살아갈 수 없다고 믿는 교사의 교수방법과 영유아의 능력을 신뢰하는 교사의 교수방법은 전혀 다르다. 교사가 영유아를 스스로 학습할 수 있는 존재라고 생각한다면 영유아의 학습에 직접 개입하기보다는 영유아 스스로 탐구할 수 있는 환경을 마련해 주는 안내자의 역할을 할 것이다.

반면 영유아의 학습에 성인의 역할이 절대적이라고 믿는 교사들은 매우 적극적으로 학습과정에 개입하게 된다. 이처럼 교사의 신념은 교사가 가지고 있는 이론적인 틀에 따라 달라진다.

교사신념은 학자마다 조금씩 다르게 기술·분류하고 있으나 대체로 콜버그와 메이어(Kohlberg & Mayer), 피터스(Peters) 등의 분류에 기초하여 행동주의, 상호작용주의, 성숙주의로 신념 유형을 분류한다. 이러한 신념은 보육교사에게 영유아가 어떠한 방식으로 발달하고 학습하는지, 교사의 교육적 목표와 목적은 어떠한 것인지, 영유아에게 어떠한 방식으로 교수활동을 제시할 것인지 등을 총체적으로 가리키는 이해구조라 하였다(Peters, Neisworth & Yawkey, 1985).

(1) 행동주의

행동주의 이론은 인간의 성장·발달에 있어 환경요소의 중요성을 강조한다. 또한, 교육에 관해서는 지식과 기능, 가치, 사회적·도덕적 규칙을 한 세대에서 다음 세대로 전달하는 것으로 보는 입장이다. 이 관점은 영유아 초기에 특별한 기술을 많이 학습시켜야 한다는 입장이므로 의사전달, 사고기술, 읽기와 산수 등의 학문적 기술에 집중적 관심을 갖는다.

행동주의 이론에서 영유아는 수동적 학습자이며 발달이나 지식에 영유아 자신의 공헌도가 다른 이론에 비해 적고, 환경의 자극과 반응이 학습에 주된 요소라고 본다. 행동주의에서는 배우려는 동기가 외부에서 오게 되므로, 영유아가 바람직한 행동을 배우려 한다면 그들의 행동은 강화되어야 한다. 영유아의 바람직한 반응을 강화하기 위하여 사회적·언어적 칭찬, 미소, 토큰 강화 등으로 보상한다.

행동주의 이론에 적합한 프로그램의 특징은, 첫째, 특별한 목표에 초점을 두며, 둘째, 훈련이나 주제 분야는 영유아의 전이를 위해 단순한 지식부터 복잡한 지식으로 위계화되어야 한다. 셋째, 교사는 적극적으로 영유아의 활동을 지시한다. 넷째, 학습자는 강화를 주는 교사에 의해 형성되며, 다섯째, 영유아는 구체적인 것부터 추상적인 것으로 전이가 이루어지는데 대부분의 교수는 언어적인 것으로 이루어진다. 학습동기는 유기체의 외부에서 오며 바람직하고 수용 가능한 행동에 초점을 두어 강화하기 때문에 과정보다는 결과를 강조하고 최종 행동에 관심을 둔다. 학습은 위계적으로 이루어지며 모든 단계에서 독립된 성인 지식의 조각들을 즉각적인 피드백, 보상, 반복, 구체적이고 정확한 반응 등 특별한 훈련을 통해 획득된다고 본다. 행동주의적 교사신념을 가진 교사는 영유아의 행동을 바람직한 방향으로 적극적으로 지시하고 수정하고 적절한 강화를 사용하며, 영유아를 위한 학습내용을 결정하는 것은 교사가 책임져야 한다는 데 동의한다.

(2) 상호작용주의

상호작용주의 견해는 생후에서 성인기까지의 인간발달 과정의 주된 영향력으로, 첫째, 유전적인 요인이 주원인이 되는 성숙, 둘째, 환경이 주된 영향력을 제공하는 경험, 셋째, 주어진 유전적 요인을 소유하고 있는 개체가 환경과의 상호작용을 통해 수행하는 발달과제, 넷째, 함께 지내며 발달 과정에 참여하는 다른 사람들과의 협의, 다섯째, 개인이 통합적이며 완전한 기능을 하는 인간으로서 평형을 유지하려는 노력의 과정에서 발생하는 성숙, 경험, 발달과제, 협의 외 모든 영향력 사이의 상호작용으로 본다.

상호작용주의 교육목적은 인간의 성장 · 발달에서 생득적인 측면과 환경적인 측면을 동시에 강조하여 주변 환경과의 능동적인 상호작용을 통해 전인적, 통합적으로 발달해 간다는 입장이다. 교육은 영유아가 사회적, 물리적 환경과의 자연적 상호작용을 통해 구조화된 결과로서 더 높은 수준의 발달을 성취하도록 도와주는 것으로 보며, 인간의 발달단계는 고정된 것이지만 발달속도와 시간은 개인에 따라 다르며, 주위 환경과 상호작용을 통해 구성해 간다고 하였다.

그러므로 상호작용주의 신념을 가진 교사는 영유아가 문제를 스스로 해결할 수 있는 능력을 키우도록 다양한 또래와의 상호작용 등을 적절히 설정하는 역할을 하게 되며, 문제해결 능력과 그에 따른 영유아 발달을 도모할 기회를 제공하는 데 노력하게 된다. 상호작용주의 프로그램은 영유아의 독특성, 능동성, 자발성 등에 초점을 두고 교사나 성인에 의해 마련된 환경과 영유아와의 상호작용을 통해 전인적 발달을 지향하는 것을 특징으로 하며, 영유아의 현재와 미래를 함께 고려하는 과정 지향적인 성격을 지니고 있다.

(3) 성숙주의

성숙주의 신념을 가진 교사는 영유아에게 내재되어 있는 발달의 단계에 근거하여 영유아가 성장하고 발달한다고 보는 견해이다. 즉, 특정 방식의 교육을 제공하고자 할 때, 교사는 영유아가 해당 방식에 흥미를 보이는 적합한 발달단계가 되었을 때를 파악하는 것부터 출발하며, 그러한 판단을 근거로 교육을 실행하는 것이다. 보육목적은 자아확신, 자발성, 호기심, 자기규율 등을 발달시킴으로써 영유아의 정서적, 사회적 발달을 돕는 데 있다. 보육목표는 적절한 문제해결 방법을 찾지 못하면 사회적 행동에 문제가 발생하며 지적 발달을 저해한다고 가정하므로 성숙주의에서는 영유아가 허용적인 분위기에서 교육을 받게 되면, 점진적으로 자신의 능력을 골고루 발전시켜 나간다는 입장을 취하고 있다. 그러므로 교사가 적극적으로 다양한 과제를 부여하여 이끌어 가는 것을 좋지 않게 여긴다. 성숙주의에서는 행동과 학습에 있어서 발생학적으로 통제된 생물학적 변화와 역할을 강조하므로 영유아가 학습하기 위해서는 성숙될 때까지 학습 제시 시기를 기다리는 것이 중요하다.

성숙주의 교사신념을 가진 교사역할은 영유아의 행동을 교사가 직접적, 체계적으로 변화시켜 주는 것이 아니라 그들의 요구를 수용하고 따르는 것으로 본다. 영유아교사는 정원사와 같이 자연적인 성장과정을 방해하지 않고 심리적으로 지원하고 영유아가 틀린 반응을 하였을 때는 신체적, 정신적 미성숙으로 간주하여 준비되기를 기다린다. 따라서 영유아와 개별적으로 상호작용하여 긍정적인 자아개념을 형성하도록 하며, 즉흥적인 대화나 이야기 들려주기, 단일 질문에 의한 자발적인 대화를 강조하고 다양한 활동을 통해 생각과 감정을 표현하도록 자극한다.

성숙주의 교사신념을 가진 교사는 영유아에게 안내자, 양육자, 보호자, 관찰자로서의 역할을 하고 영유아의 발달에 대해 지나친 기대를 가지고 영유아의 성숙 수준을 넘어선 성취를 강요하지 않아야 하며, 영유아의 내적 가능성에 따른 전인적 발달을 도모하며, 영유아의 요구를 수용하고 따르는 것으로 보았다.

〈표 2-1〉은 행동주의, 상호작용주의, 성숙주의 관점에서 보는 교육신념을 정리한 것이다.

〈표 2-1〉 행동주의, 상호작용주의, 성숙주의 관점의 교육신념 특징

구분	행동주의	상호작용주의	성숙주의
교육목적	학문적 기초 형성	인지발달	사회정서발달과 인성발달
아동관	환경에 의해 영향을 받는 수동적인 존재	환경과의 자발적인 상호작용을 통해 발달하는 능동적인 존재	유전적 시간표에 따라 정해진 순서대로 발달하는 수동적인 존재
발달관	외재적 환경의 조작 및 반응을 통한 경험	통합적 과정	인간 고유의 생득적 성향의 자연적 계발
동기화	환경의 외적 자극	환경과 유아의 내적 자극	유전적 성숙에 의한 내적 자극
학습관	환경에 의한 동기화	개인과 외적 환경과의 상호작용	성숙준비도와 학습동기와의 조화
교수방법	직접적인 교수	풍부한 학습환경 조성	풍부한 학습환경 조성
교사의 역할	교수·학습 활동의 준비자	교수활동 계획자, 관찰자, 모델링	간접적 안내자, 격려자, 발달에 대한 지식자
학습 제시 방법	가장 단순한 내용을 순차적으로 제시	경험을 위한 지식의 구성	성숙 수준에 도달할 때 제시
실수를 보는 관점	자극이 부적절하게 제시됨	성인의 지식과 질적으로 다른 것으로 인식	정신적·신체적 미성숙에 의함
학습결과	반복, 모방 및 연습	실수를 통한 내적 지식의 구성	제시되지 않음

교사들이 가지고 있는 인간, 영유아, 교수·학습 원리 등에 대한 신념은 이미 대학에 들어오기 전부터 형성된다는 것이 일반적인 학설이다. 또한, 교수·학습, 영유아에 대한 신념은 한 번 형성되어 끝나는 것이 아니라 일생에 걸친 경험을 통해 이루어진다. 따라서 교사는 자신이 가지고 있는 믿음과 신념을 한 번에 모두 인식하기도 어렵다. 교사가 가지고 있는 신념 중에는 때로 교육에 적합하지 않은 것도 있다. 아무리 우수한 교사라도 자신이 의식하지 못하는 바람직하지 않은 신념이나 편견이 있을 수 있다. 이는 영유아의 학습을 도우려는 교사의 노력을 방해하기도 한다.

교사는 흔히 자신은 영유아들에 대하여 아무런 편견을 가지고 있지 않으며 자신이 맡고 있는 모든 영유아를 똑같이 사랑한다고 말한다. 존스와 더만-스파크스(Jones & Derman-Sparks, 1992)는 교사도 인간인 이상 의식적 혹은 무의식적으로 영유아들에 대하여 편애를 할 가능성이 있다고 지적한다. 이러한 사실을 무시한 채 자신의 내면을 들여다보지 않는다면 무의식 속에 있는 편견으로 인해 영유아들을 편애할 가능성이 매우 크다. 실제로 교사는 학급에서 더 정이 가고 관심이 가는 영유아가 있는 반면에 그렇지 못한 영유아들도 있다는 사실을 알고 있다.

교사 자신이 어떤 점에 편견을 가졌는지를 알게 되면 그것을 늘 의식하게 되므로 영유아들을 편애하지 않도록 노력하지만, 자신의 편견을 전혀 알지 못하면 자기가 무심코 저지르는 행동의 이유를 의식하지 못하므로 훨씬 더 위험하다. 따라서 교사의 신념은 교육에 있어서 매우 중요한 것이다.

2) 교사의 신념에 영향을 주는 요소

교사의 신념이나 관점에 영향을 주는 대표적인 요소로는 교사의 개인적인 경험, 학교경험, 직전 교육 등을 들 수 있다.

(1) 교사의 개인적인 경험

① 성장배경

교사가 가지게 되는 개인적인 경험 가운데 교사의 신념에 영향을 주는 것으로 사회적·경제적 지위, 성, 지역적 특성, 결혼 및 자녀의 유무 등을 들 수 있다. 코넬리(Connelly, 1991)의 연구대상이었던 어느 초등학교 교장선생님은 학교는 모든 구성원을 위한 하나의 공동체가 되어야 한다는 신념을 가지고 있었다. 코넬리는 교장선생님과의 인터뷰를 통하여 그가 토론토 지역의 작고 아담한 마을에서 성장하였기 때문에 동네 사람들이 서로를 잘 아는 커뮤니티의 중요성을 체험했다는 것을 알 수 있었다. 이와 같이 교사가 자란 지역의 특성(도시 대 농촌, 단독 주택 대 아파트, 대도시 대 중·소도시)은 경험하는 내용을 결정하고, 결과적으로 인간과 자연을 보는 관점에 영향을 줄 수 있다.

② 자녀의 유무

불룩과 노울즈(Bullough & Knowles, 1991)의 연구에서는 자녀를 가진 교사의 경우 영유아교사의 역할을 양육의 역할로 규정짓는 경향이 있는 것으로 나타났다. 실제 많은 교사가 자녀의 유무에 따라 영유아를 대하는 태도에 차이가 있었다. 파웰과 비렐(Powell & Birrell, 1992)의 연구에서도 자녀가 있는 교사들은 자기의 자녀양육 태도를 중심으로 교수·학습의 원리를 이해하였고, 그렇지 않은 교사들은 자신의 사전 학교경험을 중심으로 가르치는 일을 이해한다는 것을 밝혀내었다.

③ 종교

개인적인 경험 가운데 신념이나 가치에 가장 영향을 많이 주는 것은 종교이다. 종교는 세상과 인간의 관계를 규정짓는 관점에 결정적인 영향을 미치며, 우리나라의 경우 타 종교에 대한 배타심이 매우 크다는 것이 일반적으로 알려진 사실이다. 자신이 믿는 종교적인 관점에서 혼전관계나 미혼모 등을 인정하지 않을 때, 만일 자신이 담임을 하고 있는 학교에 이러한 학부모가 있다면 그들을 대하는 교사의 태도에 자연스럽지 못한 부분이 있을 것이다.

④ 성별

영유아교사는 대부분이 여성이므로 여자 교사와 남자 교사를 비교하기는 어렵다. 다만, 교사가 가정에서 어떠한 대접을 받고 성장했는가에 따라 여자아이와 남자아이를 대하는 태도가 달라질 수 있음을 알 수 있었다. 학습자의 성별에 따른 교사와 학습자의 상호작용을 연구한 학자들은 거의 일관된 결과를 발표하고 있다. 그 중 교사들이 긍정적이든, 부정적이든 남아에게 훨씬 더 많은 반응과 관심을 보였으며, 영유아들 역시 남아가 교사와의 상호작용을 훨씬 더 많이 독점하는 경향을 보였다.

⑤ 성격

영유아를 대하는 태도에 영향을 미치는 또 하나의 요소는 교사의 성격이다. 교사마다 독특한 방법으로 자신의 학급을 운영해 나간다는 것을 알고 있다. 교사의 성격이 활발하고 움직이는 것을 좋아하면 그 학급의 영유아들도 매우 활기차게 움직이고, 만일 교사가 매우 차분한 성격이라면 그 학급의 전반적인 분위기가 매우 차분해진다. 활기찬 학급에서 조용히 자기 일을 하는 영유아들은 지나치게 소극적이라고 여길 가능성이 있고, 조용한 분위기를 선호하는 교사의 학급에서 적극성을 띠는 영유아들은 산만하고 거슬리게 느껴질 수도 있다.

(2) 초·중·고등학교 경험

예비교사들이 학생 시절에 경험했던 교사 – 학생의 관계관은 교사상을 형성하는 데 매우 커다란 영향을 미친다고 하였다(Lortie, 1975). 실제로 예비교사들이 교사교육을 받기 이전부터 교육에 대한 신념과 태도를 상당한 정도로 발달시킨다고 보는 많은 연구결과가 있다. 노울즈와 홀트-레이놀즈(Knowles & Holt-Reynolds, 1991)는 이러한 도제식 관찰이 교직을 다른 전문직과 구별하는 특징이라고 하였다. 법률가, 의사, 건축가 등의 전문직은 직업을 준비하기 위한 교육(즉, 대학교육)을 받기 전에 그 직업의 성격이나 하는 일을 미리 보지는 않는다. 그러나 교직은 직접 교사로서는 아니지만, 교사와 상호작용을 하는 학생으로서 교직의 역할이나 성격, 주어지는 과제, 심지어는 효과적이고 우수한 교사는 어떠해야 한다는 구체적인 정의까지도 개발시킨다. 이러한 직접적인 경험은 단지 교실 상황에 대하여 이론적으로 몇 마디 하는 것보다 훨씬 더 깊은 영향력을 발휘한다. 애닝(Anning, 1988)은 6명의 교사를 연구한 결과, 유아들의 학습에 대해 교사가 가지고 있는 신념이 이전에 학생으로서 자신이 경험했던 것에 기초한다는 결과를 찾아냈다.

예비교사가 배우고 익힌 사전 지식이 각 교사교육 프로그램에서 시도하는 교육방법과 일치하지 않을 때, 교육의 효과를 반감시키기도 한다(Holt-Reynolds, 1992; Korthagen, 1988). 예를 들어, 아무리 직전 교육을 통하여 교사에게 구성주의 시각을 가지고 교수·학습 과정을 준비시키려고 해도 교수·학습에 대해 근본적으로 교사가 학습자에게 지식을 전달해 주는 것이라고 보는 예비교사들은 그 생각을 바꾸기가 매우 어렵다. 이처럼 예비교사의 사전 경험은 학교에서 가르치는 내용이 실제 교실에서 적용될 수 있을 것인가를 판단하는 기준이 되어 수업의 내용을 받아들이고 거부하는 렌즈의 역할을 하게 된다.

(3) 직전 교육

교사는 잘 가르치기 위해서 다양한 영역의 지식을 가지고 있어야 한다. 기본적으로 교과내용에 관한 지식, 교수방법에 관한 지식, 교육학에 관한 지식, 이들을 모두 합한 교과교육에 관한 지식, 그리고 교양 및 학습자에 관한 지식 등을 모두 갖추어야 한다. 이와 같은 기본적인 지식 가운데 어떠한 지식이 교사가 되는 데 얼마만큼의 역할을 할 것인가에 대한 논의는 수없이 이루어져 왔다.

논의의 쟁점은, 근본적으로 가르칠 내용에 관한 지식을 많이 가진 교사와 내용뿐만 아니라 가르치는 방법에 관한 지식을 많이 가진 교사 중 누가 더 우수한 교사가 될 수 있느냐 하는 문제이다. 영유아교육에서는 전통적으로 가르칠 내용에 관한 지식(교과내용 지식)보다는 가르치는 방법에 관한 지식(교과교육학 지식)에 중점을 두어 교사를 양성하는 경향이 있다.

예를 들어, 과학교육 시간에 식물이나 꽃에 대해 배울 때 생물학적 특성을 배우기보다는 꽃을 주제로 한 다양한 활동에 초점을 맞추기 때문에 실제로 교사가 되어 수업할 때는 봄에 피는 꽃과 여름에 피는 꽃의 특성을 다시 공부해야 하는 문제가 생기기도 한다.

많은 교사가 영유아를 좋아하는 마음으로 이 직업을 선택한다. 그러나 이와 같은 성향은 예비교사로 하여금 모든 영유아를 하나의 집단으로 보아서 집단 안에 있는 개인차는 무시하고 모든 영유아가 다 같을 것이라는 환상을 가지게 한다. 예비교사의 교직에 대한 단순한 믿음은 교직에 대하여 비현실적으로 낙관하는 자세를 가지게 하고, 심지어 직전 교육에서 배울 것은 실습을 제외하고는 별로 없다는 생각마저 들게 만든다. 그러나 실제 실습을 하게 되면 이러한 낙관적인 환상은 깨지고 지금까지 이론적으로 배웠던 것은 이론에 불과하며, 실제는 그와 다르다는 극단적인 비관론을 가지게 될 수도 있다. 영유아교사가 직전 교육기간 동안 가지고 있던 지나친 낙관론이나 지나친 비관론은 실제 교사가 되었을 때 교사 개인의 철학과 자신이 속한 공동체의 특성에 따라 그 방향을 정하게 된다.

3 보육교사의 인간관계

인간관계란 둘 혹은 그 이상의 사람 상호 간의 관계를 말한다. 인간 실존에 있어 우리의 일상생활 자체가 인간관계라고 할 수 있다. 인간 상호 간의 관계성이 인간 존재의 본질적인 측면인 동시에 필연적이므로 우리는 타인과의 관계를 떠나서는 잠시도 살아갈 수 없다.

인간관계를 큰 의미로 보면 대인관계 자체이고, 작은 의미로 보면 인간과 인간 사이에 관계되는 모든 문제를 의미한다.

현대사회의 중요한 특징은 조직사회라는 점이다. 조직은 인간이 모여 구성하는 사회적 유기체이다. 그러므로 조직 내에는 어떤 형태이건 사람과 사람 사이의 만남에 의하여 다양한 인간관계를 이루며, 이러한 인간관계는 그 조직의 목표달성 여부를 좌우하는 결정적인 요소로 작용한다.

인간관계란 1930년대 이후에 대두하기 시작한 학술용어로서, 인간관계이론은 1924년과 1931년 사이에 미국의 서부전기회사(Western Electric company)의 호손 실험(Hawthorn Studies) 결과를 바탕으로 형성되었다. 인간관계이론은 종래의 과학적 관리법이 인간의 기계적 능률을 중시했던 것과는 다르게 조직구성원들의 사회적, 심리적 욕구와 조직 내 비공식집단 등을 중시하며 조직의 목표와 조직구성원들의 목표 간의 균형유지를 지향하는 민주적, 참여적 관리방식을 처방하는 조직이론을 말한다. 일반적인 의미로 인간관계란 인간 사이에 형성되는 원만한 심리상태인 인화, 사교술을 일컫는다. 그러나 학술용어로서의 인간관계는 가장 포괄적인 개념으로 인간관계의 과학을 지칭하는 경우와 산업사회에서 사용되는 인간관계 및 인사관리에 있어서의 모든 인간관계를 의미할 뿐만 아니라 인간관계에 영향을 주는 제 요인은 물론, 적극적인 인간관계를 조성하는 원리와 기술 등을 포함하는 의미를 지니고 있다.

이 절에서는 영유아와의 관계, 부모와의 관계, 동료와의 관계, 원장과의 관계를 살펴보도록 한다.

1) 영유아와의 관계

많은 보육교사는 영유아의 애착형성과 기본생활습관(배변훈련, 식습관 지도 등)을 지도하면서 영유아와의 관계에 대해 어려움을 겪는다. 이는 영유아가 어린이집에서 오랜 시간을 보내게 되면서 영유아에 대한 교사 책임 또한 막중해진 데서 비롯된 것이다. 영유아가 문제행동을 나타낼 때 그 원인을 몰라서 영유아의 행동을 바로잡기 위해 도움을 주지 못할 때 교사로서 어려움을 느끼고 있었다. 영유아의 문제행동에 대한 교사의 인식과 대처양상은 교사-영유아 관계의 질과 영유아의 학급적응에 영향을 주므로 중요하다. 또 다양한 상황적 어려움으로 바람직한 교사의 역할이 무엇인지 알면서도 실천하지 못하는 현실 때문에 어려움을 겪기도 한다. 이렇게 보육교사는 영유아와의 관계에서 기본생활습관 지도와 문제행동 지도, 알면서도 실천하지 못하는 교사의 역할수행으로 인해 어려움을 가지고 있었다. 이러한 어려움에도 불구하고 보육교사는 영유아들이 성장해 나가는 모습과 그들이 주는 무조건적인 믿음과 사랑 안에서 커다란 기쁨을 느끼는 정서적 경험 등을 이유로 교사직을 지속하고 있다.

2) 부모와의 관계

윤기영(2000)은 유아교사와 학부모 관계가 갖는 교육적 의미는 자녀를 유아교육기관에 보내면서 학부모가 되고, 이에 따라 부모와 교사 사이에 인간관계가 성립된다는 점에서 찾을 수 있다고 하였다. 일반적으로 학부모는 학생의 아버지와 어머니를 의미하며, 학생은 교육을 받는 사람을 뜻한다. 이는 '학부모는 자녀가 학생이라는 특정 시기의 부모'라는 의미를 갖는 '부분적 부모 개념'으로 이해될 수 있으며, 한편으로 '학부모는 일상적인 부모역할 외에 특별히 교육과 관련된 역할이 추가되거나 강조된 특정 부모역할을 수행하는 부모'라는 의미를 갖는 추가적 부모 개념으로 이해될 수 있다. 학부모가 되면서 사회심리학적 변화 및 역할 변화가 이루어진다는 점에서 학부모 됨이라는 전이기가 존재함을 뜻한다.

따라서 단순히 자녀를 교육기관에 보내 교육받게 한다는 외형적 조건만으로도 부모는 일단 학부모가 되지만, 모든 이름(지위)에는 기대(요구)되는 역할이 있듯이

'학부모'에게도 '학부모'라는 명칭과 지위에 요구되는 역할이 있고, 이 역할을 어떻게 수행하느냐, 즉 요구와 기대에 어떻게 대응하고 적응하느냐에 따라 학부모의 진정한 의미가 있는 것이다. 자녀는 교육기관에 다니면서부터 교사와 관계를 맺게 되고, 교사와의 상호작용을 통해 많은 영향을 주고받기 때문에 결국 부모-자녀 관계에 영향을 주게 된다. 가정과 학교의 연계성 강화나 교사와 부모의 동반자 관계가 강조되는 것은 바로 그런 이유에서이고, 이러한 측면은 첫 경험이 되는 유아교육기관에서 더 중요시된다. 교사와 학부모 사이에 형성되는 인간관계의 특성은 교육대상이 다른 단계의 교육에 비해 절대적으로 어린 영유아라는 영유아교육의 특성을 전제로 한다. 영유아교사-학부모 사이가 상호 신뢰를 바탕으로 하여 보다 원활한 상호작용으로 협조할 때만이 바람직한 영유아의 성장과 발달을 꾀할 수 있다는 점이 다른 단계의 교육보다 강하다.

한국유아교육학회(2000) 연구에서는 영유아교사-학부모의 인간관계는 다음과 같은 특성을 지닌다고 보았다.

첫째, 영유아교사와 학부모의 인간관계는 대부분 자신의 의지와는 관계없이 선택의 여지가 없는, 그래서 운명적이라고 볼 수밖에 없는 만남이다. 유아교육기관에 자녀를 입학시킬 때 학부모는 자기 자녀를 담당할 교사를 선택할 수 없으며, 교사 또한 특정 영유아를 자신의 학생으로 선택할 수 없기 때문에 영유아교사와 학부모는 유아교육기관의 원아선발 및 배정규정이나 교원 인사규정에 따라 우연히 맺어지는 비선택적 결합이라는 특성을 갖게 된다. 이는 스스로 선택한 친구나 연인 사이 또는 스스로 선택한 다른 관계에서는 일어나지 않는 일로 교사와 학부모는 서로 피할 수 없는 갈등상태가 지속될 수 있다.

둘째, 영유아교사와 학부모는 서로의 적극적인 주도로 이루어지는 직접적인 만남이 아니라 영유아를 매개로 하여 맺어지는 간접적인 관계이다. 영유아교육의 부모교육 상담이나 참여수업 등 특별한 경우를 제외하고는, 학부모는 영유아를 통해 유아교육기관의 일과나 교사의 일거수일투족에 관한 정보를 받고, 영유아교사들도 대부분 원아를 통하여 원아의 가정과 부모에 대한 정보를 얻기 때문이다.

셋째, 영유아교사와 학부모의 인간관계는 통상의 인간관계에서 나타나는 전면적인 접촉관계가 아니라 영유아의 교육과 관련하여서만 접촉이 이루어지는 부분적인 관계이다. 영유아교사와 학부모 간에 이루어지는 상호작용의 궁극적 목적이 영유아교육 및 영유아의 발달이기 때문에 그들 관계도 영유아의 교육에 관련되는 일에 한정된다. 즉, 인간관계에 한계가 있다는 것을 뜻한다.

넷째, 영유아교사와 학부모는 아주 특별한 경우를 제외하고 해당 영유아가 그 교사에게서 지도를 받는 기간만 지속되는 일시적인 관계로 비영구적이다. 물론 사제 간의 관계나 교사와 학부모의 관계는 일단 맺어지면 학생이 학교를 졸업한 뒤에도 그 관계를 부인할 수는 없지만, 사실상 형제가 계속 기관을 다니고 있거나 특별히 친분이 있는 경우를 제외하고는 끝나 버리므로 상당수의 학부모와 영유아교사 간에는 적당주의적 관계가 지속된다.

다섯째, 영유아교사와 학부모의 인간관계는 이중성을 지닌다는 특성을 갖는다. 학부모는 교사에게 미숙한 자녀를 맡긴다는 생각이 앞서 당당한 태도를 갖기가 어려워 가급적 교사와의 접촉을 피하고 모든 사항을 교사가 알아서 해 주기를 바라기도 한다. 혹은 교사가 피해의식을 갖고 학부모와의 만남을 꺼리기도 한다. 영유아교사와 학부모는 영유아의 성장과 발달에 기여해야 하는 같은 목적을 지닌 까닭에 서로의 관계를 원활하게 하는 것이 무엇보다 중요하다. 그러므로 서로 존중하고 정중하게 대하는 동반자 관계를 수립하여 교육에 임하면, 교육의 효과를 높이고 교육적 의의를 한층 강화할 수 있을 것이다.

3) 동료와의 관계

어린이집에서 보육교사는 본인의 학급 일 외에도 공동업무를 위해 동료교사와 다양한 협력을 해야 한다. 동료교사와의 관계는 교사들이 주위의 동료로부터 격려와 지지를 받는다고 지각하는 정도를 의미하며, 교사들의 상호에 관한 관심과 신뢰를 기초로 형성된 관계를 의미한다.

조드-블룸(Jorde-Bloom)은 동료교사 간에 서로 지지하고 격려하는 관계 형성은 직무만족의 주요인이며, 비형식적으로 사회화할 기회와 유아들의 문제를 협의하기 위한 전체 모임은 직무만족에 긍정적인 영향을 미친다(서은희, 2001, 재인용)고 보고하고 있다. 동료교사와의 관계는 직무만족도와 교사의 전문성 신장에 영향을 미치고, 유아교육기관은 모든 교직원의 긴밀한 관계를 기반으로 운영되는 조직체이므로, 교사들 간의 원만한 관계와 협력이 중요하다. 이에 교사 간 바람직한 인간관계 형성의 중요성에 대해 다음과 같이 살펴보도록 한다.

(1) 통합적 수업 운영 실현

교사 간 협력은 교사의 지적 능력을 향상시켜 혼자서 이루기 힘든 교육적 성과들을 성취할 수 있도록 돕는다. 어린이집의 경우 개별 과목이 아닌 통합적인 수업 운영을 한다는 점을 고려할 때 교사 간의 지도와 조언, 피드백 등의 전문적인 도움이 필요하다.

(2) 새로운 정보나 지식 획득

교사 간 협력을 통해 새로운 정보나 지식을 접할 수 있다. 영유아교사가 사회, 가정, 영유아의 요구를 반영하는 탄력적인 유아교육과정을 운영하기 위해서는 새로운 접근방법을 고려하고 창의적인 교수방법을 알아야 한다. 이때 교사들끼리 지식과 정보를 공유하는 것이 도움이 된다.

(3) 실제적인 교실문제 해결

교실문제 해결에 도움을 받을 수 있으며 교사에게 요구되는 전문적인 능력을 배양할 수 있다. 실수와 견해를 이야기하고 같이 문제를 의논함으로써 교사들은 더 나은 교수를 하는 데 필요한 변화 계기를 맞이하는 것이다.

(4) 공동체 의식 함양을 통한 긍정적 인간관계 형성

교사 간 협력은 공동체 의식을 갖도록 돕기 때문에 긍정적인 인간관계가 형성되게 한다. 교사들이 협력을 통해 소외감 없이 모든 영유아의 교육에 공동으로 주인의식을 갖는다면 교육에 더욱 열의를 가지고 참여하게 되어 생산적인 조직문화가 조성될 것이다.

(5) 전문적 성장과 발전

교사 간 협력은 교직이라는 전문직을 다음 세대로 전수하기 위한 수단이 되기도 한다. 경험이 풍부한 교사가 신입교사와 함께 일하면서 전문인으로서 교수방법이나 행동지도 등에 대한 경험을 나눈다면 신입교사가 전문인으로서 성장·발전하는 데 크게 기여할 수 있을 것이다.

동료교사와 인간관계를 맺을 때 지켜야 할 것들

1. 뒷말하지 말 것
   아무 의도 없이 내뱉은 말이라도 잘못 전해지면 소문의 주인공은 상처를 입게 된다.
2. 말할 때는 분별 있고 조리 있게 할 것
   두서없이 말하는 횡설수설형은 말을 풀어 가는 논리력이 부족한 것이다.
3. 베풀고 생색내지 말 것
   상대방이 난처할 정도로 도와준 것을 생색내서는 안 된다.

4. 고마움을 잊지 말 것
   베푼 것은 금방 잊고 받은 것은 항상 기억해 두어야 한다.
5. 있는 그대로 말할 것
   하지 못할 일이면 못 하겠다고 솔직하게 말해야 한다.
6. 남의 비밀을 누설하지 말 것
   아는 것은 누설하지 말고 모르는 것은 캐묻지 말자.
7. 겸손함을 배울 것
   동료들이나 친구들 앞에서 자신의 실력이나 우월함을 과시해서는 안 된다.
8. 직설적 화법은 삼갈 것
   따뜻하고 완곡한 화술은 일을 성사시키는 윤활제 역할을 한다.
9. 베풀고 기쁨으로 삼는 윤리관을 갖출 것
   도움이 필요한 이에게 주저하지 말고 손을 내밀어 그들에게 관심을 갖고 도움을 주자.
10. 이해심 많고 관용적인 태도를 기를 것
    이해하고 포용하는 태도, 묵묵히 감싸 주는 어진 마음은 사람들을 당신에게 붙게 하는 자석과 같다.

출처 : 수춘리(2005). 빌게이츠의 청소년에게: 성공을 만든 사람 (이지영 역).

4) 원장과의 관계

어린이집은 대부분 규모가 작으며 원장에게 권한이 집중되는 경향이 있어 보육교사와 원장과의 관계는 매우 중요하다. 원장의 성향에 따라 어린이집의 분위기와 의사소통 방식이 달라질 만큼 원장의 영향력은 크다고 할 수 있다. 어린이집 교사에게는 원장의 인정과 그와의 원만한 인간관계가 자신의 능력에 대한 믿음에 직접적으로 영향을 주며, 원장과의 관계에 대한 어린이집 교사의 인식이 영유아들에게 직접 교수활동을 수행하는 데 중요한 변인으로 작용할 수 있다.

와일즈(Wiles, 1951)의 인관관계에서는 원장을 교사들의 가치를 신임하고 교사의 성장을 돕는 사람이라고 하였다. 또한, 조직의 발전을 위해 자유로운 소통을 하고 상호 협력하는 관계를 맺도록 노력하는 사람이라고 보았다(김혜정, 2006). 하지만 보육교사가 어린이집에서 겪는 인간관계의 양상을 분석한 정덕희(2014)의 연구에서는 원장을 간섭하는 존재라고 인식하였다.

유아교사를 대상으로 한 로빈슨(Robinson, 1979)의 연구에서는 교사가 불만족하는 주원인이 교사에 대한 원장의 지지 결여로 밝혀졌다. 교육에서 경영자의 행위가 교육 개선, 교사의 직무만족에 영향을 주는 중요한 요인으로 고려된다는 점에서 유아교육의 행정을 담당하는 유치원 원장의 자질이나 역할이 유치원 교육의 질을 좌우한다고 할 수 있다. 이윤경(1998)은 유치원 경영의 효율성을 위한 원장의 중요성, 즉 교사를 지원하고 관리하는 원장의 능력과 역할이 강화되어야 함을 시사하였다. 또한, 원장에 대한 만족도의 영향은 유치원 조직에서 교사와 원장과의 원만한 관계의 중요성을 나타내는 것으로, 원만하지 못한 교사는 유치원에 대해 부정적인 태도를 가지게 된다고 하였다. 원장의 심리적 지지는 교사들에게 필요한 정보를 제공할 뿐만 아니라 교수전략의 다양성과 자신의 직업이 가치 있다는 명확한 인식을 주기 때문에 필수적이며, 유치원 교사에게 있어 원장과의 관계는 매우 중요한 심리적 자극원이 될 수 있다.

교사들의 교직에 대한 불만족 정도는 교장(원장)－교사 간의 인간관계 결과에 의해 좌우되는 것이 일반적이다. 학교(유아교육기관) 경영자로서 학교장(원장)은 기관 조직의 입장에서 조직의 능률을 강조하는 반면에 교사들은 구성원의 입장에서 자기들의 권익 옹호를 위해 투쟁하려 하므로 양자 간에는 항상 갈등이 존재하게 된다. 김명한(1976)의 연구에서는 교사－교사 관계와 원장－교사 관계에서의 입장이 일치되는 점이 있었다.

김혜정(2006)은 어린이집 원장과 보육교사 간의 인간관계를 잘 유지하고 발전시켜 나가기 위해서는 보육교사가 시설장의 인격을 존중하고 직장 상사에 대한 신뢰감을 가져야 하며, 언행에 유의하고 친밀감을 가지도록 노력해야 한다고 하였다. 또한, 어린이집 원장과 보육교사 간의 인간관계는 어느 일방이 관계 형성의 중요 요인을 지니고 있는 것이 아니라 상대적인 것으로, 각자 자신의 직위에 부여된 역할을 책임감 있게 수행할 때 발전할 수 있다고 보았다.

학습실천과제

1 취직도 힘들지만 직장생활도 고달프다고 한다. 직장생활을 최소한 1년 이상 버티려면 무엇이 훈련되어야 한다고 생각하는지 정리해 본다.

2 내가 원장이라면 어떤 교사와 일하고 싶은지 정리해 본다.

3 영유아들은 예쁜데 동료교사가 밉다거나 싫다면 그 마음은 어떤 마음인지 점검하고 정리해 본다.

제2부

보육교사의 정신건강과 자기이해

사람은 스스로 배우는 존재이다. 교사는 한 가지만 하면 된다. 아이들 한 명 한 명의 잠재력을 믿는 것이다. 그리고 아이들이 잠재력을 직접 경험할 수 있도록 모든 방법을 찾아내어 적용해 보아야 한다.

— 알프레드 아들러(Alfred Adler).

아이들의 잠재력을 믿고, 열린 시각으로 그들과 관계를 맺기 위해서는 먼저 교사의 정신건강이 유지되고 자기이해를 통한 자기수용이 필요하다. 이 부에서는 보육교사의 정신건강을 위해 교사의 직무만족과 정서관리에 대한 이해를 높이고, 자기이해를 위한 점검으로 현재의 내 모습과 원가족 경험의 의미들을 다루어 본다.

CONTENTS

제03장 보육교사의 정신건강

1. 보육교사의 직무만족
2. 보육교사의 정서관리
3. 스트레스 관리
4. 분노관리

영유아들과 오랜 시간을 함께하며 영유아 발달의 전반적인 측면에 직접적인 영향을 미치는 보육교사의 정신건강은 아무리 강조해도 지나치지 않을 것이다. 특히 보육교사는 직업 특성상 정신건강을 위협받기 쉽기 때문에 좋은 보육교사가 되고자 한다면 무엇보다도 자신의 정신건강을 잘 관리할 수 있는 역량을 갖추는 것이 필요하다. 보육교사의 정신건강과 밀접한 관련이 있는 직무만족과 정서관리를 중심으로 살펴보도록 한다.

1 보육교사의 직무만족

1) 직무만족의 개념

영유아들이 오랜 시간을 지내게 되는 보육시설의 질적 수준은 물적 환경보다도 인적 환경인 교사의 역할에 의해 많은 부분 영향을 받는다. 보육교사의 직무만족도는 어린이집의 성과를 결정하는 변인이며 보육서비스의 질을 결정하는 매우 중요한 요인이다. 또한, 영유아의 정서적, 사회적, 지적 발달의 전 영역에 영향을 미치게 되는 보육교사의 직무만족은 보육의 질을 높이는 데 매우 중요한 요소로 작동하면서 동시에 우수한 인력이 보육교사로 활동할 수 있도록 하는 요인(정영희 · 이영숙, 2012)이기도 하다.

직무만족은 직무와 관련된 태도 중의 하나로 개인이 직무나 직무경험에 대한 평가의 결과로 얻게 되는 즐겁고 긍정적인 감정상태로, 자신이 수행하는 직무를 좋아하고 높은 가치를 두며 그 업무에 대해 긍정적으로 생각하는 것과 관련 있다.

감정범위이론(Locke)에서는 직무만족이란 직무경험에 대한 평가를 토대로 한 개인의 긍정적 혹은 부정적 상태로, 개인이 직무에 대해 기대하는 바와 실재에 있어서의 차이에 의해 결정된다고 보고 직무에 대하여 경험하는 정서를 중심으로 직무만족을 파악한다. 반면, 무만(Mooman)은 직무만족을 정서적 직무만족도와 인지적 직무만족도로 구분하여 좀 더 폭넓게 제시하고 있다. 정서적 직무만족도는 개인이 수행하는 직무 전반에 대해 정서적으로 즐거움을 느끼는 정도를 의미하고, 인지적 직무만족도는 보수, 근로시간, 연금, 승진기회와 같이 직무와 관련된 제반 근무조건에 대해 만족하는 정도로 보고 있다.

종합해 보면, 보육교사의 직무만족도는 직무에 대해 교사로서 수행하는 일에 대한 정서와 이를 수행하는 데 있어서 주어지는 직무환경에 대한 포괄적인 만족 정도라 하겠다.

2) 직무만족의 관련 요인

직무만족은 단일 차원이 아닌 다차원의 개념이며 조직의 다양한 성과 요인과 관련되어 있다. 직무만족에 미치는 요인은 크게 내재적 요인과 외재적 요인으로 구분된다.

첫째, 내재적 요인에는 직무를 수행하는 그 사람 자체에 대한 개인적인 특성과 직무 자체에 대한 특성이 포함된다. 개인적 특성에는 기분과 정서, 성격, 자기효능감, 개인역량 등이며, 직무 자체에 대한 특성에는 직무독립성, 직무에 대한 관심, 성공적인 직무수행, 기술의 적용, 직무에 대한 몰입 등이다.

둘째, 외재적 요인으로는 직무 자체보다는 직무를 둘러싼 환경적 요인에 관련된 것으로 보상, 고용안정, 승진, 안전한 근무여건, 상사, 동료와의 관계 등이다.

한편, 보육교사의 직무만족에는 보육의 특성상, 상사인 원장, 원감, 선임교사, 동료와의 관계뿐만 아니라 학부모 관계에서의 어려움 등과 교사에 대한 낮은 사회적 인식이 직무만족도를 낮추는 데 직접적인 영향을 미칠 수 있을 것으로 보인다.

관련된 연구를 보면, 보육교사가 직무환경을 긍정적으로 인식하는 데 있어서 교직으로서의 사회적 인식이 낮은 상황에서도 보육교사에게 주어지는 보수와 근무환경을 긍정적으로 인식하게 되면 교사로서의 도전과 성취감을 높일 수 있는 것으로 나타났다. 특히 근무환경 중 원장과의 관계가 긍정적이고, 동료와의 관계가 우호적일 때 교사전문성 지원이 이루어지고, 기관 운영 및 의사결정에 많이 참여할 수 있는 복지환경이 우수할수록 보육교사를 계속하고자 하는 지향 의지를 높이며 직무만족도가 높아지는 것으로 보고되고 있다.

따라서 보육교사의 직무만족도를 높이고 교직 지향성을 높이기 위해서는 교사의 질적인 직무환경 제공을 위한 원장의 합리적 리더십을 바탕으로 보육교사의 보육기관 운영 및 의사결정의 참여, 교직원들 간의 친화력 향상, 교사의 전문성을 향상시키기 위한 지원 등이 필요할 것으로 보인다.

유아교육현장 교사들의 직무만족도를 측정하기 위해 사용된 척도(Jorde-Bloom, 1989, 이순형 외, 2015, 재인용)에서는 원장과의 관계, 동료교사와의 관계, 직무 자체의 특성, 보수와 승진기회, 일반적인 근무환경의 다섯 가지 범주로 구성되고 있다. 조성연 외(2011)는 이를 기초로 한국형 보육교사 직무만족도를 개발하여 제시한다. 원장의 운영방식 및 태도, 사회적 인식 및 처우, 보육환경과 복지, 보육업무,

동료교사와의 관계, 부모와의 관계 등의 여섯 가지 범주로 한국의 보육 현실의 반영과 타당성을 높이기 위한 검증으로 재구성하여 제시하였다.

〈표 3-1〉 한국형 보육교사 직무만족도 점검지

구분	범주	항목
1	원장의 운영방식 및 태도	지금 이 기관을 떠나더라도 지금의 원장과 계속 관계를 유지할 것이다.
2		원장을 존경한다.
3		원장은 솔직한 태도로 나를 대한다.
4		원장은 직무상의 어려움에 관심을 가지고 공감해 준다.
5		원장은 교사들을 공평하게 대한다.
6		원장은 나를 편안하게 해 준다.
7		원장의 운영관과 업무처리 방식이 적절하다.
8		기관의 제반문제에 대해 원장과 자유롭게 이야기한다.
9		원장은 내가 직무상 무엇을 바라는지 안다.
10		교사회의는 민주적이다.
11	사회적 인식 및 처우	보육교사라는 직업은 다른 사람들에게 권할 만한 직업이다.
12		사람들은 보육교사라는 직업을 훌륭한 직업이라고 말한다.
13		보육교사는 사회적으로 인정받는 직업이다.
14		보육교사는 장래성이 있다.
15		다른 기회가 주어지더라도 보육교사를 계속하겠다.
16		다른 사람에게 보육교사라고 당당하게 말한다.
17		내가 받고 있는 보수는 적절하다.
18		내가 받고 있는 수당(예: 시간 외 근무수당 등)은 적정하다.

구분	범주	항목
19	보육환경과 복지	우리 기관의 교재·교구 활동과 관리는 효율적이다.
20		우리 기관에서는 교육자료와 비품, 소모품 등을 제때 공급해 준다.
21		우리 기관의 제반시설은 영유아를 보육하기에 적합하다.
22		내가 담당한 학급의 보육실은 보육활동을 수행하기에 적합하다.
23		우리 기관은 교사의 새로운 교육적 시도를 격려한다.
24		우리 기관에서는 소신껏 보육활동을 수행할 수 있다.
25		우리 기관은 교사를 위한 복지후생시설(예: 교사실 등)이 적절하게 갖추어져 있다.
26		우리 기관에서 제공하는 휴가기간은 적당하다.
27	보육업무	각종 행사로 인해 준비할 것이 많다.
28		보육활동 이외에 업무가 많다.
29		장시간 근무로 인해 수업준비 시간이 부족하다.
30		장시간 근무로 개인생활에 제한을 받는다.
31		외부행사 동원 등 보육활동과 관계없는 업무 때문에 힘들다.
32		나의 업무량은 적당하다.
33	동료 교사와의 관계	동료교사들과 원만한 관계를 유지한다.
34		동료교사들과 일하는 것이 즐겁다.
35		동료교사들은 어린이집 제반업무에 협조적이다.
36		선임교사는 신입교사를 동료교사로서 따뜻하게 대한다.
37	부모와의 관계	부모들과의 관계가 편안하다.
38		부모들은 나에게 협조적이다.
39		부모들은 교사로서의 나를 신뢰한다.
40		부모들은 기관에 협조적이다.

출처: 조성연·백은주·김혜금·권연희·정지나(2011). 한국형 보육교사 직무만족척도(K-CTJSS)의 표준화를 위한 타당화 연구. 한국가정관리학회, 29(2), 1-12.

3) 일에 대한 태도와 직무 재구축

자신의 일에 대해 어떤 태도를 가지고 있느냐는 직무만족도에 있어서 중요한 측면이다. 광범위한 직업군을 대상으로 한 연구결과를 보면 직업을 불문하고 놀랍게도 사람들은 자신의 일을 노동이나 직업, 소명 중 하나로 생각하고 있었다(Lopez, 2011).

일에 대한 이러한 태도의 세 범주의 기준은 직무와 삶에 대한 만족도를 평가하는 데 뚜렷한 차이를 보인다. 자신의 일에 대해서 노동이나 직업으로 생각하기보다는 소명으로 생각하는 사람일수록 일에 대한 전체적인 만족도가 높으며 높은 수행 능력을 보인다. 소명으로 생각하는 집단에서 나타나는 특징 중 하나가 '직무 재구축' 방식을 많이 사용한다는 것이다. 직무 재구축이란 작은 일에서 독창성을 발휘하여 직무를 재구축하면서 본래 업무보다 큰 의미를 찾게 되는 과정이다.

관련 연구자들에 의해서 제안되고 있는 직무 재구축의 전형적인 세 가지 방법을 보육교사의 업무와 관련지어 제시해 본다.

첫째, 자신이 하고 있는 일의 종류나 범위, 양을 변화시킨다. 가령 평가인증을 위한 서류작업을 효율적으로 할 수 있는 나름의 방법을 고안하거나 부탁받은 것도 아닌데 휴가 중인 동료의 화분에 물을 준다. 또한, 막간의 휴식시간을 이용하여 텃밭을 정리하고 벽에 붙어 있는 그림들을 바꾸어 배치하기도 한다. 자발적으로 하는 추가적인 업무활동을 통해 사소하지만 의미 있는 것의 경험으로 직무를 재구축해 볼 수 있다.

둘째, 대화를 비롯한 사회적 접촉의 증대를 위해 노력한다. 이는 직장에서 맺는 대인관계의 범위와 친밀도를 변화시키는 방법이다. 학부모가 오면 먼저 다가가서 대화를 시도하고, 동료교사에게도 먼저 다가가 사적인 질문을 하는 등 대화를 통해 접촉한다. 교사 스스로 사회적 접촉을 늘리기 위해 노력하며, 원장 역시 교사가 어떠한 사회적 접촉을 하는지 살펴보고 개선해 주거나 이를 풍요롭게 하기 위한 구체적인 전략을 지원해 줄 수 있다.

셋째, 소명의식으로 일을 하는 사람은 자신이 맡은 업무를 포괄적으로 생각한다는 특징이 있다. 자신이 맡은 일에 대하여 통합적인 관점에서 자신의 일을 해석할 때, 더욱 높은 직무만족도를 경험할 수 있다는 것이다. 예를 들면, 유아에 대한 관찰일지를 작성할 때 단순히 관찰일지를 작성한다는 식으로 생각하는 교사와는 달리, 각 유아의 최적 발달과 상호작용을 위한 궁극적인 목적과 연관 지어 생각하는 교사의 직무태도는 다르다는 것이다. 보육교사는 스스로 자신의 업무를 단편적인 활동으로 묘사하기보다는 좀 더 포괄적인 맥락에서 자신의 업무를 이해함으로써 자신의 직무를 재구축할 수 있다.

현재 자신이 하는 일과 연관된 자발적인 작은 추가 업무를 통한 의미 확대와 사회적인 접촉의 증대, 좀 더 포괄적 범위로 자신의 역할을 재인식하는 작업 등을 직무만족도의 향상을 위한 방안으로 적용해 보도록 한다.

2 보육교사의 정서관리

1) 정서관리의 의의

교사-영유아 사이의 적절한 상호작용은 유아의 전반적인 발달에 긍정적인 영향을 미치는 것으로 관련 연구들에서 보고된다. 이러한 교사-영유아 간 상호작용의 중요성에도 불구하고 보육교사의 열악한 업무환경은 영유아와의 질 높은 상호작용을 하는 데 걸림돌로 작동되고 있음이 지적(이나영 외, 2014)된다. 전적인 돌봄을 필요로 하는 영유아 대상의 보육 업무, 좁은 공간에서의 장시간 근무, 원장과의 권위적 소통관계, 학부모와의 소통이 어려운 점, 평가인증 관련 업무, 최근에 민감해진 영유아 안전에 대한 사회적 반응 등은 교사의 심리적, 체력적 소진을 유발하는 변인이다.

보육교사의 정서관리는 중요하다. 교사의 스트레스가 누적되어 소진상태까지 진행되는 것을 막아 보육기관의 전반적인 부분에 부정적인 영향을 미치지 않도록 한다. 교사의 소진과 스트레스는 영유아에 대해 부정적인 태도를 형성하며, 보육기관에 대한 적대적 감정을 갖게 한다. 또한, 원장, 동료교사뿐만 아니라 학부모와의 관계도 악화될 수 있다. 이로 인한 교사의 이직은 일관성 있는 안정적 보육환경을 훼손시킬 수 있다.

소진은 한 가지 요인에 의해서 갑자기 나타나는 현상이 아니다. 점진적 과정으로, 열정 – 침제 – 좌절 – 무관심 단계의 과정을(Edelwich & Brodsky, 1980, 황혜경 외, 2017, 재인용) 걸치면서 나타나는 것이다. 따라서 지나친 열정으로 비합리적 기대를 가지고 업무 중심만의 삶을 사는 데에서 벗어나 현실성 있는 기대와 함께 자신의 정서를 인지하고 정서를 조절, 관리할 수 있는 기술습득이 필요하다.

정서관리 능력이 높을수록 강의 평가가 긍정적이고 학생들이 선호하며, 정서적용 수업에서 학생들의 학업성취 및 집중도를 향상한다. 또한, 조직에서 성공적인 수행자와 그렇지 않은 자의 가장 큰 차이는 정서관리 능력과 관련되어 있으며, 조직에서의 직위가 높을수록 정서인식, 감정이입, 정서조절 능력이 높고, 정서관리 능력이 높은 사람은 스트레스를 덜 받고, 신체 건강상태도 좋으며, 업무관리와 관련된 수행이 매우 높다(한국대학교협의회, 2016).

즉, 정서관리 능력은 교사 자신, 교사와 상호작용하는 학습자, 나아가 전체적인 조직역량 강화와 밀접한 관련이 있다.

정서를 좀 더 구체적으로 보면, 어떤 대상이나 상황을 지각하고 그에 따르는 생리적, 신체적 변화를 수반하는 복합적인 심리상태로 긍정적 정서와 부정적 정서가 있다. 〈표 3-2〉는 교사의 긍정적, 부정적 정서경험에 대한 예(박은혜, 2009)이다.

제시된 예를 읽어 보고 이에 대한 생각을 나누어 본다. 이 외에 긍정적인 정서 경험에 대한 예를 더 찾아보아 긍정적 정서의 경험을 확장해 보고, 부정적 정서경험의 예들은 어떻게 다룰 수 있는지 적어 보도록 한다.

〈표 3-2〉 교사의 긍정적, 부정적 정서경험

긍정적 정서의 경험	긍정적 정서의 경험 더 찾아보기
• 유아들이 각 발달영역에서 성장해 가는 것을 볼 때 • 놀이에 몰두해 있는 유아를 볼 때 • 교사가 준비한 활동에 유아들이 적극적으로 참여하며 흥미를 보일 때 • 오랜 시간이 지난 후 졸업생이 다시 찾아올 때 • 유아들과 개별적으로 대화하고 놀이에 참여하고 농담을 주고받을 때 • 유아들이 성장했음을 보고 부모에게 감사의 편지를 받을 때 • 자신의 전문성 신장을 위해 노력할 때	
부정적 정서의 경험	**어떻게 다룰 수 있는지 적어 보기**
• 준비한 활동에 유아들이 적극적으로 참여하지 않을 때 • 수업을 방해하는 유아가 많을 때 • 부모가 지나치게 수업에 참견할 때 • 신체적으로 피곤할 때 • 기관 내의 다른 성인들과의 관계가 좋지 않을 때	

출처: 박은혜(2009). 유아교사론. 재구성.

2) 효과적인 정서관리 전략

교사의 심리적 소진이 높을지라도 교사가 적절한 정서표현을 바탕으로 영유아와 상호작용을 할 경우 교수행동에 긍정적인 영향을 미치게 하는 매개변인으로 작동된다(이나영 외, 2014). 적절한 감정표현은 교사로 하여금 소진상태에 그냥 머물게 하기보다는 자신의 긍정적 가치를 끌어올리는 전환적 요소로서 작용될 수 있다. 교사가 소진으로 부정적인 상호작용에 대한 충동을 일시적으로 느끼더라도 교사로서 바람직한 사회적 가치와 일치하도록 자신의 정서를 조절하고 표현한다면 영유아의 부정적 상호작용을 감소시킬 수 있다.

보육교사와 영유아 간의 긍정적 상호작용의 촉진을 위하여 교사의 소진을 줄여주기 위한 직접적인 노력도 있어야 하지만, 교사가 정서를 표현하고 바람직한 방향으로 조절할 수 있는 정서관리 기술과 역량을 함양할 필요가 있다. 구조적인 개입을 통해 정서지능이 발달할 수 있는지에 대한 연구들은 상당히 긍정적이다. 정서지능을 증진하기 위한 책략과 기술훈련을 통하여 정서가 삶을 혼란시키는 것이 아니라 오히려 삶의 효율성을 높이는 자원으로 활용될 수 있다.

(1) 적극적 정서표현 재구조화하기

① 평소에 정서표현 연습하기

교사의 다양한 정서표현은 학습자의 수업에 대한 호감과 신뢰성을 높이는 데 영향을 미치므로 평소에 표정이나 제스처, 목소리 등을 활용하여 연습하도록 한다. 이미지트레이닝 방법은 스트레스를 줄이면서 유아와의 학습상황을 숙지하고 자신감을 가질 수 있는 가장 유용한 방법이다.

② 웃는 얼굴 만들기

안면피드백 가설(facial feedback hypothesis)은 얼굴 표정에 따라 상응하는 경험이 만들어진다는 가설로, 웃는 표정을 지으면 실제 즐거운 경험을 하는 것과 같은 결과로 뇌에서 쾌감물질이 나온다는 것이다. 평소 웃는 표정을 지음으로써 긍정적 정서를 끌어내도록 한다.

(2) 가장 좋았던 순간(Best Moment Story: BMS) 활용하기

① 처음 교사를 시작했을 때의 기분 써 보기

② 처음으로 취업을 하였을 때 가졌던 생각 써 보기

③ 아이들을 만나면서 자부심, 열정, 감사를 느꼈던 순간을 써 보기

④ 교사로서 최고의 순간은 언제였는지 써 보기

(3) 정서지능 모델

정서를 다루는 데 있어서 하나의 방법만 있는 것은 아니다. 정서관리의 핵심적인 측면은 적절히 유연하게 반응하여 상황의 요구를 만족시키는 능력인 것이다. 정서를 다루는 데 있어서 적용해 볼 수 있는 두 가지 기본 원리가 있다(Lopez, 2011).

① 첫 번째 원리: 정서에 다가가기

자신의 정서나 타인의 정서를 억제하거나 무시하는 것은 일반적으로 효과적이지 못하다. 예를 들어, 어떤 일로 화가 났는데도 화가 곧 사라질 것이라는 희망을 품을 채 화가 나지 않은 척 하는 것은 그리 효과적이지 못하다. 억제는 일반적으로 낮은 수준의 안녕감, 저조한 문제해결 능력, 대인관계에서의 부정적인 영향과 관련 있다. 정서를 막아 버리거나 이들이 주는 메시지를 막아 버리기보다는 먼저

정서에 개방적인 자세를 취하고 정서와 친해지는 것이 첫 번째 원리이다.

② 두 번째 원리: 정서를 통과하기

자신의 정서나 타인의 정서에 대해 지속적으로 반추하거나 거기에 매여 있는 것 또한 효과적이지 못하다. 어떤 문제에 수동적·반복적으로 주의를 기울이고 과도하게 생각하는 것은 오히려 일을 악화시킬 수 있다. 반추는 억제의 반대편인 것 같지만 이 둘의 결과는 유사하다. 따라서 정서에 매여 있기보다는 어떻게 행동할 것이며, 어떻게 마무리 지을 것인지로 관심을 돌리는 것이 두 번째 원리이다.

종합하면, 정서를 효과적으로 다루기 위해서는 '정서에 다가서는 것'으로 정서를 인식, 열린 자세로 정서에 담긴 메시지를 읽어 내고, '정서를 통과'하기 위한 행동과 종결로 나아가는 과정을 포함하여야 한다.

〈표 3-3〉에 제시된 마이어-살로비(Mayer-Salovey)의 정서지능 모델은 이를 실천하는 데 도움을 주는 유용한 틀이다. 각자 정서적 도전 상황을 떠올려 본 후, 다음에 제시되어 있는 질문에 답함으로써 정서를 효과적으로 다룰 수 있는 훈련을 해 보도록 한다.

〈표 3-3〉 마이어-살로비의 정서지능 모델

구분	스스로에게 질문하기	질문이 도움을 주는 부분
인식하기 (Recognize)	• 나는 어떻게 느끼고 있나요? • 다른 사람들은 어떻게 느끼고 있나요?	• 정서에 다가서서 친해질 수 있음 • 조망 수용
사용하기 (Use)	• 내 감정이 어떻게 나의 사고와 행동에 영향을 미치나요? • 다른 사람들의 감정이 어떻게 다른 사람들의 사고와 행동에 영향을 미치나요?	• 정서가 사고와 행동에 미치는 영향 이해 • 부정적 정서는 방어적인 자세와 비판적인 태도와 관련 있을 가능성 높음

구분	스스로에게 질문하기	질문이 도움을 주는 부분
이해하기 (Understand)	• 나는 왜 이렇게 느끼나요? • 다른 사람들은 왜 그렇게 느끼나요? • 이 정서들은 시간이 흐르면서 어떻게 진행될까요? • 나는 이 정서가 어떤 방향으로 진행되길 원하나요?	• 정서를 보다 깊이 이해하기 • 정서의 원인과 결과 이해하기 • 해결책으로 나아가기
관리하기 (Manage)	• 이 상황을 능동적이고 직접적으로 관리해서 최적의 단기적 성과와 장기적 성과를 어떻게 달성할 수 있을까요?	• 전략 개발하기 • 능동적 대처하기 • 정서 통과하기

출처: Lopez, S. J. (Ed.). (2011). 정서적 경험 활용하기 (권석만 · 임선영 · 김기환 역) (p. 296). 서울: 학지사.

3 스트레스 관리

1) 스트레스 의미와 진단

'스트레스'란 환경에 대한 개인적 지각이 원하는 것과 차이가 있을 때 발생하는 심리적 과정이다. 스트레스가 제대로 다루어지지 않으면 신체뿐 아니라 정신까지도 피폐하게 된다. 스트레스를 받게 되면 나타나는 생리적, 사회적, 행동적 반응은 다음과 같다.

첫째, 생리적 반응으로 스트레스가 반복되면 부교감신경이 교감신경의 흥분을 가라앉히지 못하여 신경의 자율적인 균형이 깨지면서 증상이 나타난다. 두통, 미열, 피로, 근육통, 요통, 관절통, 생리불순, 식욕부진 같은 증상이 나타나고 조금 더 심해지면 심장병, 위궤양, 고혈압, 천식 등이 나타난다.

둘째, 사회적 반응으로 스트레스를 받으면 신경이 날카로워지면서 사소한 일에도 부정적으로 반응한다. 짜증이 많아지고 공격행동이 증가하면서 인간관계가 훼손되며, 또 다른 스트레스를 받게 되는 악순환이 된다.

셋째, 심리적 반응으로 스트레스를 받으면 심리적 에너지가 고갈되면서 인지능력과 판단력이 떨어지고 기억력도 떨어지면서 건망증이 나타난다. 좌절감, 무력감, 우울증, 분노와 같은 부정적인 정서반응이 나타나고 멍하거나 백일몽에 빠지는 일이 많아진다. 이러한 심리적 영향이 더 심화되면 약물을 복용해야 하는 상황이 되기도 한다.

스트레스 자가진단

나는 요즘 스트레스를 얼마나 받고 있을까요? 최근 1개월 동안 다음의 문항에 대해 얼마나 자주 느꼈거나 생각했는지 체크해 보세요.

- 전혀 그렇지 않다 : 0점
- 약간 그렇다 : 1점
- 대체로 그렇다 : 2점
- 매우 그렇다 : 3점

번호	내용	점수
1	쉽게 짜증이 나고 기분의 변동이 심하다.	
2	피부가 거칠고 각종 피부질환이 심해졌다.	
3	온몸의 근육이 긴장되고 여기저기 쑤신다.	
4	잠을 잘 못 들거나 깊은 잠을 못 자고 자주 잠에서 깬다.	
5	매사에 자신감이 없고 자기비하를 많이 한다.	
6	별다른 이유 없이 불안·초조하다.	
7	쉽게 피로감을 느낀다.	
8	매사에 집중이 잘 안 되고 일의 능률이 떨어진다.	
9	식욕이 없어 잘 안 먹거나 갑자기 폭식을 한다.	
10	기억력이 나빠져 잘 잊어버린다.	

나의 총 스트레스 수치는? ________점 (평가 : 총 30점을 기준)

점수	내용
0~5점	심리적으로 평온한 상태이다. 그러나 자칫 둔하고 무감각한 인상을 줄 수 있으니 적당한 긴장감을 잃지 않도록 해야 한다.
6~10점	약간의 스트레스 상황이라 할 수 있으나 직장인으로서 보편적인 정도에 해당하므로 더욱 심화되지 않도록 관리한다.
11~15점	현재 나의 생활리듬이 어떠한지 돌아볼 필요가 있다. 규칙적인 생활과 운동, 고른 영양섭취, 충분한 수면이 이루어지고 있는지 생각해 보고 균형 잡힌 생활을 한다.
16~20점	스트레스 정도가 심해 정신적인 소진상태를 넘어서 신체적인 이상 징후로도 나타날 수 있다. 평소 신체적으로 건강상 취약했던 부분이 있거나 새로운 증상이 느껴지는 경우 정기적인 검진과 더불어 적극적인 스트레스 대처가 필요하다.
21점 이상	상당히 심한 스트레스 상태이다. 이러한 상태에서는 본인뿐만 아니라 관계를 맺고 있는 주변인들까지도 불편함을 느낄 수 있다. 전문의와 상담하여 도움을 받도록 한다.

출처: 박세정 외(2014). 보육교사론 (pp. 289-290).

2) 스트레스 관리방법

우리가 삶을 살아가면서 스트레스를 완전히 피할 수는 없다. 스트레스가 나타나는 것을 자연스러운 과정으로 이해하고 수용하는 자세가 스트레스를 관리하는 최우선의 방법이라 할 수 있다. 이와 더불어 좀 더 효율적으로 스트레스를 관리하는 방법을 체득하는 훈련이 필요할 것이다.

스트레스의 관리방법은 두 가지로, 스트레스 대처방안 및 완화기제를 사용하는 것과 스트레스를 완화시키는 대처방법보다는 긍정적 정서를 증대시킴으로써 스트레스를 감소시키는 방법이 있다. 최근에는 후자의 방법이 스트레스를 완화시키는 데 더 효율적인 방식으로 보며, 선호한다.

긍정심리학에서도 인간의 정서적 경험을 활용, 즉 사람이 경험하는 괴로운 기분을 좋은 기분으로 전환하며 최고의 기분으로 높이기 위하여 강점, 재능, 능력을 최대한 발휘하여 자신의 삶을 역경에서도 번영하도록 하는 방법을 훈련함으로써, 전반적인 삶의 만족도가 높아지고 있음을 증명하고 있다.

(1) 긍정적으로 생각하기

실제 교사들은 부정적 스트레스를 완화하기 위해 스트레스를 줄이는 노력보다는 긍정적 정서를 높이는 노력을 먼저 한다. 이는 스트레스 상황을 긍정적인 측면에서 바라보고 상황을 재평가하는 유용한 대처방식이다. 긍정적 정서를 개발하기 위해 노력하는 태도는 지속 가능한 행복을 도모할 수 있도록 돕는다.

부정적으로 축소된 사고방식은 생존에 위협을 받는 경우에 적응적인 반면, 긍정적인 사고방식은 더 장기적인 측면에서 적응적이다(Lopez, 2011). 긍정적 사고는 주의(注意) 폭을 넓혀 사람들이 환경을 더 많이 알아차리고 주변에서 진행되는 것을 더 잘 인식하도록 도우며 새로운 경험에 대한 개방성도 높인다. 긍정적 감정을 경험하는 것은 우리가 더 효과적으로 활동하도록 돕고 부정적 사건에 따른 결과에 대처하는 면역 역할을 한다(Brooks, 2006, 재인용). 부정적 사고는 초점을 좁혀 좁은 범위의 행동을 유발하며 새로운 것에 대한 경험을 거부하도록 한다. 확장된 사고방식은 발달을 촉진하고 불가피한 생존 위협을 더 잘 다룰 수 있게 한다.

긍정적 사고로 인한 좋은 기분, 즉 뭐든 하고자 하는 자유로운 욕구, 반복적인 일상에 대한 효율적 관리, 주변의 사소한 것에서 발견하는 기쁨, 새로운 것을 시도해 보려는 흥미 등은 모두 긍정적 사고와 연결되어 나타나는 확장 효과이다. 이는 인생에서 더욱 건강하고 좋은 선택을 하게 하여 역경에 잘 대처하고 세상과 더욱 친밀하고 깊이 있는 관계를 맺어 사회적, 지적, 정서적, 육체적 자원을 축적하게 된다. 이렇게 축적된 자원은 또다시 긍정적인 사고와 정서를 이끌어 내는 상향적 선순환에 있게 된다.

또한, 긍정성은 다양한 스트레스 요인이나 역경을 극복하고 성공적으로 적응할 수 있는 개인의 심리적 자원으로 행복에 강한 영향을 미치며 직무스트레스를 감소시키게 되는 '회복탄력성(resilience)'을 설명하는 가장 주요한 변인으로도 보고된다(하쾌남 · 정민자, 2017).

우울증은 스트레스 상황에서 비롯된다. 하지만 모든 스트레스 상황이 우울증과 극단적 선택으로 이어지는 것은 아니다. 어려움을 이겨 내는 힘인 '회복탄력성'이 높은 사람은 견디기 어려워 보이는 상황도 순조롭게 극복한다. 심리학자 조앤 보리센코(J. Borysenko)는 회복탄력성은 마음의 근육과 같아서 꾸준히 연습하면 얼마든지 키울 수 있는 것으로 긍정적으로 사고하기, 규칙적으로 운동하기, 친구와 소통하기 등을 회복탄력성의 단련방법으로 제시하였다. 회복탄력성이 높은 사람은 불안에 휩쓸리지 않고 상황을 적절히 통제할 수 있으며 부정적 정서를 경험하는 상황에 대해 긍정적으로 재평가함으로써 더 적극적인 방향으로 대처할 수 있게 된다. 즉, 개개인의 긍정성을 키운다는 것은 삶의 전반적인 측면을 관리하는 강력한 도구가 될 수 있다.

우울증, 스트레스를 이기는 힘, '회복탄력성'

미국의 심리학자 워너(E. E. Werner) 박사는 1954년부터 하와이 카우아이섬 신생아 833명을 대상으로 30년에 걸쳐 추적조사를 했다. 연구팀은 지독한 가난과 질병, 범죄자, 알코올중독자, 정신질환자가 대부분인 열악한 환경에서 자란 아이들이 사회부적응자로 성장할 것으로 가정했지만, 특별히 심각한 상황을 경험한 아이 200여 명 중 3분의 1이 문제없이 훌륭하게 성장했다. 워너 박사는 '역경과 시련을 이겨내는 힘', 즉 회복탄력성에서 답을 찾았다. 해당 아이들은 자기조절 능력, 대인관계 능력, 긍정성 등에서 높은 수준을 보였으며, 특히 자신의 입장을 받아주고 함께하는 이가 적어도 한 명 이상 있었다는 공통점을 가지고 있었다.

[나의 회복탄력성 진단]

번호	진단내용	체크
1	나는 힘들 때 믿고 의지할 사람이 단 한 명이라도 있다.	
2	나는 나를 믿는다.	
3	나는 스스로 생활을 잘 계획하고 실천한다.	
4	나는 한 해 목표, 한 달 목표, 일주일 목표 등 하려고 했던 일을 대부분 이룬다.	
5	나는 일주일에 3일 이상, 한 번에 30분 이상 규칙적으로 운동을 한다.	
6	나는 술을 전혀 안 마시거나 마시더라도 취하지 않을 정도로만 마신다.	
7	내 삶은 의미와 가치가 있다.	
8	위급한 상황에서 사람들은 내 말을 믿고 따른다.	
9	나에게는 흥미로운 일들이 많다.	
10	나는 잘 웃고 표정이 밝은 편이다.	

○ 점수 산출방법과 결과 해석

점수	해석
0~2개	현재 회복탄력성이 매우 낮은 상태이다. 건강에 이상이 있을 정도로 우울하거나 스트레스가 높을 수 있다.
3~5개	현재 회복탄력성이 낮다. 자신감 증진과 스트레스 관리가 필요하다.
6~8개	현재 회복탄력성이 좋은 편이다. 좀 더 증진하면 훨씬 더 큰 행복감과 자기효능감을 느낄 수 있을 것이다.
9~10개	현재 회복탄력성이 매우 높다. 유연성과 탄력성이 있고 자신뿐만 아니라 주변 사람들에게도 긍정적인 에너지를 나누어 줄 수 있는 상태이다.

출처: 세계일보(2018. 2. 1.), 재구성.

(2) 감사하기

긍정적 사고와 더불어 실제적인 행위로 연결되는 감사 행위는 긍정성 향상에 가장 강력하고 지속적인 효과를 나타내는 것으로 삶의 질을 높이는 데 뚜렷한 효과를 보인다. 심리학자들은 감사에 여러 가지 중요한 기능이 있다고 말한다.

우선, 감사는 타인에 대한 친밀감을 높여 주며 삶의 긍정적인 측면을 바라보게 되어서 부정적인 감정을 버릴 수 있게 된다는 것이다. 마이클 맥컬러프(M. McCullough, 1999, Biswas-Diener & Dean, 2009, 재인용)는 실험을 통해서 감사가 남을 돕는 행위나 만족감, 기대감과 깊은 관련이 있으며 우울과 불안, 질투, 물질주의 등과 배치된다는 사실을 밝혔다. 감사를 잘 하는 성격의 사람들은 감사경험에서 가장 큰 이득을 나타냈으며(Watkins et al., 2003), 아직 감사하지 못한 사람에게 감사편지를 써서 부친 사람들은 그 기억에 관해 쓰기만 한 사람들보다 더 높은 행복감과 낮은 우울감을 보고했고, 감사 연습 후에 긍정적인 심리적 효과가 한 달까지 지속되었다(Seligman, Steen Park, & Peterson, 2005). 매일 또는 매주 감사일지를 쓰는 것은 정신적 건강뿐 아니라 신체적 건강까지도 증가시킬 수 있으며(Emmons & McCullough, 2003), 감사를 잘 하는 성격이라고 보고한 사람들은 자신이 용서를 잘 하고 삶의 만족도가 높고(Adler & Fagley, 2005), 부정적인 감정은 덜 느끼고 긍정적인 감정은 더 느끼며, 감사를 잘 하는 사람들은 감사를 덜 하는 사람들에 비해 덜 물질적이고 질투를 덜 하고 더 낮은 우울과 불안 수준을 가지고 있었으며, 더 겸손하고 덜 거만하였다(Lopez, 2011, 재인용).

제일 효과적인 방법은 매일 밤 잠자리에 들기 전 그날 있었던 일을 돌이켜보면서 하루 동안 감사할 만한 일을 3~5개 정도 구체적으로 적어 보는 것이다. 잠자기 전에 적는 이유는 대부분 기억의 고착화 현상이 잠자는 동안에 일어나 뇌의 습관을 만드는 데 효과적이기 때문이다. 더 중요한 것은 일상생활에서 감사할 것을 찾겠다는 의지와 결단을 키우는 것이다.

감사하기 연습

감사 연습은 두 가지로 나누어 해 볼 수 있다. '비교적 적은 노력과 시간이 필요한 것'과 '좀 더 많은 노력과 시간이 필요한 연습'이 있다. 적은 노력과 시간이 필요한 연습은 우리가 수시로 해 볼 수 있을 것이다. 축복 헤아리기나 감사 방문과 같은 좀 더 많은 노력이 필요한 연습은 훨씬 많은 감사를 증대시키는 데 유익하다.

1. 비교적 적은 노력과 시간이 필요한 연습

- 내가 당연하게 여겼던 일을 떠올리고 상대에게 매일 감사를 표현하라(예: 복도를 청소하는 건물관리인에게 감사하기). 이 연습을 최대한 활용하기 위해서는 먼저 내가 일상을 보내는 여러 환경(학교, 공원, 집, 친구의 집, 이웃집, 직장 등)에 대해 생각하고, 각 환경에서 자신에게 도움을 주었거나 행복하게 해 준 일을 한 사람들에 대해 생각해 보라.
- 하루에 '고맙습니다'라는 말을 사용한 횟수를 기록하라. 첫 주가 지난 후, 그 말을 두 배로 할 수 있도록 노력하라.
- 부모, 형제자매, 친구에게 매일 전화해서 고맙다고 말하라.
- 누군가에게 이메일로 감사 인사 또는 즉석 문자 메시지를 보내라.
- 함께 지내는 이들에게 내가 고맙게 여긴 일에 대해 감사를 표하는 쪽지를 남겨라(예: 청소를 해 주거나, 음식을 남겨 주거나, 식사를 대접 받은 일들에 대하여 할 수 있다).

2. 좀 더 많은 노력과 시간이 필요한 연습

- 축복 헤아리기: 살면서 우리가 감사할 만한 크고 작은 일이 많다. 지난날을 되돌아보고 내가 고맙게 여기거나 감사한 다섯 가지 일들을 적어 보라. 일기를 소지하고 2주간 매일 작성하라. 혹은 조금 다르게, 내가 고맙게 여긴 한 가지 일에 집중하여 그 일이 특별히 고맙게 느껴지는 이유를 깊이 생각해 보는 것도 좋다.
- 감사 방문: 내가 고맙게 여겼지만 감사하다고 말해 본 적이 없는 사람을 떠올려 보라. 그에게 그토록 고맙게 느끼는 이유를 상세하게 설명하는 편지를 써라. 그 후에 그 사람에게 직접 편지를 읽어 주어라. 만일 직접 하기가 힘들다면, 전화로 편지를 읽어 줄 수도 있다.

출처: Lopez, S. J. (Ed.). (2011). 정서적 경험 활용하기 (권석만 · 임선영 · 김기환 역) (pp. 167-168, 재구성). 서울: 학지사.

3) 건강한 생활습관

건강이란 신체적, 정신적, 사회적, 영적 안녕이 완전한 상태로 정의(세계보건기구: WHO)되고 있다. 대다수 한국인은 자신의 건강상태에 대하여 OECD 국가 중 가장 부정적인 견해를 가지고 있으며, 병상에서 보내는 시간 또한 OECD 국가의 평균보다 2배 이상 많은 것으로 보고되고 있다(한국경제TV, 2016. 1. 2.).

교사의 건강상태를 보면, 우리나라 교사의 48% 정도는 건강에 이상이 있는 것으로 나타났으며(김성규, 2011. 8. 4.), 초·중·고등학교 교사보다 보육교사가 육체적 노동을 많이 하는 반면 휴식을 취할 수 있는 공간과 시간은 부족하다(최형성, 2015). 보육교사가 가장 많이 호소하는 건강문제는 소화기계, 건강습관, 호흡기계, 부적응, 비뇨생식기계, 피로도 등의 순이었으며, 건강상태의 수준이 낮아질수록 교사효능감을 매개로 하여 이직의도를 높이는 것으로 나타났다(김일옥·정구철, 2011). 영유아 보육환경의 안정성을 위해서라도 교사의 건강관리는 중요하다.

평소 좋은 생활습관의 형성은 면역력을 강화함으로써 스트레스를 이겨 내는 데 유용하다. 건강한 식습관, 충분한 수면, 규칙적인 운동은 신체 건강상태를 높이고 마음과 정신 건강을 확보할 수 있는 선행조건이다.

건강한 식사습관 : 천천히 편안하게 골고루 적당하게 먹는다. 무기질, 비타민, 섬유소를 골고루 섭취하며, 카페인과 알코올 섭취를 제한하고 물을 충분히 마시도록 한다.

충분한 수면 : 며칠에 걸쳐 1~2시간 수면이 부족해지면 일에 집중하기가 어렵게 된다. 취침 전에 긴장을 풀어 주고, 늦은 오후부터는 카페인 섭취를 줄인다. 개인차가 있지만 6~8시간 정도의 수면시간을 확보하도록 한다.

운동하기 : 일반적으로는 걷기가 가장 편안하고 좋은 운동이며, 하루 40~60분 정도 일주일에 3회 이상 하도록 한다. 스트레칭이나 체조 등도 매일 혹은 이틀에 한 번씩 10~20분 정도 하도록 한다.

생활습관에 따른 건강상태 판정기준

- **나의 건강나이 측정**: 다음 문항에서 자신에게 해당하는 것을 골라 모든 점수를 계산한 후, 최종 점수를 6으로 나누어 자신의 나이에 더하면 자신의 건강나이가 된다.
- **해석방법**: 총 점수가 '+'이면 실제 나이보다 더 늙은 것이 되고, '−'이면 그만큼 신체나이가 건강하다는 의미이다.

문항	점수	
흡연습관	• 담배를 피운 적이 없음(−2) • 1년 이내에 금연(+2) • 하루 20개비 이하(+12) • 하루 40개비 이상(+20)	• 10년 전부터 금연(0) • 하루 0개비(+6) • 하루 40개비 이하(+16)
생활만족도	• 만족한다(−4) • 불만족이다(+5)	• 보통이다(+3)
육류 섭취	• 하루 1회 이상(+6) • 1주에 4회 이하 또는 생선 섭취(−3)	• 1주에 4~5회 (+4)
과일 및 야채 섭취	• 하루 2회(−4) • 하루 한 가지 1회(−1) • 1주에 1회 이하(+2)	• 하루 1회(−3) • 1주 5회 이하(+1)
수면	• 항상 부족(+3) • 항상 숙면(−2)	• 종종 부족(+2)
음주	• 1주에 맥주 2병 반 이하(−1) • 1일 맥주 1병 또는 소주 반 병 이상(+5)	• 1주에 맥주 5병 또는 소주 2병 반(+3)
혈압	• 45세 이하에서 고혈압(+4) • 60세 이상에서 고혈압(+2)	• 45세 이상에서 고혈압(+3) • 정상(0)
당뇨병	• 있다(+5)	• 없다(0)
운동	• 1주 3회 30분씩(−10) • 가볍게 매일(−4) • 거의 안 함(+10)	• 1주 2회 30분씩(−5) • 1주 1회 이하(+2)

문항	점수
감기	• 감기 앓지 않았음(−2) • 지난 1년 동안 1~3번 감기 걸림(+1) • 지난 1년 동안 3번 이상 감기 걸림(+3)
화	• 금방 수그러짐(−3) • 속을 태우지 않음(0) • 내색하지 않음(+2) • 줄 서거나 시간 낭비할 때 화가 남(+5)
긴장	• 나름대로 긴장해소 방법 사용(−5) • 자연히 풀리기를 기다림(+5)

4 분노관리

누구든지 화를 낼 수 있다. 그것은 쉬운 일이지만 올바른 대상에게, 올바른 정도로, 올바른 시간에, 올바른 목적으로, 올바른 방식으로 성을 내는 것은 모든 사람들이 할 수 있는 일이 아니며 쉬운 일도 아니다.

— 아리스토텔레스(Aristoteles).

분노는 사랑처럼 누구에게나 있는 때론 지극히 정상적이고 당연한 감정이다. 사랑이 생의 모든 문제의 근원이듯 사랑의 뒷면인 분노를 어떻게 해소하느냐에 따라 삶의 질이 좌우될 수 있다. 분노는 인간이 느끼는 자연스러운 감정으로 개인의 욕구가 좌절, 제지당했을 때 나타나는 심리상태이지만, 분노가 너무 자주 발생하거나 오랫동안 지속되어 깊게 부정적 감정이 자리 잡을 경우 적극적인 해체 작업이 필요하다. 분노에 휩싸여 있으면 지금 현재의 나로 살 수 없다. 이는 인간관계에서 누릴 수 있는 행복감과 친밀감이라는 선물을 놓치게 되는 장애로 작용하면서 현재 인생에서 누릴 수 있는 많은 축복을 받아들일 수 없게 되고 삶을 퇴행시킨다.

분노감정과 분노행동은 분리하여야 하며, 분노가 자신의 감정의 일부임을 정직하게 인정하고 분노의 근원을 직면하고 분노를 자신의 의식으로 통합시켜 체험하도록 하는 작업이 필요하다. 상대방에 대한 적대감을 낮추고 서로 협조하여 분노라는 적을 다룰 수 있는 성숙한 자세가 필요하다.

1) 분노의 형태

사실 그 누구도 화를 선택하지는 않는다. 하지만 자신을 화나게 만드는 자극에 어떻게 대응할 것인지는 분명히 선택할 수 있다. 분노가 일어날 때 무조건 삭이거나 폭발시키는 극단적인 방법을 습관적으로 취하기보다는 변화시켜야 할 하나의 증상으로 인식하여 원인을 찾아서 제거하는 작업을 해 보도록 한다. 분노를 일으키는 사건과 생각을 하나하나 구체적으로 적어 보면, 반복되는 부정적 행동 유형을 인식하게 되고, 자신이 늘 비슷한 이유로 화를 낸다는 것을 발견할 수 있다. 또한, 분노는 지금의 상대방이 아니라 오랫동안 누적된 미해결된 감정의 응어리들이 지금의 상황에서 나타나는 것이다. 따라서 과거의 미해결된 감정이 무엇인지 찾아보는 것도 분노를 이해하는 데 도움이 된다. 정신분석학에서는 어린 시절 부모에게 표출하지 못한 억압된 분노가 표출되어 계속해서 인간관계를 그르치고, 생을 퇴행시키는 원인으로 본다.

폴 헥스트롬(P. Hegstrom, 1999, 이성희 외, 2012, 재인용)은 성인의 분노양식은 일반적으로 어릴 때의 분노양식(즉, 학습된 행동)을 반복하는 것으로 누군가가 분노를 자극하기만 하면 그것에 대해 즉각적인 반응으로 나타나는 것으로 보았다. 따라서 분노라는 감정적 반응을 통찰하려면 가족관계에 있어 최소한 2세대 이전으로 거슬러 올라가는 작업이 필요하다. 부모와 조부모가 분노를 어떻게 다루었는지에 대한 이해는 각자 자신의 분노반응에 대한 좋은 단서가 될 수 있다.

○ 나의 가족에 있어서 분노 형태를 이해하기

• 당신의 부모는 분노를 어떻게 다루었는가?

- 당신의 부모는 각각 분노에 대해서 어떻게 반응하였나?
- 당신의 조부모는 분노를 어떻게 다루었는가?
- 당신의 조부모는 각각 분노에 대해서 어떻게 반응하였나?
- 당신의 부모는 갈등을 어떻게 풀어나갔나? 갈등을 해결하였는가, 피하였는가?
- 부모가 분노를 표현할 때 당신은 두려워하였나?
- 당신은 어린이로서 분노를 표현할 수 있도록 허락된 분위기였나?
- 당신은 어린이로서 분노를 어떻게 표현하였는가?
- 당신은 현재 분노를 어떻게 표현하는가?
- 만일 가능하다면 당신은 당신의 분노에 대한 반응을 어떻게 변화시킬 수 있는가?

2) 분노의 해결 단계

우리는 화가 나면 여러 방식으로 삭이려 한다. 예를 들면, 먹는다, 잔다, 술을 마신다, TV를 본다, 사람을 피한다, 내 잘못이라고 생각한다, 일하거나 운동한다, 그 대상에게 사과하고 더 잘 대한다, 아무 일도 없는 것처럼 대한다, 다른 곳에 화풀이한다 등이다. 그러나 이러한 예는 단지 분노를 회피하고 부인하는 방식일 뿐이다. 분노를 해결하려면 어떠한 이유로 얼마나 화가 났는지 객관적으로 바라보아야 한다.

나의 분노 정도 알아보기

1. 중요한 인간관계에서 불공평하다는 느낌을 자주 갖는다.
2. 내가 무엇을 잘못하고 있는 것 같다.
3. 정말 말하고자 하는 것을 효과적으로 말하지 못한다.
4. 현재 처한 문제 상황에서 내가 무엇을 잘못했는지 모른다.
5. 사소한 일에 자주 화를 내고 곧 후회한다.

6. 현 상황이 어떻게 달라질 수 있는지 시험해 보고자 하지 않는다.
7. 스스로 무기력하고 힘이 없다고 여긴다.
8. 나 자신을 좋아하지 않는 것 같다.
9. 부당한 요구에도 '아니다'라는 말을 하지 못한다.
10. 자주 사과하게 되지만 진심으로 그렇게 느끼는 것 같지는 않다.
11. 다른 사람을 보호하고 지키기 위해서 나의 이익을 지속적으로 포기한다.
12. 내 인생의 통제력을 내가 가지고 있는 것 같지 않다.

출처: 한기연(2001). 분노 스스로 해결하기 (p. 54.). 서울: 학지사.

폴 헥스트롬이 제안하는 구체적인 분노의 해결 단계를 참고하여 내면에 뿌리 깊이 자리 잡은 분노를 해체할 방법을 배우도록 한다(이성희 외, 2012, 재인용).

○ 1단계 : 시간을 벌어라

충동을 통제하는 것은 선천적인 속성이 아니라 후천적으로 학습되는 행동이다. 이는 우리의 반응을 지연시킴으로써 시작된다. 감정이 격앙되어 분노로 연결되는 것을 느끼는 순간, 시간을 벌고 내가 지금 느끼는 감정(상처, 거부, 무능, 수치, 죄책감 등)을 점검한다. 어떤 자극에 대한 반응시간을 멈출 수 있다는 것은 다음 단계의 부정적이고 습관적인 반응을 변화시킬 수 있는 입문 단계로 볼 수 있다.

○ 2단계 : 당신의 감정을 인식하라

당신의 감정이 어떻게 해서 격앙되어 있는지, 이러한 격앙이 어디로 이끌려 가고 있는지 평가하라. 만일 당신이 그 격앙을 통제할 수 없다면 어떤 파괴적인 결과가 나타나는지를 점검한다.

○ 3단계 : 분노의 진짜 원인을 확인하라

무엇이 감정을 격앙시키고 있는가, 현재 어떤 상황이 당신에게서 그러한 감정이 일어나도록 하는가를 확인한다.

○ 4단계 : 분노를 평가하라

당신의 분노는 정당한가? 즉, 당신은 지금 겪고 있는 상황이 잘못되었기에 분노하고 있는가? 아니면 어렸을 때 경험했던 마음의 상처와 그로 인한 예민함, 두려움, 염려, 배타감 등의 영향으로 필요 이상의 감정을 가지고 있는 것은 아닌가? 상황으로부터 눈을 돌려 문제의 핵심을 분명히 살펴보도록 한다.

○ 5단계 : 상황을 잘 판단하라

당신은 상황을 완전히 파악하고 당신의 응답, 반응, 말 등을 잘 통제할 수 있을 때 행동을 취하도록 하라. 현재에 집중하고 과거의 사건이나 상황을 현재에 가지고 오지 않도록 한다. 지금의 상황과 상대방은 과거의 상황과 상대방이 아님을 분명히 인식해 봄이 필요하다.

○ 6단계 : 갈등을 해결하라

갈등의 실제에 있어서 명확히 생각하고 이해를 한 다음에 갈등을 해결할 수 있는 여러 방법을 찾는다. 문제에 대해 조용히 접근하여, 일정한 제한과 한계를 설정해 본다. 그리고 편견 없는 현명한 견해를 가지고 감정을 표현하고, 해결을 위한 협상과 타협을 시도한다. 그런 후에야 당신은 평온한 상태에서 갈등을 풀어나갈 수 있게 된다. 그리고 다른 사람들, 또는 주위 상황이나 환경을 지배하려고 하지 않는다. 때론 상대방에게 협조를 요청할 수도 있으며, 어떤 경우에는 일단 문제를 놔두고 멈추어 보는 것도 도움이 된다.

○ 7단계: 용서하라

'용서하라', 이 용어에 저항이 온다면 '분리하라'로 대체해 써 보기를 권한다. 대부분 사람은 '용서'라는 단어에서 본인이 무엇을 '더 해야 하는 것'에 대한 무게감과 억울함을 느낀다. 용서는 당신을 가해한 사람들에게 정신적으로 사로잡혀 있는 것으로부터 나를 분리시켜 해방하는 것이다. 용서는 적대나 분노를 포기하는 것으로 나를 괴롭힌 사람의 행동을 간과함을 의미하는 것은 아니다. 용서는 자신을 위해 필요하다. 가해자와의 연결을 끊고, 관계를 다시 세우는 것 없이도 그와의 연결 고리로부터 해방될 수 있음을 아는 것이다. 용서는 고통으로부터 자신을 끊기 위한 또 하나의 고통의 과정이 될 수 있으나 용서를 선택하게 되면 사건에 대한 기억으로부터 발생하는 심적 고통이 사라지는 데 유용하다.

치유란 고통을 거부하는 몸짓을 거부할 때 비로소 일어난다. 용서를 선택했다고 해서 그 사건이 없는 것이 되거나 그 사건을 잊어버리게 되거나 그 사람과 다시 좋은 관계를 맺는 것을 의미하는 것은 결코 아니다. 용서는 자신에게 큰 자유와 행복을 가져다주기 위해, 바로 자신을 위해 선택하는 것이다.

자신을 풍요롭게 하는 4단계

1. 명상의 힘 발견하기

인간의 마음은 지나치게 많은 활동을 하는데, 명상은 내면의 시끄러움을 잠재우는 일을 한다. 생각을 너무 많이 하면 심신이 상당히 피로하게 되는데 이는 기억력과 집중력을 높이는 뇌에 중요한 영양분인 포도당이 고갈되어 우리의 생명력을 바닥으로 떨어지게 만든다. 명상은 건강한 휴식을 제공함으로써 지나친 생각으로 인해 에너지와 포도당이 고갈되는 것을 막아 준다. 피곤할 때나 기분이 좋지 않을 때, 행복지수를 높이고 싶을 때 3분 명상을 하는 것만으로도 재충전하는 데 있어 유용하다.

2. 침묵을 통해 자신을 치유하기

소리는 부정적인 에너지장을 가지고 있을 수 있으며 우리는 그에 대응하게 되는데, 자신을 보호하기 위해 무의식적으로 자신을 봉쇄해 버리고 자신을 개방하는 대신 방어적인 태도를 취하게 된다. 이 모든 일은 엄청난 수고를 필요로 한다. 끊임없이 말하는 것도 우리의 에너지를 고갈시킨다. 말은 놀라운 의사교환 방법이지만 정도가 지나치면 사람을 무감각하게 만든다. 침묵은 휴식이며 내면의 힘을 모아서 부정적인 에너지를 제거하는 시간이다. 침묵은 그러한 고통으로부터 일시적으로 해방될 수 있는 건강한 방법이며 꼭 필요한 회복의 기회를 제공한다. 하루에 5분 정도만이라도 침묵하는 것을 연습하도록 한다. 그러나 침묵은 마스크를 하고 입을 막는다거나 육체적으로 구속받는 느낌을 받아서는 안 된다. 자신과 교감하면서 생활의 부정적인 파편을 제거해 우리의 에너지가 단단하게 자리 잡을 수 있도록 하려는 것이다. 앉아 있어도 좋고 자전거를 타도 좋고 욕조에 몸을 담그고 있어도 좋다.

3. 기도의 에너지에 마음 열기

기도는 마음의 자세로 우리가 혼란스럽거나 지쳐 있을 때 공명할 수 있는 에너지를 가까이 불러오며 사랑으로 채워 주게 된다. 살아 있는 기도로 에너지를 증대시키도록 한다. 기도의 효과는 육체적인 건강 증진(심장박동과 호흡, 신진대사를 늦추고 치유를 촉진시키며 면역기능을 강화시키는 효과)뿐만 아니라, 감정적인 안정(기도하는 동안의 이완 효과가 스트레스를 감소시켜 낙관적인 생각을 하도록 만들고, 위대한 힘과의 연결은 인생을 가치 있게 만드는 목적과 의미 부여)과 에너지의 균형(기도는 마음을 열게 하고 치유 파동을 몸 전체로 퍼뜨려 활성화시키며, 희망, 행복, 연민을 서서히 스며들게 해서 부정적인 에너지를 몰아내고 좋은 에너지를 모아 줌)을 가져온다.

4. 흐름의 지혜를 믿기

흐름은 우리의 삶을 이끄는 우리보다 위대한 에너지와 조화를 이루는 것으로 이 에너지는 연민을 지닌 현명한 영혼이며, 흐름의 지혜를 믿는다는 것은 우리 앞에 주어진 것을 거스르지 않고 깨끗하게 따르는 것이다. 흐름에 따라가는 것은 생명력을 지키는 일이다. 어떤 것을 통제할 수 있는 힘이 자신에게 있는지 없는지를 아는 것이다. 순리에 따른다는 것은 포기가 아니며, 지금이 새로운 가능성을 타진하기에 적절한 때인지를 파악할 수 있는 감각을 갖는 것이다. 흐름을 따르면 좋은 에너지가 풍부해지면서 자유로워진다. 반면에 억지를 부리면 부정적인 에너지만 커진다. 열심히 뛰지만 한편으로는 뒤로 물러서서 순리대로 갈 수 있는 여지를 남겨두어야 할 것이다. 흐름을 따르면 긍정적인 에너지가 생기고, 흐름을 거스르면 부정적인 에너지가 생긴다. 신호를 감지해 보도록 한다.

출처: Orloff, J. (2004). 포지티브 에너지: 좋은 운명을 끌어들이는 (김소연 역) (pp. 80-112을 발췌, 재구성). 서울: 한언.

학습실천과제

1 보육교사의 정신건강의 중요성과 의미에 대하여 정리해 보도록 한다.

2 각자의 스트레스 관리법에 대하여 이야기를 나누고, 자신의 스트레스 관리법에 추가해 볼 수 있는 목록을 만들어 본다.

3 영유아의 정서적 상호작용을 활성화시키기 위해서 필요한 측면과 방법론들을 정리해 본다.

제04장 보육교사의 자기이해

1 현재의 자기이해

자기 자신과 자기의 감정을 분명히 알수록 지금 있는 현실을 더욱 사랑하게 된다.

— 스피노자(Baruch Spinoza).

행복한 삶이란 바로 자신의 지배가치에 따른 삶을 살아가는 것이다. 지배가치를 알고 그것에 맞는 삶을 살 때, 한정된 인생을 낭비하지 않고 제대로 행복한 삶을 살 수 있다. 이와 함께 우리가 가지고 있는 강점과 미덕을 발견하고 개발함으로써 자신에게 알맞은 일을 찾아 자신의 긍정적인 특성을 마음껏 발휘하게 삶을 긍정적으로 이끌어 준다면 인생의 행복은 배가 될 것이다. 자기이해를 위한 과정은 인생에 있어서 속도를 재는 시계가 아니라 인생의 방향인 나침반을 가지는 소중한 작업이다.

1) 나의 지배가치와 강점 찾기

(1) 나의 지배가치 찾기

우리의 삶의 방향은 우리가 가진 가치의 자력에 이끌려 제어된다. 가치는 삶의 방향과 운명을 창조하는 데 끊임없이 영향을 미치는 힘이다. 조지프 우드 크러치(J. W. Krutch)는 "하나의 가치가 생겨날 때마다 우리의 존재는 새로운 의미 하나를 갖게 된다. 어느 한 가치가 사라질 때마다 우리의 의미 한 부분이 사라진다."라고 하면서 개인에게 있어서 가치의 중요성을 강조하였다.

지배가치는 자신의 인생에서 소중한 것으로 삶의 의미와 보람을 제공하며 우리의 존재 한가운데 있는 것이며 우리 자신이 되고자 하는 것이다. 변함없이 오랫동안 행복을 누리려면 자신이 가진 최고의 가치, 높은 이상대로 사는 것이 하나의 방법이다. 자신이 품고 있는 가치는, 그것이 무엇이든 관계없이 곧 자신을 이끄는 방향이 될 것이다.

지배가치가 가지는 의미를 보면, 첫째, 개인의 행동에 영향을 미치며, 자연스럽게 내면의 지배가치와 행동이 일치하는 경향을 가지며, 둘째, 지배가치를 찾고 분명하게 함으로써 개인의 효율성이 증대하며, 셋째, 자신의 지배가치와 행동이 일치할 때 마음에 평화가 온다.

인간의 공통적 지배가치는 도덕률—존엄성, 평화, 자유 등—에 기초하며, 인종과 문화를 넘어 존재하는 사랑과 보편적 유대의 기초가 된다. 개인이 지니고 있는 가치는 수행하는 역할에서 자연스럽게 스며나온다. 예를 들면, 친구의 역할에서 상호 존중과 의리, 리더나 관리자의 역할에서 지혜와 비전, 성실 등, 그리고 가족 구성원의 역할에서는 책임과 배려 등이 나타나게 된다.

개인의 행동을 지배하는 가치는 자신의 의식과 환경과의 상호작용 결과로 어릴 때부터 가족, 형제자매, 친구, 이웃과의 상호작용을 통해 형성된다. 각 개인은 성장하면서 사회 안에서 수행하게 되는 다양한 역할을 통해 개인의 가치가 추가되고 강화되고 수정되기도 한다. 이러한 지배가치 중에 우리의 삶에 지속적이고 근원적으로 영향을 미치는 가치가 개인의 핵심 가치라 하겠다. 이는 존재의 깊은 곳에서 개인에게 작용하는 것으로, 이것을 잘 의식하며 그에 따라 행동하는 사람은 자기 행동에 대한 성찰과 한계를 바르게 의식할 수 있게 된다.

○ 지배가치는 어떻게 찾는가?

- 나의 역할 중에서 무엇이 가장 중요한가?
- 나는 누구와 만나면 성장함을 느끼는가?
- 나는 어떤 종류의 대화에서 용기를 얻고 풍요로움을 경험하는가?
- 내가 정말 잘하는 것은 무엇인가?
- 나의 내면에서 자꾸 하라고 재촉하는 것이 있는가?
- 내가 삶의 조화와 평화가 느껴지는 순간은 무엇을 하고 있을 때인가?
- 나는 어떤 능력과 호소력을 가지고 있는가?
- 내가 다른 사람과 함께 즐기는 것은 무엇인가?

(2) 나의 강점 찾기

우리가 하는 생각이 바로 우리 자신이다.

— 괴테(Goethe).

마틴 셀리그만(M. Seligman, 2002)은 긍정심리학을 주창하며 인간이 가지고 있는 덕목과 강점, 의미를 강조하였다. 인간의 심리에서 외상, 상처, 고통, 희생, 장애에 대한 파악은 중요하나, 그것은 인간이 가진 조건의 반쪽일 뿐이다. 다른 반쪽은 인생의 가치로운 것, 즉 긍정적 정서, 교류 및 관여, 의미 및 목적 등이다.

그는 낙관적이고 긍정적인 정서로서 개인의 강점 키우기를 통해 자기 안의 밝은 면을 끌어내야 진정한 행복에 도달할 수 있으며, 행복의 시작은 '긍정적 정서 키우기부터'라고 강조한다. 강점과 미덕은 어느 곳에서나 존재하며, 좋은 시간뿐 아니라 나쁜 운일 때에도 도움을 준다. 사실 어려울 때 많은 강점이 더 발휘되며 활용될 수 있다.

셀리그만은 세 가지 행복한 삶으로, 첫째, 과거와 미래에 대한 긍정적 정서를 경험하고, 둘째, 즐거움에서 비롯된 긍정적 감정과 함께 대표 강점을 발휘하여 충분한 만족을 얻고, 셋째, 나아가 대표 강점을 발휘하여 더 큰 무엇을 위해 봉사하며 삶의 의미를 깨닫는 삶이라 하였다.

공정성, 창의성, 끈기 등의 강점은 절대음감, 미모, 달리기 등의 재능과는 다르다. 강점은 도덕적 특성이지만 재능에는 도덕적 개념이 없으며 재능은 선천적인 특성이 훨씬 커서 계발하기가 어렵다. 그러나 학구열이나 신중함, 겸손, 낙관주의는 이와 다르다. 이런 강점들을 습득하면 그것이 곧 자신의 참 모습이 된다. 강점과 미덕을 개발하고 일상생활에서 활용하는 것은 개인의 선택 문제이다. 삶의 긍정적인 요소를 증가시키고 싶을 때, 강점과 미덕을 활용해 보는 선택을 할 수 있다.

긍정심리학에서 다루는 좋은 특성(good character)으로 여섯 가지 덕목(virtue)과 그 덕목의 밑에 스물네 가지의 강점[혹은 內功(strength)]을 제시하고 있다.

각자 자신의 미덕과 강점을 찾아 보육현장과 보육교사의 역할에 어떻게 녹여낼지 생각해 보고 토의해 봄으로써 보육교사로서의 자기역량을 강화해 보도록 한다.

○ 여섯 가지 덕목과 스물네 가지 장점

- 지혜와 학식(창의성, 호기심, 판단력, 학구열, 예견력, 사회성)
- 사랑과 인간애(친절, 애정 능력)
- 용기(용감함, 끈기, 지조)
- 절제력(겸손, 신중성, 자기통제력)

- 정의감(시민의식, 공정성, 지도력)
- 초월성(감상력, 감사, 낙관성, 영성, 유머, 열정, 용서)

○ 대표 강점

- 진짜 나다운 것이라는 자신감이 생긴다.
- 발휘하는 순간 흥분의 도가니에 휩싸인다.
- 처음 습득한 이후부터 급속하게 발전한다.
- 꾸준히 계발하기 위해 새로운 방법을 계속 익히고 싶다.
- 그 강점을 활용할 수 있는 방법을 이모저모로 궁리한다.
- 그 강점을 활용할 때 자신을 제어하기 힘들다.
- 그 강점을 발휘하는 동안 피곤하기는커녕 의욕이 솟는다.
- 그 강점을 활용할 때 황홀경에 빠지기까지 한다.

강점 검사 점검지

강점	문항	내용	매우 비슷하다	비슷하다	보통이다	다르다	전혀 다르다	합
창의성	1	어떤 일을 하는 데 필요한 새로운 방법들을 찾는 것을 좋아한다.	5	4	3	2	1	
	2	친구들에 비해 나는 상상력이 부족하다.	1	2	3	4	5	
호기심	3	세상이 매우 흥미 있는 곳이라고 생각한다.	5	4	3	2	1	
	4	쉽게 싫증을 낸다.	1	2	3	4	5	
판단력	5	중요한 결정을 내릴 때 충분한 근거를 찾으려고 한다.	5	4	3	2	1	
	6	성급하게 판단하는 경향이 있다.	1	2	3	4	5	

강점	문항	내용	매우 비슷하다	비슷하다	보통이다	다르다	전혀 다르다	합
학구열	7	새로운 것을 배우는 것을 좋아한다.	5	4	3	2	1	
	8	박물관이나 다른 교육적 장소에 가 본 적이 별로 없다.	1	2	3	4	5	
예견력	9	항상 꼼꼼히 생각하고 더 큰 것을 볼 줄 안다.	5	4	3	2	1	
	10	내게 조언을 구하기 위하여 찾아 오는 사람이 거의 없다.	1	2	3	4	5	
사회성	11	나는 어떤 성격의 단체에 가도 잘 적응할 수 있다.	5	4	3	2	1	
	12	나는 다른 사람들의 감정을 알아채는 것에 둔하다.	1	2	3	4	5	
친절	13	자발적으로 이웃을 도와준다.	5	4	3	2	1	
	14	다른 사람의 행운을 내 일처럼 좋아한 적이 거의 없다.	1	2	3	4	5	
사랑	15	본인의 기분과 행복 못지않게 내 기분과 행복에 관심을 기울이는 사람이 있다.	5	4	3	2	1	
	16	다른 사람들이 베푸는 사랑을 제대로 받아들이지 못한다.	1	2	3	4	5	
용감함	17	강력한 반대에 무릅쓰고 내 주장을 고수할 때가 많다.	5	4	3	2	1	
	18	고통과 좌절 때문에 내 의지를 굽힐 때가 많다.	1	2	3	4	5	
끈기	19	한번 시작한 일은 끝까지 해낸다.	5	4	3	2	1	
	20	일을 할 때면 딴전을 많이 피운다.	1	2	3	4	5	
지조	21	약속을 반드시 지킨다.	5	4	3	2	1	
	22	친구들은 내게 솔직하게 말하는 법이 없다.	1	2	3	4	5	

강점	문항	내용	매우 비슷하다	비슷하다	보통이다	다르다	전혀 다르다	합
겸손	23	다른 사람들이 나를 칭찬할 때면 슬그머니 화제를 돌린다.	5	4	3	2	1	
	24	스스로 한 일을 추켜세우는 편이다.	1	2	3	4	5	
신중성	25	다칠 위험이 있는 일은 하지 않는다.	5	4	3	2	1	
	26	나쁜 친구를 사귀거나 나쁜 사람들을 만나는 경우가 있다.	1	2	3	4	5	
자기 통제력	27	내 정서를 다스릴 줄 안다.	5	4	3	2	1	
	28	마음먹은 결심을 오래 해 본 적이 거의 없다.	1	2	3	4	5	
시민 의식	29	나는 내가 속한 집단의 이익을 위해서 내 개인의 이익을 희생할 줄 안다.	5	4	3	2	1	
	30	집단의 일원으로서 일할 때 나는 최선을 다한다.	1	2	3	4	5	
공정성	31	나는 어떤 사람에게든 똑같이 대한다.	5	4	3	2	1	
	32	내가 싫어하는 사람을 공정하게 대하기가 힘들다.	1	2	3	4	5	
지도력	33	일일이 참견하지 않고도 사람들이 단합해 일하도록 잘 이끌어 준다.	5	4	3	2	1	
	34	단체활동을 조직하는 데 소질이 없다.	1	2	3	4	5	
감상력	35	음악, 미술, 연극, 영화, 과학 등의 아름다움과 경이로움을 보고 전율한 적이 있다.	5	4	3	2	1	
	36	평소에 아름다움과는 전혀 무관하게 지낸다.	1	2	3	4	5	
감사	37	아무리 하찮은 일이라도 항상 고맙다고 말한다.	5	4	3	2	1	
	38	내가 받은 은혜에 대해 거의 생각하지 않는다.	1	2	3	4	5	

강점	문항	내용	매우 비슷하다	비슷하다	보통이다	다르다	전혀 다르다	합
낙관성	39	항상 긍정적인 면을 보는 편이다.	5	4	3	2	1	
	40	하고 싶은 일을 하기 위해 철저하게 계획해 본 적이 없다.	1	2	3	4	5	
유머	41	되도록 일과 놀이를 잘 배합한다.	5	4	3	2	1	
	42	우스갯소리를 거의 할 줄 모른다.	1	2	3	4	5	
영성	43	삶의 목적이 뚜렷하다.	5	4	3	2	1	
	44	사명감이 없다.	1	2	3	4	5	
열정	45	나는 무슨 일을 하든 끝까지 최선을 다한다.	5	4	3	2	1	
	46	나는 의기소침할 때가 많다.	1	2	3	4	5	
용서	47	과거의 것을 별로 문제 삼지 않는다.	5	4	3	2	1	
	48	나에게 상처를 준 사람에게는 기어코 복수하려 애쓴다.	1	2	3	4	5	

출처: Seligman(2002). 강점과 미덕-VIA 분류. 긍정심리코칭 워크숍 교재 (pp. 36-39, 재구성).

○ 점수 산출방법과 결과 해석

① 강점 항목으로 제시되고 있는 2개의 하부문항의 합을 구한다.
② 가장 높은 점수와 가장 낮은 점수를 받은 항목이 무엇인지 점검한다.
③ 점수결과에서 8~9점이면 강점으로 보고, 그중 대표 강점(상위점수 다섯 가지 강점)이 무엇인지 찾아내고 이를 활용할 수 있는 방법을 생각해 본다.
④ 점수결과에서 3~4점이면 취약점으로 보고 이 취약점이 자신의 강점을 훼손시킬 수 있는지를 점검해 보도록 한다.
⑤ 대표 강점과 관련되어 있는 덕목을 살펴보고 이러한 미덕이 어떻게 함양될 수 있었는지를 분석해 보도록 한다.

2) 에니어그램으로 자아 유형 찾기

> 내성적인 학생은 생각을 진지하게 해서 좋고,
> 사교성이 적은 학생은 정직하고 과장되지 않아서 좋고,
> 소심한 학생은 실수가 적고 정확해서 좋고,
> 질투심이 많은 학생은 의욕이 넘쳐서 좋고,
> 말이 많은 학생은 지루하지 않아서 좋고,
> 자신감이 없는 학생은 겸손해서 좋고,
> 직선적인 학생은 속정이 깊어서 좋다.
> 모두 다 좋다.
>
> — 김인중, 『안산 동산고 이야기』 중.

에니어그램(enneagram)은 아홉 가지 다른 성격 혹은 자아 유형을 묘사하고 있다. 각 유형에는 특징적인 정신적, 감정적, 행동적 패턴이 있다. 각각이 가지고 있는 반복되는 유형, 즉 집착을 알고 이 부분에 대해 진지하게 수행하면 정서와 행동이 변하고, 성격 차원 너머에 있는 자신의 참모습을 만나게 된다. 에니어그램에 대한 바른 이해는 자아의 미로에서 벗어날 수 있도록 돕는다.

에니어그램의 번호 유형을 진단용으로만 사용하게 되면, 오히려 자신의 습관적인 패턴에 갇히게 되고 부정적 행동을 변명하고 합리화하는 도구로 쓰이게 된다. 또한, 타인을 함부로 판단하거나 자신의 이기적인 목적을 위한 도구로 악용될 수 있다. 에니어그램을 통한 자기이해의 궁극적인 목적은 각 번호 유형이 갖고 있는 집착유형을 알고 통찰하여 우리가 가지고 있는 심원(본질적 성질)과 다시 연결하며 평화, 연민, 수용력, 관대함, 지혜와 같은 진정한 본성을 발현하는 것에 있다. 이는 내면의식의 공간을 넓혀 줄 것이다.

보이는 세계이건, 보이지 않는 세계이건 공간의 지평이 넓은 사람이 힘 있는 사람이다. 인간의 성숙이란 수용할 수 있는 내면 공간의 확장이다. 수용에너지가 커갈수록 내적 성장과 사랑이 커 가는 것이다. 특히 사람 전문가인 교사는 자기내면

의 공간을 넓고 깊게 가질 줄 알아야 한다. 내면의 공간이 없는 사람들은 타인을 수용할 수 없고 용서할 수 없을 뿐만 아니라 약자를 무시하는 인격의 비열함을 드러낸다. 이들은 성장과 자기변화에도 관심을 두지 않는다.

〈표 4-1〉 에니어그램에서 보는 번호 유형별 개관

유형	특성	강점	약점	행동의 동기	최상의 상태	수준이 떨어지는 신호
1번 개혁가	• 원칙적 • 이상적 • 윤리적 • 양심적	• 상황 개선을 위해 노력함	• 옳고 그름을 따지기를 좋아함 • 실수를 두려워함 • 쉽게 비판적이 되고 완벽주의자가 됨	• 높은 수준의 윤리나 도덕규범을 유지하려고 노력	• 현명하고 분별이 있으며 현실적이고 고상하고 도덕적임	• 자신이 모든 것을 개선시켜야 한다는 의무감에 시달릴 때
2번 조력가	• 감정적 교류 • 따뜻한 마음 • 사람들을 보살핌 • 대인관계를 잘함	• 상냥하고 너그러움 • 자기를 희생할 줄 앎	• 감상적이 되기 쉬움 • 아부를 잘하며 다른 사람들의 기분을 맞추려고 노력함	• 다른 사람들과 가까워지고자 함 • 다른 사람이 필요로 하는 사람이 되기 위해서 남들에게 무언가를 함	• 이타적 • 무조건적인 사랑	• 다른 사람의 마음을 얻는 것에 관심을 가질 때
3번 성취자	• 적응적 • 성공 지향적 • 자신감 • 매력적	• 야망이 많음 • 유능함 • 에너지 넘침	• 사회적 지위와 개인의 성취를 중시함	• 다른 사람이 자신을 어떻게 생각하는지를 중시함	• 자신을 잘 받아들이고 반듯함 • 다른 사람들을 고무시키는 역할 모델	• 실제가 없이 주목받기 위해 무언가를 할 때
4번 개인 주의자	• 개성 • 내향적 • 민감함 • 신중함	• 자신을 드러내는 데 있어서 감정적으로 정직하며 개인적임	• 상처받기 쉽고 민감함 • 다른 사람에게 쉽게 자신을 드러내려고 하지 않음	• 자신의 정체성과 중요성을 발견하는 것	• 자신을 새롭게 만들 수 있고 자신의 경험을 바꿀 수 있음 • 영감이 뛰어남. 창조적인 영적 통찰력으로 치유의 힘 발휘	• 공상을 시작할 때, 상상을 통해서 자신의 느낌을 강화할 때

구분	특성	강점	약점	행동의 동기	최상의 상태	수준이 떨어지는 신호
5번 탐구자	• 지적 • 통찰력 • 호기심	• 복잡한 아이디어와 기술을 개발하는 데 집중하는 능력	• 독창적이고 독립적이어서 자기 생각과 상상의 구조물에 빠져들 수 있음	• 다른 사람과 떨어져 있고 싶어 함 • 긴장이 많고 강렬함	• 시대를 앞서 세상을 다른 시야에서 보는 선구자적 역할	• 현실과 동떨어져서 개념과 내면의 세계 속으로 움츠러들 때
6번 충실한 사람	• 안전함 추구 • 근면함 • 책임감	• 친구, 자기 신념, 전통, 단체 등에 강한 충성심 • 공동체에 대한 헌신	• 자기방어가 높음 • 불안감이 많음 • 조심성이 많고 우유부단함 • 공포대항형은 당돌하고 반항적이 됨	• 안전 추구	• 내면이 안정되고 자신감이 있으며, 독립적이어서 힘없는 사람들을 용기 있게 도와줌	• 걱정 때문에 끌리고 마비되어 버릴 때
7번 열정가	• 낙관적 • 밝고 명랑함	• 생산적임 • 유쾌함 • 실질적임	• 피상적임 • 충동적임	• 끊임없이 새롭고 흥미로운 경험을 추구하므로 쉴 새 없이 움직여서 에너지를 소진시킴	• 가치 있는 목표에 자신의 노력을 집중시키고 쾌활하며 성취동기가 높음	• 어딘가에 더 나은 것이 있다고 느낄 때
8번 도전가	• 성격이 강함 • 다른 사람을 지배하려고 함	• 자신감, 자기주장이 강함 • 임기응변에 능함 • 결단력	• 자신을 남들과 가까워지도록 허용하지 않음	• 스스로가 상황과 사람을 통제해야 한다고 느끼기 때문에 도전적이고 위협적이 될 수 있음	• 타인의 삶을 개선하는 데 자신의 힘을 사용 • 영웅적이고 도량이 넓어서 역사적으로 위대한 업적을 남기기도 함	• 목소리가 커지고 일이 성사되기 위해 밀어붙이고, 투쟁해야 한다고 느낄 때
9번 평화주의자	• 수용적 • 신뢰감 있음 • 안정적 성격	• 성격이 원만하고 느긋함 • 친절하여 남을 잘 도움	• 갈등을 일으키지 않기 위해 남들에게 잘 순응하며 문제가 있으면 축소시키려고 함	• 평화를 유지하기 위해서 다른 사람들과 잘 지냄	• 어려움에 쉽게 굴복하지 않고 모든 것을 포용 • 사람들을 화합하고 갈등을 치유하는 힘을 발휘	• 잘 지내기 위해 다른 사람에게 맞추어 나갈 때

출처: 에니어그램의 지혜(2009)에서 구성.

○ 번호 유형별 아이의 특징과 기 살려 주기

번호 유형별 아이의 특징과 어떻게 아이를 대하면 좋은지에 대한 이해를 통하여 그들의 성장을 돕는 데 활용해 보도록 한다.

1번 유형 : 어린 나이에 비해 책임감이 강하고 규칙과 질서를 잘 지키는 완벽하고자 하는 아이이다. 1번 유형에게는 완벽, 질서, 원칙, 책임감에서 벗어나 자연과 함께 쉬고, 재미있는 시간을 가지며 많이 웃도록 도와주는 것이 필요하다. 사소한 것을 중요하게 생각하므로 약속 시각 지키기, 사용했던 물건은 제자리에 갖다 놓기 등에 관심을 기울여 준다.

2번 유형 : 상냥하고 친절하게 잘 도와주면서 주변과 호감을 주고받고자 하는 아이이다. 2번 유형에게는 아이가 베푼 친절과 배려에 감사함을 꼭 표현해 주도록 한다. 고마운 점을 구체적으로 말해 주면 더욱 좋고, 가끔 그들에게 무엇을 원하는지 물어봐 줌으로써 아이가 자신의 욕구를 스스로 채울 수 있도록 돕는 것이 그들의 성장에 있어 필요하다. 비판할 때는 장점과 좋은 점을 먼저 말하고 부드럽게 말하도록 한다.

3번 유형 : 적극적이고 긍정적이며 뛰어난 능력을 가진 사람으로 인정받고자 하는 아이로서, 3번 유형의 아이들에게는 자신의 존재나 해낸 일을 자랑스럽게 여길 때 분명하게 피드백해 주는 것이 필요하다. 몰입할 때는 내버려 두고 부정적인 감정으로 부담을 주지 않도록 한다.

4번 유형 : 예민하고 상상력이 풍부하며 자신을 아웃사이더로 느끼는 독특하고자 하는 아이인 4번 유형의 아이에게는 지지하고 이해해 주는 파트너가 되어 주는 것이 좋다. 그들의 특별한 점과 재능을 알아주고 존중해 준다. 우울하고 슬픈 기분을 느낄 때는 그것을 억지로 바꾸려고 하지 않도록 한다. 까다롭게 군다고 야단치지 말고 조용히 지켜보아 주면서 감정을 잘 이해받으면, 누구보다도 따뜻하고 타인을 잘 돌보는 아이로 성장할 수 있다.

5번 유형: 학구적이고 호기심이 많고 해답을 찾고자 혼자서 관찰하고 알고자 하는 아이이다. 5번 유형의 아이에게는 계획 없이 갑자기 사람들 앞에 서서 발표하거나 자신의 감정을 말하라고 하지 않는 것이 중요하다. 어떤 일을 하라고 하기 전에는 머릿속에서 리허설할 시간을 주고, 사람들이 많은 곳, 요란한 소리가 있는 곳에 오랫동안 있으면 기운이 빠지는 아이이니, 반드시 그들에게는 혼자 있을 수 있는 시간과 공간을 확보하도록 도와준다.

6번 유형 : 두려움과 의심이 많고 알지 못하는 위험에 민감한 6번 유형의 아이는 윗사람이나 집단에 순응 또는 반항하는 것으로 안전을 찾는 아이이다. 걱정이 많다고 비난하지 말고 새로운 경험을 하도록 부드럽게 권유하도록 한다. 자신에 대해 자신감을 가질 수 있는 경험이 필요하고, 점검하고 의심하는 것을 편하게 받아 주고 충분히 확인할 시간을 준다.

7번 유형 : 명랑하며 늘 활기차게 움직이고 많은 것을 즐기고 행복하고자 하는 아이로 7번 유형의 아이에게는 지나친 행동을 야단치기보다는 자신의 즐거움을 찾는 행동이 때로는 다른 사람에게 피해를 줄 수 있다는 것을 논리적으로 차근차근 이야기해 주도록 한다. 이 아이에게는 그들의 순발력을 최대한 발휘할 수 있도록 넓은 공간과 자유를 주는 것이 중요하다. 나비를 손안에 가두면 날개가 상하게 된다. 그러므로 이 아이들의 꿈을 알아주고 소망을 열심히 들어준다.

8번 유형 : 독립심을 보이며 지휘나 명령을 잘하는 골목대장 같은 아이로 8번 유형은 의리와 정의를 지키는 강력한 사람이 되고 싶어서 때로는 다른 아이를 괴롭히고 응징하는 사람이 되기도 한다. 그들을 대할 때는 당당한 자세와 자애로운 자세가 동시에 필요하다. 그들의 강함을 무너뜨리려 하기보다는 강함 뒤에 숨겨져 있는 순수하고 여린 마음, 부드럽고 따뜻한 부분을 알아주고 존중해 주는 것이 필요하다. “화가 날 때는 10까지 세어.”라고 이야기해 주고 서로 충돌을 피하는 것이 좋다. 그들이 화가 났거나 당신이 화가 나면 잠시 자리를 옮겨 감정을 가라앉힌 후에 이야기하도록 한다.

9번 유형 : 싸움을 싫어하고 온순하고 느긋하며 간혹 눈에 안 띄게 되는 아이이다. 9번 유형의 아이에게는 쉽게 이룰 수 있는 작은 목표를 함께 세우며 성취감을 경험할 수 있도록 도와주도록 한다. 자주 주목해 주고 작은 일에도 크게 칭찬해 주는 것이 필요하다. 이 아이들은 어른의 주목과 격려로 자신의 힘을 알아가게 되는 대기만성형이므로 재촉하거나 몰아세우지 말고 구체적으로 격려해 주도록 한다. 그렇게 되면 자신의 능력을 알아차리고 모든 사람을 포용할 수 있는 사람, 행동하면서 평화를 만드는 사람이 될 수 있다.

2 원가족과 자기이해

자기이해의 강력한 도구 중 하나는 원가족경험을 통한 자아성찰이라 하겠다. 특히 영유아와 관계를 맺어야 하는 보육교사는 본인의 어린 시절에 대한 탐구가 중요하다. 어린아이와 접촉함으로써 풍요롭지 못하였던 자신의 어린 시절이 투사될 가능성이 크기 때문이다. 자신의 원가족경험의 틀에 갇혀, 현재 나와 관계를 맺고 있는 영유아와의 관계에서 어린 시절의 결핍, 미충족된 기대 등의 상처가 무의식중에 옮겨 갈 수 있음을 통찰해 보도록 한다.

1) 정서적 체계로서의 가족의 기능성

가족은 집단이자, 제도이며, 정서적인 관계로 얽혀 있다. 가족 속에서 태어나 성장하여 결혼하고 자녀를 낳아 양육하는 과정을 거치면서 가족은 공동체적 성격을 가지게 된다. 가족은 서로 영향을 주고받을 수밖에 없는 존재로, 특히 정서적인 측면에서 많은 영향을 주고받고 있다. 현대사회에서는 가족의 정서적 기능이 그 어느 때보다도 강조된다. 정서적 체계로서의 가족의 기능성이란 가족체계가 모든 가족구성원을 위하여 잘 운영되고 효과적으로 움직인다는 것을 의미한다. 즉, 가족 모두의 필요나 욕구에 대응하는 일과 가족들의 정서적인 요구에 대응하는 일 모두에 있어서 가족의 역할 수행과 안정성이 유지되는 가족이 기능적인 가족이며, 곧 강한 가족, 건강한 가족이라고 할 수 있겠다.

가족임상에서는 가족을 한 조각이 흔들리면 줄에 매달린 모든 모형이 흔들리는 속성을 가진 모빌(mobile)에 비유하기도 한다. 이는 가족이란 가족구성원 모두의 정서적 애착과 충성으로 서로 묶여 있다는 것을 단적으로 표현해 주는 것으로, 가족은 이와 같은 특유의 상호작용에 의하여 갈등 유형이 형성되기도 한다.

가족을 서로 영향을 주고받는 정서적 체계로 이해하면서 가족임상학자들이 제시하고 있는 가족건강성의 특성을 살펴보도록 한다.

(1) 가족항상성

모든 체계는 일정한 상태나 바람직한 균형을 유지하려는 경향이 있으며 체계가 어떤 일정한 상태를 유지하기 위해서는 피드백 망이 필요하다. 바람직한 목표를 가진 가족은 가족구성원이 서로 건전한 상호 교류를 통하여 관계의 균형을 유지하지만, 어떤 가족의 경우는 유연한 피드백 과정을 가지지 못한 채로 가족 내에 증상을 가진 누군가를 필요로 하면서 가족체계가 유지된다. 가족항상성을 유지하기 위한 희생자가 없는지, 변화가 필요한 데도 가족이 완고하게 기존의 익숙한 상호작용 유형을 반복하고 있는 건 아닌지를 찾아내야 한다. 이러한 가족에서는 가족이 더욱 융통성을 갖고 변화하지 않으면, 일부 가족은 전혀 대안을 찾을 수 없는 가족체계의 올가미에 걸린 느낌을 가지게 된다.

(2) 가족규칙

가족은 규칙에 지배되는 체계로서 가족구성원들은 서로 조직화되고 반복적인 상호작용 유형으로 행동한다. 결혼생활에서는 부부가 여러 가지의 다양한 임무—돈벌이, 살림살이, 사회생활, 성생활, 자녀양육—에 협조하며, 각 개인에게 적절한 활동이 분담되면서 부부가 가족생활이라는 삶을 운영하게 된다. 이때 가족규칙은 명시적이지 않더라도 상호작용하는 역동적인 역할을 하면서 가족의 기능성에 기여한다. 그러나 어떤 가족규칙은 논의나 협의를 통해 개방적으로 형성되지 않고 경직되어 오히려 가족을 구속하며 가족의 발달을 저해한다. 특히 감정의 교환이나 가족에 고통을 유발하는 불문의 규칙은 바꾸어야 한다. 역기능적인 가족은 역기능적인 규칙을 따르기 마련이다. 가족원의 성장과 성숙을 저해하는 불문의 규칙을 일깨워서 이를 수정시켜야 한다. 시대에 뒤떨어지거나 연령에 적절하지 못하여 성장을 지연시키는 규칙을 수정하면 가족체계의 기능도 수정될 수 있다.

(3) 가족신화

가족신화는 가족의 의식, 역할, 규칙의 상호작용으로 전개되는 가족에게 스며들어 있는 이데올로기의 한 부분이다. 즉, 가족구성원 개개인과 그들 사이의 관계에 대한 기대와 공유된 믿음으로 구성된다. 가족신화의 특징은 모든 가족구성원이 아무런 의심 없이 공유하는 믿음과 기대라는 점이다. 예를 들어, '전통사회의 가족은 현대사회의 가족보다 더 안정적이고 화목한 집단이다', '정상가족과 이상가족이 따로 있다', '부부일심동체' 등이다. 이러한 가족신화가 가족항상성을 유지하는 데 기여하기도 하나 때로는 가족관계를 파괴할 정도로 위협적이고 높은 긴장을 유발시키면서 가족의 역기능을 초래하기도 한다. 가족원 중 누가 신화의 희생양인지 파악해 보고, 가족의 문제가 가족신화로 인해 발생한 것일 수 있으므로 가족의 신화, 비밀을 개방하는 작업이 필요하다.

(4) 가족의례

가족의례의 질적인 측면을 측정하는 것은 가족의 기능성을 파악할 수 있는 또 다른 중요한 측면이다. 의례란 가족문화의 핵심 요소로서 대부분 세대를 통하여 전수된다. 여기에는 가정에서 보이는 일상적인 상호작용 양상과 생일, 명절 등에 전형적으로 보이는 활동이 포함된다. 예를 들어, 명절에 가족이 모이면 항상 싸우게 되는 가족이라면 전형적으로 역기능적 가족의 징후이며, 해결되지 않는 감정을 내포하고 있는 것이다. 또한, 가족 상호작용의 질이 떨어지면 생일, 기념일 등이 무시되기 시작한다.

(5) 격리와 밀착(유리와 속박)

격리와 밀착(유리와 속박)은 가족이 서로 얼마나 관여되어 있는지를 파악하는 개념이다. 이는 가족구성원의 개인적 정체감의 강도와 가족이 친밀한 정도를 알려주는 중요한 지표가 되기도 한다. 가족구성원이 모든 문제에 관해서 서로가 지나치게 얽혀 필요 이상으로 관여하는 밀착(속박)된 가족이 있다. 이러한 경우에서는 가족들 간의 구분이 모호하여 누가 가족으로부터 독립하려는 태도를 취하면 배신행위로 간주한다. 가정에 대한 소속감이 모든 경험을 지배하여 가족 각자가 분리된 자기의식을 발달시킬 수 없다. 반대로 가족구성원이 지나치게 흩어져 있는 격리(유리)된 가족이 있다. 이러한 가족에서는 부모와 연합하는 정도가 낮아서 부모에 대한 존중감이 낮고, 가족끼리의 상호 의존성이 없고, 필요할 때 가족들에게 도움을 요청하지 않는다. 이러한 가정의 가족구성원들은 가정 내에서 친근한 관계를 맺지 못하기 때문에 바깥 세계에서도 타인과 바람직한 관계를 맺지 못한다. 비행아동이 있는 불안정한 가정환경은 대체적으로 극단적으로 속박된 가정이거나 유리된 가정이다. 전형적으로 속박된 가정의 아동에게서는 정신신체적 증상이 나타날 수 있다.

(6) 부모화

부모화란 자녀가 가족 내에서 부모나 배우자의 역할을 대신 수행하는 것을 말한다. 부모화된 아이는 자신의 나이에 걸맞지 않게 지나친 책임감, 능력, 자율성 등을 가지고 있다. 이때 자신에게 기대되는 역할이 아이로서 가지고 있는 욕구와 상충되거나 자신의 능력으로 달성될 수 없을 때가 생긴다. 결국, 아이는 심리적 압박감을 느끼게 되면서 자신이 달성해야 할 다른 측면의 발달과업을 제대로 수행하지 못하게 되는 위험성을 가진다. 자녀의 부모화는 다양한 상황에서 일어날 수 있다. 부모가 병에 걸리거나, 죽거나, 알코올중독으로 가족을 방치할 때, 부모의 유용성이 떨어짐으로 인해서 자녀에게 신체적으로나 심리적으로 부모의 역할을 떠맡게 되는 것이다.

(7) 의사소통 방식

가족을 체계론적 관점에서 이해할 때 개인의 병리적 행동을 가족원 간의 관계, 특히 의사소통 맥락에서 보는 것이 유용하다. 건강한 의사소통은 일치성, 명확성이 있고 의사소통의 수용성과 표현성이 명료한 특징이 있다. 의사소통 시 메시지가 일치성을 가지고 일관되게 전달되지 못하는 병리적 현상으로 '이중구속 메시지(double-bind message)'와 '위장'이 있다. 이중구속 메시지는 의사를 전달할 때 적어도 둘 또는 그 이상의 상반된 메시지를 담고 있어 메시지를 받는 사람이 혼돈에 빠지게 된다. 위장은 가족 내에서의 갈등이나 불화를 모호하게 하거나 가면을 쓰고 반응하는 현상으로 갈등을 해소하기 위한 원래의 목적과는 달리 오히려 악화시키게 된다. 가족 안에서 자신이 느끼고 생각한 것을 얼마나 자유롭게 표현할 수 있는가도 중요한 기준이다. 기능적인 가족은 가족원들이 서로의 느낌과 생각을 자유롭게 표현하고 실수에 대해 사과할 줄 알고 수용이 되나, 역기능적 가족에서는 의사소통이 간접적이고 모호하며 상대방 탓을 하며 서로를 부정적으로 평가하는 의사소통 방식을 사용한다.

요약하면, 정서적 기능체로서의 건강가족은 가족원 각자가 자신의 역할을 정확하게 이해하고 행하며, 각 개인의 자율성이 존중되면서 가족 전체가 균형 있게 유지되고, 가족 간 비밀과 신화가 적으며, 가족의례에 대한 불편한 마음이 적으며, 가족규칙은 상황에 따라 변할 수 있는 융통성을 지니고 있지만 명확하고 공정하며, 가족구성원 간의 의사소통은 자유롭고 직접적이고 분명한 가족을 말한다.

2) 영유아기 발달과 원가족

아이들의 마음의 상처는 어디서 생겼을까?
옆 집 친구? 선생님? 형제?
아니다. 부모에게 있다.
아이는 성장하는 과정에서 부모와의 관계를 통해 상처를 입게 된다.
부모가 마음의 상처를 입는다면, 그것은 무의식중에 아이의 상처가 되어 버린다.
'상처입은 아이'란 상처받은 부모 아래에서 성장한 아이를 말한다.

— 요시모토 다카아키, 『내 안의 행복』 중.

가족은 아이가 태어나면서 처음으로 접하게 되는 환경으로 성장하는 동안 다양한 보호와 교육을 지원하는 체계이다. 특히, 인간의 성장과정 중 초기 시기인 영유아기는 누군가의 돌봄 없이는 생존할 수 없는 절대 의존적 시기이다. 가족의 구성원으로 아이는 부모에게 기본적인 의식주, 따뜻한 정서적 지원과 돌봄을 제공받으면서, 살아가는 데 필요한 기본적인 지식, 기술, 태도를 습득하게 된다. 이러한 과정을 통해 아이는 자신의 성격을 형성하게 되고, 점차 사회의 구성원으로 기능하도록 성장한다.

주디스 허만(J. Herman)에 따르면, 감옥에 있는 사람 중 80%, 정신병원에 입원해 있는 사람의 50~60%, 정신병원 외래환자의 40~60%, 정신병원 응급실을 찾는 사람들의 70%가 아동학대의 피해자라고 한다(권혜경, 2016).

자녀의 다양한 정서적, 행동적 부적응은 가족이 기본적인 기능을 수행하지 못함으로써 발생한다. 물론 인간은 성장하면서 가족체계뿐만 아니라 다른 체계들과도 영향을 주고받지만, 영유아기에 경험하는 가족은 일생에 영향을 미치므로 그 중요성에 대해서 반문하는 사람은 없을 것이다. 즉, 삶의 초기 경험이 되는 원가족의 맥락은 일생 동안 개인의 자아상, 가치, 행동, 태도 등 여러 발달 영역에 지속적으로 영향을 미친다. 원가족은 개인이 출생하면서부터 성장하기까지 신체적, 사회적, 심리정서적인 측면에서 소속감을 느끼는 가족으로 결혼하기 이전까지의 가족을 일컫는다. 그러나 원가족은 결혼을 통해 새롭게 가족을 이룬 개인과 그 개인의 현재 가족관계에게도 중요한 역할을 하며, 현재의 가족 건강성에 영향을 미친다. 또한, 가족 건강성은 개개인의 삶에 지속적으로 영향을 미치게 된다.

가족과 영유아 관련 논문의 주요 개념을 토대로 최근 10년간 이루어진 연구를 분석한 결과(이성희 · 김현수, 2016)를 보면, 영유아 시기에 원가족이 미치는 영향의 의미는 더해진다.

첫째, 영유아기 원가족경험, 즉 원가족에서의 양육경험, 분화경험, 애착, 긍정적 혹은 부정적 관계, 원가족 정서성, 원가족 건강성, 원가족 양육방식 등의 변인은 영유아의 발달 특성과 부모-자녀 관계 특성에 직접적으로 영향을 미치고 있었다.

둘째, 원가족의 변인이 부모변인을 통해 영유아의 발달과 부모-자녀 관계 특성에 간접적으로 영향을 미치기도 하였다. 즉, 원가족에서의 양육경험, 분화경험이 부모의 자아정체감과 같은 개인내적 특성을 통해서 영향을 미치고, 원가족 기능성, 애착, 정서 분위기, 양육경험이 부부 공동양육, 양육참여, 양육태도, 가족 건강성 등과 같은 부모-자녀 관계 특성을 통해서 영향을 미치고 있다. 원가족 정서적 연결과 기능성, 원가족 정서 분위기, 부모와의 관계 등이 부부 친밀감, 결혼만족도, 부부 관계와 같은 부부 관계 특성을 통해서 영향이 나타났다.

영유아 발달을 위한 원가족의 지원은 영유아에게 직접적인 영향은 물론, 현재 부모 개인, 부모-자녀, 부부 관계의 특성을 결정하면서 영유아기 자녀에게 간접적인 영향을 광범위하게 미치는 것으로 나타나, 영유아 발달기에 원가족의 지원이 중요하다고 입증되고 있다. 보육실천가로서 가족과 영유아를 지원할 때, 원가족의 영향을 고려하여 세대 간 반복될 수 있는 다양한 특성을 재조정함으로써 영유아가 가족 안에서 건강하게 발달할 수 있는 방안 마련이 필요하다.

3) 원가족경험의 정서적 역동

부모–자녀 관계에서 행복한 영유아 시절과 부모와의 긍정적인 경험이 부모–자녀 관계에 영향을 미치는 중요한 변인임을 다시 한번 강조해 본다. 가족생활주기에 따르면 성인 초기 원가족과 독립하여 자신의 새로운 가족을 형성하게 되는데, 이 단계에 발생하는 문제는 원가족으로부터 기인하는 경우가 많다는 것이다. 특히 우리나라의 경우 세대 간의 유대관계가 강하여 자녀에게 미치는 영향력이 크고, 가족의 구조적 특성상 결혼 후 독립된 가정을 꾸미더라도 원가족과 자율적이고 독립적인 관계를 형성하기기 어렵기 때문에 가족정서체계의 역동성이 더 분명하게 세대 간 전수될 것으로 여긴다.

해결되지 못한 내면의 문제는 당연히 현재 내가 맺고 있는 관계에 역기능으로 작용하게 된다. 역기능이란 적절하게 기능하지 못하고 문제해결 능력이 낮아서 발달적, 상황적 위기에 적절하게 대응할 수 없는 것을 말한다.

건강한 인간관계를 맺으려면 먼저 각자의 내면에 해결되지 못한 문제들과 함께 원가족으로부터 물려받은 바람직하지 못한 대처방식을 지금의 관계에 적용하고 있는 것은 아닌지 살펴볼 필요가 있다. 원가족경험으로부터 오는 정서적 역동을 보웬(Bowen)의 자아분화 개념과 사티어(Satir)의 자기존중감 개념을 중심으로 파악해 보도록 한다.

(1) 자아분화

보웬은 다세대를 통해 전수되는 핵심적인 측면을 핵가족 정서체계와 가족원 개인의 자아분화(differentiation of self)로 설명한다. 다세대 간 전수라는 것은 가족의 2세대 이상에 걸쳐서 자녀세대가 부모세대로부터 받는 영향력을 의미한다.

미성숙한 부모는 자신의 미분화와 불안을 다루고 부부체계를 안정시키기 위해 무의식적으로 취약한 자녀에게 정서적 에너지를 집중하면서 융합관계가 된다. 이는 양육적 관심이 아닌 불안하고 집착하는 관심으로 역기능적이다. 부모의 관심(좀 더 정확하게 말하면 투사) 대상이 되는 자녀 또한 부모의 불안, 융합의 경험으로 자아분화에 문제가 생기게 된다. 즉, 부모의 미분화는 자신의 불안을 경감시키기 위해 자녀를 희생시키고, 이는 세대 간에 전수되면서 가족 패턴이 고정되는 것이다.

자아분화는 독립성과 연결성이 균형 잡힌 심리적 통합인 동시에 개인이 타인과 건강한 접촉을 유지할 수 있는 능력으로 정신내적 개념과 대인관계적 개념을 포함한다. 정신내적으로는 사고와 감정을 분리할 수 있는 능력을 의미하며, 대인관계적으로는 자신과 타인 사이의 분화를 의미한다. 분화 수준이 높을수록 대인 간에 정서적 융합이 적으며 불안에도 현명하게 행동할 수 있으며, 관계 내에서 신뢰와 성실, 상호 존중 등의 경험을 할 수 있는 능력이 있다. 반면, 분화 수준이 낮은 미분화된 사람은 타인이나 삶의 사건에 충동적이고 자율성을 유지하기 어렵고 상대에 대한 감정적 의존욕구가 크고, 상대가 이를 만족시켜 주지 못할 때 불만과 두려움이 고조되어 분화 수준이 더 낮아지게 되는 것이다.

이론적으로 자아분화 범위는 감정, 사고 기능과 자신과 타인의 융합과 분화 정도에 따라 0~100이라는 연속선에서 네 가지로 구분된다. 보웬이 이론적으로 제시하는 각 구분에 따른 개인의 자아분화 수준의 특성을 보면 다음과 같다.

① 아주 낮은 자아분화 수준 : 0~25

- 사고와 감정을 구분하는 능력이 결핍되어 있고 대부분 감정에 지배를 받는 수준이다.
- 자아 개념이 아주 약하고 자신의 욕구, 감정을 인식할 수 있는 능력이 희박하다.
- 다른 사람의 말, 태도, 감정에 지나치게 반응하는 감정적 반사행동을 한다.
- 만성적 불안상태이며, 타인과 아주 강한 융합관계를 갖는다.
- 스트레스 상황에서 적응이 어려우며 심한 역기능적 행동을 한다.

② 낮은 자아분화 수준 : 25~50

- 여전히 지적 체계보다는 감정체계에 영향을 더 받는 수준이다.
- 융합은 심하지 않으나 자아정체감이 약하다.
- 타인에게 인정받으려고 많은 에너지와 관심을 쏟으며 타인의 반응에 민감하고 유동적이며 쉽게 좌절한다.
- 감정의 직접적인 표현으로 행동이 충동적으로 나타난다.
- 타인과 정서적으로 강한 밀착관계를 형성하려고 한다
- 신체적, 정서적, 사회적 역기능 상태를 초래할 수 있다.
- 불안과 두려움을 벗어나고자 약물과 알코올에 의존하는 경향이 있다.

③ 어느 정도 높은 자아분화 수준 : 50~75

- 감정체계보다 지적 체계가 더 작동하기 시작하는 수준으로 감정과 이성의 상호작용이 가능하다.
- 만성적 불안이 낮으며 목표지향적 활동을 한다.
- 타인과 융합되지 않으면서도 친밀한 관계를 유지할 수 있다.
- 비교적 합리적으로 대처하며, 신념, 확신, 원칙에 의해 타인과 관계를 맺는다.
- 신체적, 정서적, 사회적 역기능 현상이 일어날 수 있으나 쉽게 회복이 가능하다.
- 분화 수준이 65~75 정도에서는 심리적 역기능 현상은 쉽게 보이지 않는다.

④ 아주 높은 자아분화 수준 : 75~100

- 감정체계와 지적 체계의 완전한 분화가 이루어진 수준이다.
- 자신에 대한 진정한 자신감, 믿음 상태가 지속된다.
- 어떤 상황에서도 다른 사람의 신념, 가치를 있는 그대로 존중하며 수용한다.
- 타인과 정서적으로 친밀감을 교류하며 자아정체감이 확실하다.
- 타인과의 관계에서 늘 현실적으로 사고하고 객관적으로 볼 수 있다.
- 스트레스 상황에서도 역기능적이 아니라 현명하고 실제적으로 대처한다.
- 불안감정을 잘 다룰 수 있는 능력이 있으며, 실제로 그렇게 한다.
- 어떤 상황에서도 행동이 자율적이며 책임감이 있다.

개인의 분화 수준이 높아지면 가족에 퍼져 있는 정서적인 힘(불안)에 대해 덜 반응적이 된다. 여러 세대를 통해 반복되고 있는 가족과정과 구조를 파악하여 원가족에게서 전수되고 있는 정서적 충동에 속박된 반응성과 맞물린 삼각관계의 구조에서 벗어나는 것이 중요하다. 보웬은 현재의 문제가 무엇인지와 상관없이 불안 감소와 가족에서의 자기분화 촉진, 탈삼각화를 이루는 것이 개인의 성장을 위한 주목표임을 제시하고 있다. 분화 수준의 향상은 개인이 스스로 책임을 지도록 하는 과정으로 관계 속에서 불안이 생기더라도 불안이라는 감정을 인식하면서 감정적 반사행동을 하지 않는 것이다.

이를 위해 가족의 가계도 파악은 중요한 개입방법이다. 가계도를 파악함으로써 다세대적 정서체계가 현재의 가족관계와 개인의 기능에 어떻게 영향을 미치고 있는지를 객관적으로 보는 것이다. 적어도 3세대 이상의 가계도 분석으로 문제를 일으키는 다세대 정서과정의 반복되는 패턴을 찾아본다. 개인 역사, 현재 가족 역사, 확대가족 역사의 평가를 통하여 가족과의 융합문제, 미분화문제, 정서적 단절, 현재 가족의 정서체계, 삼각관계 등을 파악해 본다. 감정에 지배되지 않은 차분한 분위기에서 나와 연관된 가족관계의 역사를 직면하고, 현재 문제와의 관련성을 깨닫는 작업으로 탈삼각화를 통하여 자신의 분화 수준을 높일 수 있다.

자아분화 척도

다음은 자신이나 다른 사람들과의 관계에 대한 귀하의 생각이나 느낌을 묻는 질문입니다. 귀하의 생각이나 행동, 느낌에 가장 가깝다고 판단되는 번호에 ✓ 표시하여 주십시오.

- A: 매우 그렇다
- B: 대체로 그렇다
- C: 조금 그렇다
- D: 조금 그렇지 않다
- E: 대체로 그렇지 않다
- F: 전혀 그렇지 않다

번호	내용	A	B	C	D	E	F
1	사람들은 내가 감정을 잘 통제하지 못하는 편이라고 말한다.	0	1	2	3	4	5

번호	내용	A	B	C	D	E	F
2	배우자가 나를 비난하면 한동안 마음이 괴롭다.	0	1	2	3	4	5
3	나는 결정을 내리도록 도와줄 사람이 옆에 없으면, 종종 확신이 안 선다.	0	1	2	3	4	5
4	논쟁을 벌이는 와중에도 나는 감정에 치우치지 않고 내 입장을 분명히 할 수 있다.	5	4	3	2	1	0
5	나는 감정이 격해졌을 때 제대로 생각하기가 어렵다.	0	1	2	3	4	5
6	나는 살면서 만나는 대부분의 사람에게 인정을 받고 싶어 한다.	0	1	2	3	4	5
7	내 자존심은 다른 사람들이 나를 어떻게 생각하느냐에 따라 달라진다.	0	1	2	3	4	5
8	나는 어떤 일이 일어나도 별로 흔들리지 않는다.	5	4	3	2	1	0
9	배우자가 이해하지 못할까 봐 나의 속마음을 솔직히 드러내지 못한다.	0	1	2	3	4	5
10	나는 때때로 감정기복이 너무 심하다고 느낀다.	0	1	2	3	4	5
11	다른 사람이 나를 비판하는 것에 대해 지나치게 민감하다.	0	1	2	3	4	5
12	나는 뭔가 결정을 내릴 때, 다른 사람들이 그것을 어떻게 생각할지 걱정이 된다.	0	1	2	3	4	5
13	다른 사람이 뭐라 하든 개의치 않고 대부분 내 생각대로 한다.	5	4	3	2	1	0
14	배우자가 나한테 너무 많은 것을 바란다는 느낌이 들어 부담스러울 때가 있다.	0	1	2	3	4	5
15	나는 스트레스가 오래 계속되면, 이성보다 감정에 따라 행동하게 된다.	0	1	2	3	4	5
16	누군가에게 화가 나면 쉽게 풀지 못한다.	0	1	2	3	4	5
17	큰일을 시작할 때, 나는 주변 사람들로부터 많은 격려를 받아야 안심이 된다.	0	1	2	3	4	5

번호	내용	A	B	C	D	E	F
18	스트레스를 받는 상황에서도 내 감정을 부인하지 않고 합리적으로 반응할 수 있다.	5	4	3	2	1	0
19	배우자와 함께 있을 때, 나는 가슴이 답답하거나 숨이 막힐 것 같을 때가 있다.	0	1	2	3	4	5
20	나는 중요한 결정을 내려야 할 때도 즉흥적으로 처리하는 일이 많다.	0	1	2	3	4	5
21	나는 예민한 편이어서 다른 사람으로부터 상처를 잘 받는다.	0	1	2	3	4	5
22	나는 사람들에게 말부터 해놓고 나중에 후회하는 일이 많다.	0	1	2	3	4	5
23	아직도 나는 부모님이나 형제자매와 다투고 나면, 기분이 엉망이 된다.	0	1	2	3	4	5
24	나의 말이나 의견이 남에게 비판을 받으면 잘 바꾸는 편이다.	0	1	2	3	4	5
25	대부분은 내 감정이나 생각 따위로 고민하지 않고 단호하게 행동할 수 있다.	5	4	3	2	1	0
26	배우자가 나를 너무 구속하지 않으면 우리 부부 관계는 더 좋아질 것 같다.	0	1	2	3	4	5
27	나는 화가 나면 물불을 가리지 않고 행동하는 편이다.	0	1	2	3	4	5
28	배우자를 포함한 가까운 사람과 말다툼을 하고 나면, 온종일 그 일을 생각한다.	0	1	2	3	4	5
29	스트레스를 받아도 나는 별로 흔들리지 않는다.	5	4	3	2	1	0
30	나는 대수롭지 않은 일에도 화를 잘 내는 편이다.	0	1	2	3	4	5
31	나는 배우자가 내 생각이나 기분을 인정해 주지 않으면 마음이 불편하다.	0	1	2	3	4	5
32	나는 화가 나면 혼자 해결하지 못하고 누군가가 해결해 주기를 바란다.	0	1	2	3	4	5

번호	내용	A	B	C	D	E	F
33	누군가가 압력을 가해도, 내 감정과 신념을 분명히 드러낼 수 있다.	5	4	3	2	1	0
34	나는 자라면서 집을 나가고 싶은 충동을 자주 느꼈다.	0	1	2	3	4	5
35	나는 차근차근 따져 생각하기보다 느낌과 감정에 따라 행동한다.	0	1	2	3	4	5
36	나는 누군가에게 무시당하면 자존심이 상한다.	0	1	2	3	4	5
37	나의 의견이 배우자나 주위 사람과 비슷해야 안심이 된다.	0	1	2	3	4	5
38	나는 자기주장이 강하고 지배적인 사람을 대할 때에도 분명한 사고와 편안한 마음을 유지할 수 있다.	5	4	3	2	1	0

자기분화 차원	하위요인	문항 수	문항
심리내적 차원	정서적 반응	9	1, 5, 10, 15, 20, 22, 27, 30, 35
	자기입장	8	4, 8, 13, 18, 25, 29, 33, 38
대인관계 차원	타인과의 융합	7	3, 7, 12, 17, 24, 32, 37
	정서적 단절	5	9, 14, 19, 26, 34
심리내적 + 대인관계 차원	정서적 융합	9	2, 6, 11, 16, 21, 23, 28, 31, 36
총 자기분화		38	위 문항 전체

○ 결과 분석방법

- 미혼인 경우 질문의 내용 중의 배우자를 중요한 타인, 파트너, 이성친구 등으로 변경하여 응답함.
- 점수가 높을수록 총 자기분화 수준은 높으며, 정서적 반응, 타인과의 융합, 정서적 단절, 정서적 융합은 낮은 반면 자기입장은 높음.
- 일반적으로 평균을 사용할 수 있음.
  보웬의 제안에 따른 0~100점 사이의 백분위 점수로 환산하기 위한 계산방법 :
  백분위 점수 = 원점수(범위 0~190) × 100/190

예) 원점수의 총점이 110점으로 나온 경우: 100점 만점의 자기분화 점수는 57.9점이 됨.
110(원점수) × 100/190 = 57.9점

출처: 정혜정·조은경(2007). 한국형 자기분화척도개발과 타당성에 관한 연구. 가족과 가족치료, 15(1), 19-46, 재구성.

(2) 자아존중감

사티어는 인간의 역기능과 문제의 근원을 자아존중감의 결여로 보고 있다. 자아존중감(자존감)이란 자신의 가치에 대해 스스로 내리는 판단, 신념, 느낌을 포함하는 자기 자신에 대한 경험이다. 자아존중감은 일차적인 사회적 환경을 제공하는 가족과의 상호작용을 통한 경험으로부터 형성된다.

우리가 부모로부터 받을 수 있는 가장 큰 선물은 생에 대한 태도이다. 자기 자신을 대하는 태도, 다른 사람이 나를 대하는 태도에 대한 기대 등 많은 것이 어린 시절에 부모로부터 받은 메시지에서 온다. 생애 초기의 자녀가 경험하고 느끼고 생각하고 바라는 것을 표현하였을 때 부모가 적절하게 수용하여 주면, 자녀들은 자신의 감정이나 생각, 바라는 것을 수용하면서 정직하게 표현하고 잠재적 자원들을 발휘할 수 있는 힘을 갖는다. 이런 경험을 가진 자녀는 자신의 내면을 존중하면서 자신이 바라는 것들을 요구할 수 있고, 충족시킬 수 있는 일치적 삶을 살아가므로 자아존중감이 높다. 그러나 그러한 경험을 충분히 하지 못한 자녀는 낮은 자아존중감을 형성하여 자신의 삶을 살기보다는 외부가 요구하는 삶을 살게 된다.

자아존중감이 높은 사람은 자기에 대한 인식이 분명하고 자신을 긍정적으로 평가하며 내적으로 일관성이 있어 외부환경이나 평가에 크게 흔들리지 않는다. 그러나 자아존중감이 낮은 사람은 자기를 솔직하게 드러내기 두려워하고 외부환경의 변화에 민감하고 쉽게 좌절하며 결정을 내리기 어려워하고 자신감이 부족하다. 따라서 자기 잘못을 인정하기보다는 자신이 항상 옳아야 하고 다른 사람을 용서하기 힘들어하고, 지나치게 어떤 것에 몰두하며 자신과 타인에 대해 비판적이다.

〈표 4-2〉 자아존중감 수준에 따른 사람의 특징

낮은 자아존중감	높은 자아존중감
• 나는 사랑받기를 원한다.	• 나는 나 자신과 다른 사람들로부터 사랑을 받는다.
• **대처 자세: 불일치** – 나는 다른 사람의 인정을 받기 위해 무엇이든 해야 한다(회유형). – 나는 잘못이 없고 다른 사람들이 문제의 원인이다(비난형). – 나에게는 사람들이 중요하지 않다. 단지, 상황이 좋으냐 그르냐만 중요하다(초이성형). – 나는 현실을 부정한다(산만형).	• **대처 자세: 일치** – 나는 적합한 것을 한다. – 우리의 차이점을 존중한다. – 나는 너와 나를 모두 포용한다. – 나는 상황을 받아들인다.
• 경직되거나 비굴하거나 공격적이거나 방어적이거나 산만한 태도를 취한다.	• 자신감이 있고 적절한 태도를 취하며 능률감을 지닌 태도를 취한다.
• 상황에 반사적으로 반응한다.	• 상황에 적절하게 반응한다.
• 자신이 바라는 대로가 아니라 규칙과 의무감에 절대적으로 복종한다.	• 자신의 선택과 책임에 대해 분명히 알고 있다.
• 기준의 잣대가 외부에 있다. • 방어적이다. • 감정을 억압한다. • 안전하고 익숙한 것을 선택한다.	• 자신과 다른 사람을 수용한다. • 정직하면서 신뢰감을 준다. • 감정, 전인성, 인간성을 수용한다. • 새로운 것을 시도 혹은 모험한다.
• 과거 지향적: 현재 상태의 유지를 원한다.	• 현재 지향적: 변화를 시도한다.

출처: 김영애(2002). 사티어 의사소통 훈련프로그램 (p. 10). 김영애가족치료연구소.

부모로부터 배운 생존방식이 지금 나의 삶을 행복하게 하는 데 전혀 도움을 주지 못하고 있는데도 자동적으로 그 방식을 반복하고 있는 것은 아닌지 점검해 보아야 한다. 생존방식의 역기능적 순환체계에서 벗어나기 위해서는 새로운 생존방식을 배워야 한다. 자신의 인생에 대한 선택권을 스스로 갖도록 하며, 상황에 적절하면서 자신의 내면경험과 외부 행동방식을 일치적으로 만들어 가는 삶을 살도록 해야 한다. 다른 사람에게 일치적으로 반응한다는 것은 다른 사람을 이기려고 하거나 다른 사람을 통제 혹은 자신을 방어하려고 하거나 다른 사람을 무시하지 않는다는 것을 의미한다. 물론 일치적 상태라 해도 갈등이 전혀 없는 것이 아니다. 현재 상황을 정직하게 자각하면서 상황에 맞도록 자신의 경험(생각, 느낌, 행동)과 상대방의 경험을 존중하는 것을 의미한다.

자아존중감이 낮은 사람들이 인간관계, 특히 친밀한 관계에서 실패하는 이유 중의 하나가 반복적으로 왜곡된 지각의 틀로 상대방을 파악하기 때문이다(김영애, 2002). 상대방에 대해 부정적인 틀을 형성하고 상대방의 성격적 기질, 동기, 의도, 느낌, 비판적 태도 등을 이 틀에 맞추어 판단해 버리고, 이러한 틀로 상대방의 어떤 행동을 부정적으로 해석하는 것을 반복한다.

왜곡된 지각의 틀을 가지고 있을 때 나타나는 부정적 현상이 있다. 다음의 질문을 스스로에게 해 봄으로써 왜곡된 지각의 틀로 상대방을 바라보고 있는 것이 아닌지 살펴본다.

- 상대방을 어떠한 성격의 소유자라고 반복적으로 부정적인 평가를 하는가?
- 상대방의 동기와 의도는 '…일 것이다'라고 반복적으로 비슷한 가정을 부정적으로 내리는가?
- 상대방의 느낌 혹은 태도에 대해 반복적으로 부정적인 비슷한 해석을 하는가?

상대방을 잘못된 틀에 얽매여 놓고 관계를 그르치고 있는 것이 아닌지 돌아보고 어그러진 관계에 대한 책임이 자신에게도 있는 것이 아닐까 살펴보는 용기가 필요하다. 나의 왜곡된 지각의 틀과 그로 인한 반응이 상대방과의 관계에 어떻게 영향을 미치는가를 파악하는 것은 건강한 변화를 위한 첫걸음이다.

인간관계에서는 서로에 대한 기대가 다르므로 갈등을 느끼게 되고 우리가 원하지 않더라도 상대방을 수용하여야만 할 때가 있다. 수용이란 자신이 원하는 것을 포기하는 것이 아니라 처한 상황에 성숙하고 적절한 방법으로 대처하는 것이다. 폭력적인 행동을 제외하고는 상대방의 부정적 행동에도 긍정적 측면이 있을 수 있다는 사실을 받아들이며, 상대방의 행동은 그가 아는 한 최선의 대처행동이라는 사실과 그럴 수밖에 없는 상대방의 한계를 받아들일 힘이 필요하다.

갈등은 심각한 문제보다는 사소한 문제로부터 야기되는 경우가 많으므로 사소한 것과 중요한 것을 나누어 대처할 수 있는 지혜가 필요하다. 상대방의 부정적 측면에 눈을 떼고 긍정적인 면에 초점을 맞춘다면 파괴적인 관계로 치르게 되는 대가에서 벗어날 수 있다. 수용은 현실을 받아들이고 상대방을 변화시키고자 하는 욕망에서 벗어나 나의 내적 평화를 유지하는 것임을 인식해 본다.

자아존중감 검사

다음을 읽고 자신에 대해 평점을 매겨 본다. 점수가 높을수록 자아존중감이 높다. 자주 갈등을 일으키는 상대방 혹은 관계가 좋은 상대방과의 자아존중감 수준이 얼마나 일치하는지도 점검해 본다.

• 자주 그렇다: 1점 • 가끔 그렇다:2점 • 별로 그렇지 않다 : 3점

나	내용	상대방
	변화를 두려워한다.	
	표현하기가 두렵다.	
	거부당할까 봐 두렵다.	
	성취에 의해서 정체성을 추구한다.	
	자신에 대해 비판적이다.	
	쉽게 용기를 잃는다.	
	지나간 것에 몰두한다.	
	방어적이다.	
	몰아붙이듯 일한다.	
	자신에 대해 부정적인 말을 많이 한다.	
	지위에 의해 정체감을 형성한다.	
	결단력이 부족하다.	
	다른 사람에 대해 비판적이다.	

나	내용	상대방
	자신에 대해 확신을 갖지 못한다.	
	다른 사람과 자신을 비교한다.	
	실패를 두려워한다.	
	최악의 상황이 일어날 것이라 생각한다.	
	자신의 부족함 때문에 경직된다.	
	물질의 축적으로 정체성을 추구한다.	
	의미 있는 관계를 맺기 어렵다.	
	약한 면을 숨긴다.	
	멋있게 보임으로써 남을 통제하려 한다.	
	자신에 대해 대체로 불만족한다.	
	중요한 인물과의 교분을 통해 정체성을 추구한다.	

출처: 김영애(2002). 사티어 의사소통 훈련프로그램 (p. 183). 김영애가족치료연구소.

학습실천과제

1 보육교사로서 자기이해를 확장하는 방법들을 논의해 본다.

2 나의 원가족경험이 보육현장에서 만나는 동료교사, 영유아와의 관계에 어떠한 영향을 미칠지 분석해 본다.

3 실제 타인과의 갈등 상황 사례를 자아분화나 자아존중감의 개념으로 해석해 보고 재구성해 본다.

제3부

보육교사의 인 · 적성과 윤리

당신은 활이로다. 그 활로부터 당신의 어린이들은 달리는 화살이 되어 세상으로 나아간다.

— 칼릴 지브란(Kahlil Gibran).

프로이트는 5세까지 가장 중요한 인생의 축이 형성된다고 말했다. 5세라는 기준은 그 시점이 절대적인 것이라는 말이 아니다. 인생의 첫 번째 축이 중요한 역할을 한다는 뜻이다.

— 김서영, 『프로이트의 편지』 중.

영유아교사는 영유아의 인생에 첫 번째 축을 형성하는 데 정말로 중요한 영향을 미치는 활과 같다. 생의 초기에 이루어지는 교육의 질은 영유아교사의 전문성에 달려 있으며, 영유아에게 양질의 교육서비스를 제공하기 위해서는 교사역할이 중요하다는 것을 알고 올바른 인성과 직업윤리를 갖추어야 한다.

교육에 있어 교사의 인 · 적성과 윤리가 새삼 중요시되고 강조되는 이 시점에서, 인 · 적성과 윤리를 이해하고 인 · 적성교육의 흐름을 아는 일은 교사의 전문성을 갖추는 첫걸음이라 할 수 있다.

CONTENTS

제05장 보육교사의 인 · 적성

1 인성

인성은 모든 인간에게 공통으로 나타나는 속성일 뿐만 아니라 개인이 가지는 사고와 태도, 행동특성이며 고유의 성품과 인격이다. 성품은 성격과 품격으로 성격은 '좋다, 나쁘다'는 의미가 아닌 가치중립적 용어로 개인의 특성, 성향을 의미하며, 품격은 좋고 나쁨의 정도이다. 한편 인격은 교육적인 입장에서 인성을 의미하는데, 어떤 사람의 '인성이 좋다'라는 것은 그 사람이 '사람다움을 가진', '된 사람' 등 품격이 있음을 말한다. 즉, 인성은 생각과 태도, 행동 등이 바람직하고 도덕적이며 주변 사람이나 환경과 원만한 관계를 형성하는 사람의 성격과 인격을 말한다.

1) 인성의 이해

인성(人性)이란 인간의 보편적인 본성이다. 사전적 의미로는 사람의 성품, 각 개인이 가지는 사고와 태도, 행동특성으로 어질고 너그러운 성질, 덕망, 도덕심을 말한다. 또한, 사람의 성품, 즉 성질과 품격을 가리키는 말인 인간성, 인격, 덕성과 유사한 의미를 가진다. 성질은 마음의 바탕이고 품격은 사람 된 모습으로, 인성의 개념이 '마음'과 '사람됨'이라는 두 가지 요소로 구성되어 있으며 보이거나 확인할 수 있는 존재가 아닌, 즉 보이지 않는 존재의 (보편적) 가치이다. 예를 들어, '정직, 배려, 존중, 사랑, 협력' 등의 행위 자체가 아니라 그 행위를 하는 개인의 사고와 태도 및 행동특성이며 성품, 인간성, 인격, 도덕성 등 다양하게 표현되고 있다.

영어로는 'character' 또는 'personality'라고 하는데 성품, 마음, 성격, 기질, 인격, 양심 등을 모두 포함하는 개념이며 각각의 용어로 표현해도 무방하고 마음에 우러난 지(知), 정(情), 의(義)를 모두 동반한 포괄적 용어이기도 하다.

그러나 인성의 한 요소인 본성은 변할 수 없다는 점이 인성과는 다르다. 본성은 타고난 성질이며 생겨난 모든 것의 존재적 의미로 어떻게 생성되었는지 알 수 없고, 환경에 의해 바뀐 것처럼 보일 수 있지만 변하지 않는다. 반면 인성은 유전적인 요소와 태어날 때의 환경이나 상황, 부모로부터 물려받은 것 등의 복합적 작용으로 결정되고 후천적인 개발에 의해 변모되는 것으로 '품성'이라 정의되며 본성보다 더 많은 의미가 추가되는 광의의 개념이다.

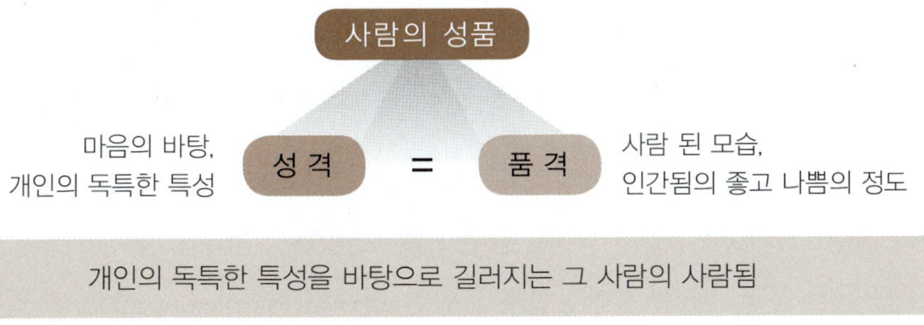

[그림 5-1] 인성의 정의

출처: 교육과학기술부.

2) 인성의 구성요소

인성을 구성하는 요소는 크게 본성의 영역인 타고난 성품과 후천적인 계발에 의해 변모되는 인격으로 나눌 수 있는데, 두 가지가 합쳐져 그 사람의 인성이 결정되고 각 개인에 따라 발달의 속도나 정도가 다르게 나타난다. 태어날 때부터 갖고 있는 성품 위에 자아가 형성되면서 개발된 인격, 양심, 품성 등은 개인적인 상황과 여러 가지 사회적 관계 속에서 상호작용을 하는 사회적 차원을 포함한다. 즉, 인성은 출생, 성장한 장소나 부모의 양육태도, 훈육방식에 영향을 받으며 가족 간의 집단 역동성, 분위기, 가정의 가치 지향성과 계층적 차이, 사회가 요구하는 행동양식 등의 다양한 요인에 의해 영향을 받는 것으로 볼 수 있다. 인성의 발달은 다음과 같은 일정한 원칙에 따라 점진적으로 이루어진다고 보며 인간의 일반적인 성장 · 발달과 같은 맥락을 가진다.

- ○ 유전과 환경의 상호작용 결과이다.
- ○ 분화의 과정과 통합의 과정을 거치는 과정이다.
- ○ 연속적으로 이루어지는 것이다.
- ○ 이전에 발달된 것을 바탕으로 하여 새로운 것이 형성되는 것이다.
- ○ 초기의 발달일수록 폭이 크고 그 개인의 장래 인성에 큰 영향을 미친다.
- ○ 각 개인에 따라 발달의 속도나 정도가 다르게 나타난다.

리코나(Licona, 1991)는 인성의 구성요소를 양심, 자기존중, 감정이입, 선한 일에 대한 사랑, 자기통제, 능력, 의지, 습관으로 보았으며, 인성의 구성요소를 신용, 존중, 책임감, 공정, 배려, 시민정신을 포함한 연구자(Josephson, 2002)도 있다. 교육인적자원부에서는 인성 요소를 생명존중, 성실, 정직, 자주, 절제, 경애, 효도, 예절, 협동, 애교 · 애향, 준법, 타인 배려, 환경보호, 정의, 공동체 의식, 국가애, 민족애, 안보의식, 평화통일, 인류애 등으로 구분하였다. 이처럼 인성은 매우 다양한 요소로 이루어져 있고 인간의 기본적 품성이며 갖추어야 할 기본 조건이라 하겠다.

〈표 5-1〉 인성 차원과 역량 및 덕목

차원	핵심 역량	덕목	주요 내용
도덕성	가치 인식, 책임 있는 의사결정	정직, 책임	다양한 윤리적 상황에서 중요한 핵심 가치가 무엇인지를 인식하고 판단하는 능력과 책임 있는 의사결정을 하는 능력
사회성	사회적 인식, 대인관계	공감, 소통	다양한 상황과 장소에서 타인의 생각, 감정, 관점을 이해 · 파악하고, 타인과 긍정적인 관계를 형성 · 유지하고 소통하는 능력
감성	자기인식, 자기관리	긍정, 자율	자신의 강점, 약점, 흥미, 능력 등을 파악하며, 개인적 목표를 설정하고 목표달성을 위해 자신의 생각과 행동을 조절 · 실행하는 능력

출처: 이완정(2015). 영유아 인성보육의 전망과 과제 (p. 44). 한국보육진흥원 제2회 인성보육포럼 자료집, 재인용.

사회적 의미의 인성은 개인이 속한 사회집단의 영향으로 나타나는 보편적 인성이며, 교육적 의미의 인성은 교육을 통해 형성되고 발달하는 인성을 말한다. 즉, 인간은 사회적 동물이며 생활 속에서 관계를 맺는 환경에 의해 영향을 받고 부모와 기관, 사회로부터 제공되는 교육을 통해 인성의 계발이 이루어진다.

육아정책연구소의 영유아교사 인성평가도구 개발 및 교육강화 방안에서 제시하는 인성의 요소를 살펴보면 다음과 같다.

〈표 5-2〉 보편적 인성

인성의 요소	특성
자기조절력	• 감정상태를 인식하여 정서를 조절하고 통제할 수 있는 능력 • 행동억제, 충동억제, 만족 지연, 유혹에의 저항 능력
자아존중감	• 자신이 소중한 존재이고 유능한 사람이라고 믿는 마음
책임감 · 성실성	• 맡은 일을 완수하고자 하는 의욕과 자발성이 강한 정도 • 자신이 맡은 일을 열심히 하고 끝까지 마무리 짓는 성향

인성의 요소	특성
도덕성	• 준법정신, 공정 · 공평성, 약자에 대한 우선권, 직업윤리 의식, 정직성, 공사 구분, 법질서 준수, 옳음에 대한 판단
사회성	• 사회적 상황에 적응하는 능력 • 적극적 참여, 협동, 원만한 관계 유지, 사교적, 친절
타인 존중, 배려심	• 다른 사람의 생각이나 감정을 인정 • 상대방의 입장을 먼저 생각하고 다른 사람을 돕는 행동
심리적 건강	• 정신적인 균형 유지와 정신 건강과 적응의 조화 • 불안감, 우울, 편집증 등 정신 건강 구성요소의 정상성

〈표 5-3〉 교사로서의 인성

인성의 요소	특성
교직관 (소명의식)	• 직업활동에 삶의 의미와 목적을 부여하고 교직을 천직으로 여기고 헌신함
수용성	• 이해하고 수용하는 열린 마음으로 선입관을 갖지 않는 것
민감성	• 다양한 신호와 접근에 대해 이해함 • 신호와 요구에 신속하게 대처함
인내심	• 괴로움이나 어려움을 참고 견딤
공감 능력	• 타인이 느끼고 생각하는 바를 이해하는 인지적 공감과 정서를 대리 경험하는 정서적 공감 능력
영유아에 대한 열정	• 영유아의 발달과 성장에 도움이 되는 일을 적극적으로 수행함 • 필요한 사항을 탐색하고 개개인 상황에 적합한 지원을 제공함
주도성	• 자신의 삶을 적극적으로 이끌어 나가는 능력으로 리더십, 지도력

3) 보육교사의 인성

영유아의 전인발달 지원과 부모의 양육역할을 수행하는 보육교사의 중요성에 대한 인식이 확산됨에 따라 보육교사의 인성적 자질 역시 중요하다고 강조되고 있다. 이에 따라 보육교사의 인성에 대한 관점이 기존의 '전문성을 바탕으로 인성을 갖춘 교사'에서 '인성을 바탕으로 전문성을 갖춘 교사'로 변화하고 있다(교육과학기술부, 2010).

(1) 보육교사의 인성교육

바른 인성을 가진 교사는 자신에 대해 바르게 이해하고 충동과 본능을 통제하고 조절하며 자기를 존중하고 자신을 수용한다. 교사의 인성은 다양한 요인이 포함될 수 있으나 자기반성적 능력과 실천 능력, 배려와 돌봄, 공동체 의식의 함양과 예비교사에게 요구되는 교직 인성(서경혜 외, 2013) 등의 덕목과 가치를 중심으로 하던 것에서 점차 실행역량을 강조하는 방향으로 변화하고 있다.

교사가 추구해야 할 가치 · 덕목과 핵심 역량은 도덕성, 사회성, 감성의 세 가지 차원으로 정직, 책임, 공감, 소통, 긍정, 자율의 여섯 가지 핵심 덕목으로 제시할 수 있고(천세영 외, 2012), 교사를 위한 인성교육의 핵심 요소로 영유아 존중, 자기이해 및 관리, 대인관계라고 볼 수 있다.

보육교사는 다양한 교육과정 속에서 영유아의 행동원인을 파악하고 이해하며 적절한 대안을 마련하고, 영유아를 존중하는 일과 운영 및 놀이지도를 계획하고 교수방법의 기술을 향상하며, 자신의 정서와 성격을 객관적으로 파악하고 자아존중감과 스트레스 관리 능력을 키우며, 교직에 대한 사명감을 갖도록 노력한다. 또한, 원장과 동료교사 등 보육교직원과 학부모와의 긍정적 관계 형성의 중요성을 이해하고 상호 신뢰를 바탕으로 협력해야 한다.

교사가 추구해야 할 가치 · 덕목과 핵심 역량, 보육교사 인성교육의 핵심 요소를 정리하면 다음과 같다.

〈표 5-4〉 보육교사를 위한 인성교육의 핵심 요소

인성 차원	핵심 요소	정의
도덕적 인성	영유아 존중	교사 자신의 영유아교육관을 되돌아보고 영유아 권리존중의 구체적 방안을 모색하고 실천
개인적 인성	자기관리	자기이해(정서와 특성에 대해 객관적으로)와 자아존중감, 스트레스 관리 능력을 높이며 자신의 직업에 대한 중·장기 비전을 설정
사회적 인성	대인관계	교사가 직면하는 대인관계의 대상에 따라 타인과의 긍정적 관계를 형성하고 소통

출처: 김정신 · 박성미 · 최진원 · 이만수(2017). 보육교사(인성)론. 한국보육교사교육연합회.

(2) 보육교사와 영유아 인성과의 연관성

영유아에 대한 보호와 교육을 통해 전인적 성장과 발달을 도모해야 하는 보육교사는 다양하고 많은 역할을 요구받게 된다. 특히, 영유아가 어머니와 떨어져서 지내는 시간이 긴 어린이집의 경우 보육교사와 영유아 간의 상호작용 시간이 길고, 교사가 영유아의 생활에 깊이 관여하므로 교사로서의 전문성과 윤리적 인성 자질이 매우 중요하다. 영유아는 애정 어린 관심과 사랑을 받게 될 때 안정감과 자아존중감을 느낄 수 있으며, 건전한 성장과 발달을 할 수 있다. 보육교사는 영유아가 정서적으로 안정감을 가질 수 있도록 사랑하는 마음을 가지고 온화하고 따뜻한 태도로 대해야 하며 영유아를 있는 그대로 받아들이고 영유아의 감정을 온전히 수용해 줄 수 있어야 한다. 신체적으로 건강한 교사는 영유아의 요구에 민감하게 반응하고 그들에게 풍부한 기회를 마련해 주는 가운데 기쁨을 느끼고, 정서적으로 안정된 교사는 영유아와 다른 사람들을 편안하게 해 줄 수 있다.

성실하고 열정적인 태도로 자신이 맡은 일에 최선을 다해 노력하는 교사는 교육적으로 좋은 결과를 가져올 뿐 아니라 영유아들에게 좋은 영향을 줄 수 있는데, 이처럼 보육교사의 인성은 보육에 대한 태도를 결정하고 교육의 질을 좌우하는 중요한 요소이며 영유아의 인성발달에 커다란 영향을 미친다.

또한, 영유아를 보호하고 돌보는 차원을 넘어서 발달과 학습을 독려하는 교육적 역할을 성공적으로 수행하기 위해 인성적 측면에서의 개인적 자질, 지식, 교수기술을 포함한 전문적 자질 모두를 갖추어야 하며 끊임없는 자기성찰을 통해 긍정적인 인성을 형성하고 필요한 지식과 전문적 지식을 발전시켜 나가도록 해야 한다.

2 인성교육의 실제

인성교육은 다양한 사회구성원이 더불어 살아가며 인간다운 삶을 영위할 수 있도록 배려하는 품성을 기르고 실천할 수 있도록 하기 위해 필요하다고 볼 수 있다.

보육교사는 일과 중에서 영유아의 자율성과 흥미, 개인차에 따라 바람직한 가치형성 및 태도 습득을 위한 다양한 교육기회를 제공하여 영유아가 올바른 인성함양을 할 수 있도록 한다. 영유아 인성교육은 기본생활습관을 형성하는 것에서부터 인사하기 등 예절교육, 가정과의 연계활동, 그림책을 활용한 인성교육, 대화를 통한 인성교육, 현장학습 등 체험활동을 통한 인성교육, 부모교육을 통한 인성교육, 봉사활동을 통한 인성교육, 동식물 기르기를 통한 인성교육 등으로 다양하다.

1) 인성교육의 지도원리

인성교육은 교육을 통해 '인간다운 인간이 될 수 있도록 돕는 것'으로 시대의 요구와 가치를 반영하여야 하며 인성교육의 지도원리는 크게 통합적 접근, 지속성, 관계성, 자율성, 체험 등의 원리로 제시(허경철 외, 1995)하고 있다.

첫째, 통합적 접근의 원리이다. 인성은 사고, 감정, 행동이 유기적으로 연관되어 총체적, 계획적, 자발적인 인성발달 접근이 바람직하다(장명림 외, 2012). 누리과정 도입 이후 유치원과 어린이집의 인성교육은 모든 교육 · 보육활동 영역에 포함되어야 하며 3~5세 누리과정에서는 기본생활습관, 창의 · 인성교육을 특정 영역이 아닌 필요한 모든 영역에서 다루도록 하였다.

둘째, 지속성의 원리이다. 인성교육이 인간의 마음과 행동을 바르게 형성시키기 위한 교육이라면, 마음과 행동을 일정한 수준으로 향상시키고 유지하는 데는 일회의 노력으로 이루어지지 않는다(조은미, 2009). 즉, 인성교육은 영유아기부터 일상생활 속에서 지속적으로 실시해야 하며, 생활하는 모든 공간과 시간 속에서 통합적으로 이루어져야 한다.

셋째, 관계성의 원리이다. 영유아의 일상생활을 통하여 인성발달이 효과적으로 이루어지기 위해서는 부모뿐만 아니라 교사, 유아교육기관 운영자, 지역사회의 일관된 지도가 필요하다. 또한, 교사는 상호 배려적인 분위기와 실천의 기회를 제공하고, 영유아에게 성취경험을 제공하며, 영유아들의 올바른 모델링을 위하여 도덕적 리더십을 갖추고 책임감을 가져야 한다.

넷째, 자율성의 원리이다. 교사는 영유아가 일상생활 속에서 문제를 스스로 선택하고 실천할 수 있도록 자기이해와 수용을 촉진하며, 정서적으로 안정된 환경과 집단활동의 기회를 제공해야 한다.

다섯째, 올바른 인성은 저절로 생겨나는 것이 아니고 같은 행위를 반복하는 데서 얻어질 수 있는 것이다. 아리스토텔레스에 의하면 도덕교육의 과제는 성품이 뛰어난 사람을 기르는 것이라 하였는데 그가 제시하는 성품의 특성은 용기, 절제, 관용, 호탕, 긍지, 온화 등이다. 아리스토텔레스는 성품은 습관과 가르침을 통해서 습득된다고 하였다. 습관은 실천함으로써 얻어지는 것이라는 교육원리를 빌려 인성교육에서 실천과 체험의 중요성을 강조하였다(조은미, 2009).

2) 인성교육의 교수 · 학습 방법

인성교육은 실천과 체험을 통해 알고 있는 바를 실생활에 적용하는 교육이다. 영유아가 경험하는 다양한 도덕적 문제에 대한 갈등 상황을 인지발달 단계에 적합하게 제시하여 영유아들끼리 토론하는 환경을 제공한다. 영유아는 학습과정에서 공동 목표를 달성하기 위해 협력하여 주어진 과제를 수행하고 지속하면서 자기가 맡은 역할을 끝까지 책임감 있게 완성하는 경험을 할 수 있고, 타인의 권리와 요구를 존중하면서 자기 의견이나 느낌을 적절히 표현하는 능력을 기를 수 있다.

또한, 영유아가 현장을 직접 방문하여 체험함으로써 사회적 규범과 질서를 습득하여 실천에 옮길 수 있어야 하며, 도덕적 딜레마 상황이나 사회적 질서와 예절을 지키지 않아서 생긴 상황을 역할놀이를 통해 경험하게 한다.

그리고 영유아에게 흥미, 감동, 감화를 주는 교훈적이고 감명 깊은 이야기와 모범적 인물, 도덕적 삶의 본보기를 제시함으로써 인성 덕목에 관한 간접 경험의 기회를 가지도록 하고 다양한 분야에서 일하고 있는 전문가를 초청하여 그들의 경험을 함께 나누면서 인성 덕목에 관해 알아보고 영유아들의 경험과 흥미를 고려해 실천해 볼 수 있다.

마지막으로 교실에서 필요한 규칙을 영유아와 함께 정하여 교사 스스로 영유아를 존중하는 모습을 보여 줌으로써 자연스럽게 그들이 보고 배울 수 있도록 한다.

이상에서 살펴본 바와 같이, 보육교사의 인성은 자기관리 능력을 갖추고 원만한 인간관계를 맺는 것을 지향하고 영유아를 존중하는 교육을 실천하는 데 있다. 교사는 영유아가 사회생활에 필요한 기본 규칙을 이해하고 상대를 배려하도록 모범을 보이며, 영유아의 요구와 행동에 민감하게 반응하여 영유아를 존중하는 보육일과를 운영할 수 있어야 할 것이다.

[그림 5-2] 인성교육의 정의

출처: 교육과학기술부(2011).

3) 인성교육의 내용

우리나라에서는 세계적으로 보기 드물게 「인성교육진흥법」(2014)을 제정하고 시행령을 발효(2015)하여, 범국민적 차원에서 인성교육의 중요성을 강조하면서 시행을 제도화하고 있다. 「인성교육진흥법」은 말 그대로 '인성+교육+진흥'을 조합한, 즉 인성을 교육하고 진흥시켜야 하는 법률적 규범이다. '교육'과 '진흥'은 절차적 행위이고, '인성'은 그 행위의 목적 또는 목표가 된다. 목적과 목표가 없으면 행위는 잘 작동하지 않는다. 이른바 맹목(盲目)적 행위가 되기 때문이다. '인성'을 교육하게 하는 절차적 규범과 법적 제도를 만들어 놓았지만 교육할 내용, 즉 목표가 되어야 할 '인성'의 실체가 없거나 모호하면 교육현장은 혼란에 빠질 수도 있다.

「인성교육진흥법」에서 정의하는 인성교육을 보면, "자신의 내면을 바르고 건전하게 가꾸고 타인, 공동체, 자연과 더불어 살아가는 데 필요한 인간다운 성품과 역량을 기르는 것을 목적으로 하는 교육"이라고 한다. 미래사회에서 성공적인 삶을 영위하기 위한 핵심 역량을 인성으로 인식하고, 인성교육의 중요성을 강조하기 위한 것이다.

「인성교육진흥법」은 인간이 추구해야 할 인간다운 면모를 중심으로 성품, 덕성, 자질의 측면에서 덕목을 제시하고 있고 보육현장에서는 그 덕목을 기준으로 하여 인성교육 계획을 수립하고 실시할 수 있다.

「인성교육진흥법」 제정의 목적은 「대한민국 헌법」에 따른 인간으로서의 존엄과 가치를 보장하고 「교육기본법」에 따른 교육이념을 바탕으로 건전하고 올바른 인성(人性)을 갖춘 국민을 육성하여 국가 · 사회의 발전에 이바지하고자 함이며 '인성교육'이란 자신의 내면을 바르고 건전하게 가꾸고 타인, 공동체, 자연과 더불어 살아가는 데 필요한 인간다운 성품과 역량을 기르는 것을 목적으로 하는 교육이며, '핵심 가치 · 덕목'이란 인성교육의 목표가 되는 것으로 예(禮), 효(孝), 정직, 책임, 존중, 배려, 소통, 협동 등의 마음가짐이나 사람됨과 관련되는 핵심적인 가치 또는 덕목을 말한다. '핵심 역량'이란 핵심 가치 · 덕목을 적극적이고 능동적으로 실천 또는 실행하는 데 필요한 지식과 공감 · 소통하는 의사소통 능력이나 갈등해결 능력 등이 통합된 능력을 말한다. 「인성교육진흥법」에서는 인성의 5대 기질은 감정, 정서, 본능, 자아, 초자아로 분류하였고, 8대 인성 덕목을 예, 효, 정직, 책임, 존중, 배려, 소통, 협동으로 나누면서, 인성은 인지적 특성(지식), 정의적 특성(태도), 신체적 특성(행동)의 순서로 발달한다고 보고 있다. 그러나 실제에 있어서는 인성의 개념과 정의를 정립하지 않은 상태에서 구성요인의 인과관계와 상관관계를 규명하지 않고, 인성의 '기질'만을 나열하고, '인성 덕목'만을 분류하여 명시한 점에서는 더 많은 연구와 논리적 검증이 필요하다.

「인성교육진흥법」의 용어의 정의를 정리하면 다음과 같다.

〈표 5-5〉「인성교육진흥법」의 용어 정의

용어	정의
인성교육	자신의 내면을 바르고 건전하게 가꾸고 타인, 공동체, 자연과 더불어 살아가는 데 필요한 인간다운 성품과 역량을 기르는 것을 목적으로 하는 교육
핵심 가치 · 덕목	인성교육의 목표가 되는 것으로 예절, 효도, 정직, 책임, 존중, 배려, 소통, 협동 등의 마음가짐이나 사람됨과 관련되는 핵심적인 가치 또는 덕목
핵심 역량	핵심 가치 · 덕목을 적극적이고 능동적으로 실천 또는 실행하는 데 필요한 지식과 공감 · 소통하는 의사소통 능력이나 갈등해결 능력 등이 통합된 능력

출처: 법제처. 인성교육진흥법(2014), 재구성.

〈표 5-6〉「인성교육진흥법」 인성의 8대 핵심 가치 · 덕목

덕목	정의
예절	예절이란 '인간관계에 있어서 사회적 지위에 따라 행동을 규제하는 규칙과 관습의 체계'를 말하며, 생활방식, 사고방식, 사회풍조에 따라 다르게 나타남
효도	효도는 부모와 자녀 간의 도덕적인 관계를 규정하는 가치이고 규범임
정직	정직은 사람이나 사람의 성품, 마음 따위가 바르고 곧음을 말하며, 순간적인 신뢰를 형성하기도 하지만 장기적인 인간관계의 기반이 되기도 함
책임	책임은 행위의 결과에 대해 행위 주체에 주어지는 의무나 제재임
존중	존중은 상대방을 귀하게 여기고 중하게 대하는 태도를 말함
배려	배려는 사회 공동체 속에 살아가는 사람들 사이에 상대방을 이해하고 보살펴 주는 것을 말함
소통	소통은 서로의 의견에 공감하거나 다르더라도 오해 없이 받아들이는 의견교환을 뜻함
협동	협동은 더불어 살아가는 사회에서 아주 중요하고 필수적인 덕목임. 현대사회는 개방된 체제를 공존하는 사회임

출처: 법제처. 인성교육진흥법(2014), 재구성.

[그림 5-3] 인성교육 8대 핵심 가치 · 덕목

동화를 활용한 인성교육

『할머니가 창피해』(왕대나무 글 | 이예숙 그림 | 예림당 | 2016)

동화를 통해 자연스럽게 우리가 갖춰야 할 인성 중 정직, 예절, 소통, 책임, 협동, 존중, 배려, 효도인 8대 핵심 가치·덕목을 알아볼 수 있다.

각 주제에 맞는 여덟 가지 이야기를 아이들의 평범한 일상에 담아 바른 인성을 일깨워 주는 여덟 편의 이야기 동화집 『할머니가 창피해』의 주인공들은 자기도 생각지 못하는 사이 가족과 친구, 이웃에게 크고 작은 잘못을 한다. 자신이 뭘 잘못했는지 모르거나, 용기가 없거나, 자기중심적인 태도 때문에 벌어지는 일이다. 그걸 알 리 없는 주인공들은 주변 사람들과 갈등·고민하는 과정을 겪으며 상대방 입장에서 어떻게 행동하고 마음을 써야 하는지 터득해 간다. 주인공의 모습을 지켜보면서 어린이들은 자신에게 충분히 일어날 수 있는 일이기에 공감하고, 부모나 선생님도 아이들이 갖춰야 할 성품인 바른 인성의 중요성과 가치를 깨닫게 될 수 있다.

정직	엄마 몰래 군것질하는 오빠와 그런 오빠의 물건을 망가뜨린 여동생. 늦기 전에 솔직하게 털어놓을 수 있을까? - 「지금이야!」, 함영연.
예절	민준이는 아무 생각 없이 같은 반 친구인 가연이를 꽃돼지라면서 놀리는데. 친한 사이라고 해서 함부로 말해도 되는 걸까? - 「난 꽃돼지가 아니야」, 최은순.

소통	요즘 엄마는 휴대전화를 들여다보면서 친구를 찾느라 민제와는 거의 대화하지 않는다. 민제는 엄마에게 꼭 하고 싶은 얘기가 있는데…. – 「마주 보기」, 임서경.
책임	부모님을 조르고 졸라 드디어 강아지를 키우게 된 혜원이. 하지만 혜원이가 상상했던 귀여운 모습이 전혀 아니었다. 아, 이 늙은 개를 괜히 데려왔나 싶다. – 「늙은 개」, 김정옥.
협동	야영이 서툰 아빠가 텐트 장비들을 이리저리 옮기며 혼자서 아등바등하고 있다. 이를 안쓰럽게 지켜보던 쌍둥이 남매가 아빠를 도울 방법을 고민하는데…. – 「달빛 야영장」, 이여니.
존중	외국에서 온 지호는 행동이 느리고 서툴러서 애들한테 종종 무시당한다. 늘 풀 죽어 있는 지호에게 자신을 아끼고 소중히 하는 법을 어떻게 알려 줘야 할까? – 「우리 반 번개맨」, 최은영.
배려	할머니는 왜 자꾸 창피하게 폐휴지를 주우러 다니실까! 용돈이 부족해서 그러는 것 같지는 않은데…. 지금껏 알지 못했던 할머니의 속사정은? – 「할머니가 창피해」, 정현정.
효도	딸바보 아빠에게 사랑받기만 하는 심푸름. 하지만 아빠에게 하는 말과 행동은 전혀 효녀 같지 않다. 과연 푸름이도 효도란 걸 할 수 있을까? – 「심청이가 왔다!」, 박남희.

교육과학기술부(2012)에서는 인성교육의 내용은 어떠한 인간을 길러 낼 것인가에 대한 숙고에서부터 도출되고, 한 사회에서 소중히 여겨 온 전통적인 가치와 현 시대를 잘 살아가기 위한 민주적인 가치로 구성되어야 한다고 역설하면서 누리과정에서 인성교육의 내용을 배려, 존중, 협력, 나눔, 질서, 효 등 실천 위주의 여섯 가지 덕목으로 제시하고 있다.

〈표 5-7〉 누리과정 인성교육의 덕목 요소

덕목	정의	하위내용
배려	타인의 필요와 요구에 민감하게 반응하고 공감하는 것	친구, 가족, 이웃, 동식물에 대한 배려

덕목	정의	하위내용
존중	사람이나 사물은 존재만으로 존중할 가치가 있음을 인식하고, 소중히 여기는 것	전통문화와 다른 사람에 대한 존중, 생명과 환경에 대한 존중
협력	2명 이상이 공동의 목표를 설정하고 이를 달성하기 위해 책임을 다하고 서로 도움을 주고받는 것	긍정적인 상호 의존성, 책임감, 협력
나눔	자기 스스로 남을 돕기 위해서 하는 일로, 대가를 바라지 않고 지속적으로 도와주는 것	나눔의 의미 알기, 실천과 참여하기
질서	책임감 있는 민주시민으로서 살아가기 위해 필요한 사회규범을 지키는 것	기초질서, 법질서, 사회질서
효	인간된 도리를 충실히 하는 것	부모, 조부모, 지역사회 어른에 대한 효

누리과정 유아인성교육 프로그램

1. 목표

- 나와 타인에 대한 사랑과 존중을 바탕으로 다양한 사람을 이해한다.
- 더불어 살아가는 마음을 길러 주고, 개개인의 성향과 가치를 존중한다.

2. 활동방법

[이야기 나누기]

- 인성 덕목의 가치를 인성 관련 동화, 생활 속 작은 이야기를 통해 이해하고 경험하며 내면화시킬 수 있도록 한다.

[활동하기]

- 인성 주제를 중심으로 구성된 다양한 실천내용을 적용해 보며 토의할 수 있도록 한다.

[탐구하기]

- 좋은 성품을 가진 훌륭한 위인들의 삶을 찾아보고, 자신과 타인과의 관계 속에 적용한다.

3. 기대효과

나 자신에 대한 조절, 타인에 대한 배려를 실천하여 보고 친구들과의 바람직한 관계와 좋은 행동을 통해 성취감을 느껴 본다.

4. 체험 중심 유아인성교육

가. 목적

- 인성 형성의 기초가 되는 유아기에 형성된 태도와 습관은 평생 동안 지속되므로, 인성교육과 기본생활습관 교육을 중시하는 학부모의 요구를 반영한다.
- 교육 여건을 고려하여 「인성교육진흥법」의 8대 가치 · 덕목을 강조하는 인성교육은 기본생활습관을 형성하고 기초 질서의식을 배양하여 인간을 사랑하며 생명을 소중히 여기는 마음을 가지도록 한다.
- 예절, 질서, 절제 교육을 강화한 활동을 일관성과 지속성 있게 적용하여 바람직한 생활태도를 형성하며, 유아들의 더불어 사는 생활습관 형성에 도움을 주도록 한다.

나. 방침

- 「인성교육진흥법」에 따른 '인성교육 8대 실천 덕목'을 강조하여, 누리과정의 전 교육활동을 통해 기본생활습관 교육활동과 인성교육이 일과 운영 전반에서 생활화되도록 지속적으로 지도한다.
- 다양한 활동(이야기 나누기, 게임, 동화, 신체 등)으로 기본생활습관 교육 및 올바른 인성을 함양한다.
- '바른 어린이 인사말' 관련 활동을 월별 인사말로 선정하여, 각 교실 및 현관에 게시하고, 매일 아침에 실행한다.
- 원가정과 연계한 실천적, 통합적 기본생활습관 교육을 추진하여 교육 결과를 매월 첫째 주 금요일(매월 1회)에 주간교육계획안을 통해 '바른 어린이 인사말'을 안내한다.

다. 세부 추진 계획

- 실천중심의 인성교육
  - 내용: 월별 '바른 어린이 인사말' 선정, 매주 기본생활습관(예절, 효도, 정직, 책임, 존중, 배려, 소통, 협력) 주제를 선정하여 하루 일과 중 실시, 각 교실 및 현관 입구에 인사말 게시, '칭찬합시다' 활동을 통해 기본생활습관이 잘 이루어지도록 격려
  - 시기: 연중

- 숲교육, 생태유아교육을 통한 인성교육
  - 내용: 산책활동(생태체험학습)
  - 시기: 연중
- 자연체험활동과 자연물을 이용한 활동을 통한 교육과 연계한 생태유아교육 계획
  - 내용: 교실에서 동식물 기르기, 텃밭활동
  - 시기: 연중
- 가정과 연계한 유아인성교육
  - 내용: 신입생 오리엔테이션 및 적응활동에 학부모 참여, '바른 어린이 인사말' 안내, 주간 교육계획안과 부모교육 자료를 활용한 가정과 연계지도
  - 시기: 1~3월(월 1회 혹은 주 1회)

라. 연간 운영 계획

- 인성교육 - 반갑게, 바르게, 먼저 인사하는 바른 어린이

월	추진내용	인성 덕목	월	추진내용	인성 덕목
3	안녕하세요	존중	9	같이 하겠습니다	협동
4	고맙습니다	존중	10	양보하겠습니다	배려
5	사랑합니다	소통	11	정리를 잘 하겠습니다	책임
6	친절하겠습니다	소통	12	차례를 지키겠습니다	예
7	효도하겠습니다	효	2	정직하겠습니다	배려

- 연령별 인성교육계획안

월	생활 주제	만 3세		만 4세		만 5세	
		인성 주제	활동 주제	인성 주제	활동 주제	인성 주제	활동 주제
3	우리 원과 친구	배려	친구에게 양보해요	배려	친구를 위해서라면 괜찮아	배려	내 친구 여진이
4	봄과 동식물과 자연	존중	건강한 흙을 만들어요	존중	지렁이를 길러요	협력	서로 도와주는 동물이 있어요
5	나의 가족	효	엄마, 아빠를 초대해요	효	어른께는 높임말을 사용해요	효	옛날 이야기

월	생활 주제	만 3세		만 4세		만 5세	
		인성 주제	활동 주제	인성 주제	활동 주제	인성 주제	활동 주제
6	교통기관	질서	차례차례	질서	다 함께 하나, 둘, 셋	질서	우리 반의 규칙 표지판 만들기
7	여름	나눔	나만 몰랐나 봐요	나눔	나눔 포스터 만들기	나눔	아름다운 가게
8	우리 동네	배려	누구를 위한 자리일까요?	효	우리 동네에 계신 할머니, 할아버지	배려	공공장소에서
9	우리나라	질서	게임 규칙 만들기	존중	흥보가 – 화초장 타령	존중	북한말 사전
10	가을	협력	동시를 지어요	협력	조별 구호 만들기	협력	따로 또 같이
11	환경과 생활	존중	천연의 색을 찾아보아요	질서	지진이 일어났어요	질서	아무도 안 본다고
12	겨울	배려	까치밥	나눔	아름다운 가게에 전달해요	나눔	흥부와 놀부 두 번째 이야기
1	이웃	나눔	그런데 이상하다	존중	친구 사랑 나무	협력	어떻게 해결할까
2	세계 여러 나라	존중	구절판과 월남쌈	협력	함께 연주해요	존중	이모의 결혼식

이상에서 살펴본 바와 같이 인성교육의 내용은 매우 다양하다. 인성교육은 바람직한 인성을 토대로 하여 전인적인 성장을 하도록 하는 인간교육의 필수 과정으로 개인으로서는 인간다운 삶을 영위하며 전체 사회의 구성원으로서는 민주시민의 자질을 갖추게 하는 것으로 볼 수 있다.

4) 인성교육을 위한 교사의 역할

영유아의 인성과 도덕성은 부모와 유아교육기관의 교사로부터 영향을 받아 형성되며, 영유아가 아동기와 청소년기를 거쳐 성인으로 성장하는 동안 그들의 삶에 영향을 주게 된다. 그러므로 보육교사는 영유아교육에 대한 정체성과 전문성을 가지고 다양한 교사의 역할 중에서 전문가로서 보호자, 양육자, 안내자, 상호작용자, 교수자, 관찰자, 평가자, 상담자, 지원자, 연구자, 의사결정자 등의 역할을 수행할 수 있어야 하며 영유아의 인성교육에 최선을 다해야 한다.

(1) 존중

영유아의 인성교육을 위해 선행되어야 할 것은 존중이다. 존중은 나 자신에 대한 존중, 다른 사람의 권리나 존엄성에 대한 존중, 모든 생명을 유지하는 자연환경에 대한 존중을 포함한다. 교사가 존중하는 본보기가 되어 행동함으로써 영유아들이 존중의 의미를 자연스럽게 받아들일 수 있으며 타인을 존중하는 태도를 가질 수 있게 된다. 존중의 의미를 알려 주기 위해서 교사는 영유아를 조건 없이 사랑하고, 행동과 태도로 존중하는 마음을 전달하여 영유아를 소중히 대하고 있음을 느끼게 해야 한다. 더불어 영유아들이 교사와 동등하게 생각하고 표현할 수 있다는 마음으로 영유아와 상호작용할 때 영유아들이 긍정적인 자아상을 확립할 수 있다. 자아존중감의 근원은 자기 자신이 타인에게 중요한 존재로 인정과 존중을 받고 있으며 성공했다는 기분을 느끼는 것으로, 교사가 영유아를 존중하면 영유아는 자신이 가치 있는 사람으로 인정받았다고 느끼며 자아존중감을 갖게 된다. 교사의 관심과 사랑을 경험하고 존중과 배려가 생활화될 때 이는 인성교육의 첫걸음이라고 할 수 있다.

(2) 공감

공감 능력은 타인의 감정과 고통을 내 것처럼 이해하는 것으로 윤리적 관념의 시작이다. 공감이란 내적으로 상대방을 이해하고 반영하는 인지적인 과정이므로 아이가 화를 내는 상황일지라도 공감해 주고 감정이입하는 태도로 인정해 주어야 한다. 이러한 과정을 통해 자신의 일차적 감정을 충분히 느끼고 실제 자신의 감정을 알고 이것을 무엇이라 표현하는지 언어화해 보게 된다. 이처럼 자신의 감정과 하나가 되는 체험을 반복할수록 점진적으로 자아가 견고해지게 되는 것이다.

공감은 타인의 입장이 되어 그의 느낌을 나의 것처럼 느끼고 상대방의 행동을 이해하는 것으로 인간관계의 핵심 요건 중의 하나로 사회적 상호작용을 촉진시켜 주는 중요한 요소이다. 특히, 다른 사람의 고통에 대해 공감한다는 것은 타인의 고통을 이해하고 그 고통을 공유할 수 있어 이타행동의 중요한 매개체가 된다.

'공감'이란 상대방의 입장을 이해하고 인정해 주는 마음을 가지는 것이다. 그런데 교사가 이런 영유아의 생각이나 행동에 공감한다는 것은 쉬운 일이 아니다. 교사가 이미 선입관과 편견에 사로잡혀 자기 생각이나 느낌, 가치, 도덕관 등을 통해 영유아를 이해하려 한다면 진정한 이해나 공감이라 할 수 없다. 또한, 교사가 영유아 인성교육을 실천함에 있어 영유아의 말이나 행동, 감정에 공감하는 태도를 가지지 않으면, 영유아를 이해하고 배려하는 마음과 존중하는 마음을 보여 줄 수 없으며 영유아의 인성교육에 중요한 본보기가 될 수 없다.

영유아와 공감하기 위해서 교사는 다양한 감정 어휘를 사용할 수 있어야 하고 영유아의 감정, 행동, 생각에 민감하게 반응해야 하며 영유아의 생각이나 태도에 공감하는 태도를 가지도록 노력해야 한다. 영유아의 섬세하고 친절한 행동에 대해 민감하게 반응해 주는 교사의 태도는 영유아들이 자기중심성을 탈피하고 타인에 대한 정서적 공감, 인식적 공감, 추상적인 공감까지도 가능할 수 있게 한다.

(3) 의사소통

의사소통은 한 사람 또는 그 이상이 사람에게서 다른 사람에게로 정보가 전달되는 과정으로, 사실이나 감정, 태도, 신념, 생각 등을 전달한다. 인간관계는 소통을 통해 관계를 시작하고 유지하게 된다. 생후 7개월 무렵부터 뇌는 목소리를 통해 전달되는 감정에 익숙해지는데, 목소리에 민감한 부위인 측두부 피질이 감정이 담긴 운율이나 언어, 음악에 의해 활성화된다. 그래서 영아는 주 양육자의 특정한 운율이 담긴 말소리에 의해 행복이나 안심, 불안 등이 생기거나 사라지기도 한다.

교사는 영유아와 의사소통을 잘하기 위해서는 관심 기울이기, 의사 확인, 지각 확인, 공감, 경청, 거절, 긍정적 사고와 능동적 자세, 주장하기 등의 기초 기술을 습득하고 교사 자신이 전달하고자 하는 내용을 영유아의 발달 수준에 적합한 억양과 몸짓을 사용해야 한다.

보육현장에서 교사의 역할은 영유아를 존중하고 영유아의 감정에 공감하며 '감사하다, 고맙다'라고 말하기, 긍정적이고 비폭력적인 대화하기 등 효과적인 의사소통 방법으로 영유아 인성교육을 위한 상호작용을 이끌어 가야 할 것이다.

3 적성

'적성(aptitude)'의 사전적 의미는 '어떤 사물에 적합한 성질', '어떤 주어진 과제에서 한 개인의 성공 가능성을 예언해 주는 특성'으로 정의하나, 그러한 특성에 지적 능력뿐 아니라 인성적 요인, 태도 등이 포함해야 한다고 주장(Cronbach & Snow, 1977, 조주연 외, 2004, 재인용)한다. 또한, 적성은 '어떤 직업이나 일에 대한 미래의 성공 가능성을 예측하는 심리적 특성'이며, 특정한 활동이나 직업을 수행하는 데 요구되는 능력을 일컫는 것으로서, 인간의 능력을 일반적인 수준에서 탐색하는 것이 아니라 특정 활동이나 영역에 관련된 능력을 개념화한 것이며 적성의 개념 속에는 타고난 소질이나 능력뿐만 아니라 학습된 능력도 포함하고 적절한 훈련과 경험을 통해 개발되거나 발달할 수 있다는 의견을 제시(김병진, 2008)한다. 지적 특성 및 정의적 특성을 포함하기도 하는데 개인의 상대적 적합성을 나타내는 조건으로, 그것의 본질적인 면은 숙달될 수 있는 개인의 잠재적 능력이고, 다른 한 면은 그러한 능력을 발휘하는 데 있어 흥미와 관심을 나타낼 수 있는 정의적 준비성을 의미(조주연 외, 2004)한다.

1) 보육교사 적성의 이해

일반적으로 적성이란 타고난 성품이나 소질, 자기가 종사하고 있는 일에 대한 능력이나 실력의 정도, 자질과 같은 의미로 사용된다. 먼저, 보육교사의 적성과 자질은 무엇인지 알아보도록 한다. 보육교사의 적성에 대한 학자들의 정의를 살펴보면, 신극범(1979)은 교사에게 요구되는 교육수준과 신체적, 사회적, 정신적 특성을 의미하며 역할을 수행하는 데 필요한 지식과 기술, 품성 및 태도 등으로 설명하였으며, 황정규 외(1995)는 가치관과 태도, 인성 및 품성, 교과지식 및 기술, 일반적 능력, 신체적인 면으로 설명하였다.

교사에 관한 최근 연구들은 전문가로서 교사의 적성을 향상시키는 일은 교사의 전문화에 중요한 과제이며 교사가 가지고 있는 교육적 기술보다는 교사가 가진 신념체계, 직업의식, 자아개념 등과 같은 질적인 변인이 교육의 실제에 있어서 더 중요한 역할을 한다는 점을 시사한다(이은화, 2002).

보육교사의 적성을 적성과 인성이라는 개념으로 세분할 때, 적성은 주로 교직에 관련된 인지적 영역, 즉 지적 능력과 기술을 의미하고, 인성은 교직과 관련이 있는 정의적 영역 중 교육관, 교직관, 가치관 및 신념 등을 의미한다(신동로, 1991; 조주연 외, 2004; 최희선 외, 2000; 황응연, 1990; 황정규, 1990). 교직적성이란 교사로서의 역할을 성공적으로 수행하는 데 요구되는 인지적 능력, 정의적 특성 및 심리적 특성이라고 정의할 수 있는데 직무를 수행하는 데 반드시 필요한 전문적, 기능적 지식과 습득한 지식을 현장에 실천함으로써 과제를 수행할 수 있는 능력을 뜻하며, 태도는 직무 관련자, 상황, 직무수행 등에 대한 개인의 자세 또는 반응 준비

상태를 의미하며 수업계획, 수업기술, 전문적 지식, 학급 및 학교경영, 대인관계, 인성자질 등으로 나눌 수 있다. 그중 인성적 자질은 교직에 대한 소명감, 긍정적 자기 개념 등을 포함한다. 성공적인 교사로서의 자질을 예언하는 교직적성은 유능한 교사의 특성과 관련된 요인들로 구성된다(최예정, 2004). 교사의 핵심 역량에 대한 견해(정미경 외, 2011)를 살펴보면 〈표 5-8〉로 정리할 수 있다.

〈표 5-8〉 교사 핵심 역량의 정의와 요소

핵심 역량	정의	요소
교직소양	올바른 인성과 교육의식, 확고한 교직관과 교직윤리, 능동적인 자기계발 능력	• 인성 · 교육관 • 사명감, 비전 • 교직윤리 의식 • 능동적 자기계발 자세
수업 능력	교과내용 · 교수법, 학습 · 교육과정에 대한 지식을 기반으로 효과적으로 수업을 설계, 실행, 평가하는 능력	• 학생 신뢰 • 학습지원 의지, 태도 • 수업개선 의지
대인관계 능력	인간존중 · 배려하는 태도와 이해를 토대로 갈등을 관리 · 협력하여 공동작업을 수행하는 능력	• 인간 존중과 배려 • 협력적 태도
의사소통 능력	배려와 경청의 태도로, 상대방의 능동적인 활동과 상호작용 활성화 능력	• 타인 배려 • 경청
리더십	자기효능감과 뚜렷한 목표의식, 집단역동성 · 조직 · 동기와 행동에 대한 이해를 바탕으로, 학습을 경영하고 학생 행동과 학습을 관리하는 능력	• 자기 효능감 • 개인과 조직의 목표 인식과 비전
네트워킹 능력 · 연계 능력	학생 학습과 복지를 위한 개방적 태도와 헌신으로, 학교 · 가정 · 지역사회 자원 이해, 연계하는 능력	• 개방적 태도 • 헌신
지식정보 능력	변화에 대응하는 태도와 윤리의식을 가지고 지식정보사회의 문화와 아동 · 청소년, 교육 공학, 전산원리, 자료수집과 분석, 인터넷 · 컴퓨터를 이해하고 이를 활용하는 능력	• 변화에 능동 대응 태도 • 윤리의식

출처: 정미경 외(2011). 교사 선발방식 개선 방안 연구. 한국교육개발원.

2) 적성 요소

보육교사는 영유아의 성장과 발달에 영향을 미치는 중요한 존재로서 양육자, 보호자, 관찰자, 환경제공자, 교육과정 계획 및 운영자, 의사결정자, 상담자, 부모교육 담당자, 연구 및 평가자 등의 다양한 역할을 수행하기 위해 다양한 직업적성 및 자질이 요구되고 있다.

레빗과 리프먼-블루멘(Leavitt & Lipman-Blumen, 1995)은 보육교사의 효과적인 업무수행을 위해서는 영유아뿐만 아니라 그들의 부모와도 긴밀한 관계를 형성하고 동료 및 관련 구성원들과도 대인관계를 맺는 것이 필요하다고 하였다. 또한, 이들과의 관계가 우호적이고 상호 협력적일 때 영유아에게도 긍정적인 영향을 준다고 하였다.

영유아는 자기를 표현하고 자조하는 능력이 발달하는 과정에 있으므로, 보육교사는 영유아의 상태에 민감하게 반응하여 영유아를 만족시키고 자신의 능력 흥미, 성격 등을 파악하여 향상시키려고 노력하는 특성과 더불어 자기 성장 능력과 같은 자기계발 요인이 필요하다(전재선, 2011; 최일선, 2009). 또한, 영유아와 함께 오랜 시간을 지내며 영유아의 발달을 촉진하는 놀이를 해야 하므로 보육교사는 영유아를 좋아하고 영유아과 함께하는 놀이를 즐기고, 위험을 쉽게 감지하거나 대처하지 못하는 영유아의 상황을 세심하게 관찰하고 판단하여 적절하게 통제함으로써 위험을 방지할 수 있어야 한다. 긍정적이며 안정된 정서상태와 일관성 있는 교사의 태도, 자신이 임하고 있는 직무 하나하나가 영유아의 현재와 미래에 얼마나 지대한 영향을 미칠지에 대한 소명감은 중요한 적성 요소이다.

보육교사의 적성요소에 관한 다양한 학자의 견해를 살펴보자. 시펠트(Seefeldt, 1980)는 유아에 대한 사랑과 애정, 감정이입, 수용 능력, 융통성, 편견 없는 공정성, 지적 호기심, 훌륭한 수업 운영, 부모에 대한 이해, 자신의 요구를 충족시킬 수 있는 능력과 흥미, 계속 성장할 수 있는 능력 등으로, 힐브랜드(Hildebrand, 1979)

는 아동 사랑, 자신감과 책임감, 직업의식, 아동 · 부모 · 동료교사와의 원만한 관계, 건전한 인생관, 풍부한 유머감각, 사람에 대한 신뢰, 아동 수준에 맞는 지도, 아동 발달이론에 정통하며 지도기술 향상을 위한 계속적인 노력 등으로, 이상금(1993)은 기본적으로 유아를 좋아하고 사랑하며 모성애를 가진 사람, 신체 · 정신적으로 건강하고 안정된 사람, 교직의식이 투철하고 사명감이 있는 사람, 유아의 발달과 심리를 잘 이해하고 전문적인 소양을 갖춘 사람, 문제의식을 가지고 계속 노력하는 사람, 유아교사의 자질을 갖춘 사람이라고 정의하였다.

이상의 내용에서 보육교사의 적성은 영유아의 발달 특성으로 인하여 다양하게 나타나며, 영유아를 좋아하고 사랑하며 신체적으로, 정신적으로 건강하고 안정되어 있고, 영유아 발달과 심리를 잘 이해하고 전문적인 소양을 갖출 것 등으로 정의하고 있음을 알 수 있다.

3) 보육교사의 적성에 영향을 미치는 요인

보육은 보육교사와 교사와 영유아의 인간적 상호작용이라는 수단을 통해 전달되는 것이기 때문에 보육교사의 적성에 영향을 미치는 요인은 영유아 보육서비스에 있어 매우 중요하다(김혜성, 2001). 예비교사가 앞으로 보육교사로서 성공적으로 직무수행을 하기 위해 직무만족도를 예측할 수 있는 유능감과 직업성격인 보육교사 적성요소에 대해 살펴보고자 한다. 고핀(Goffin, 1996)은 예비보육교사의 교육에 앞서 장차 효율적인 교사로서 기능하기 위해 필요한 기본적 요인에 대한 점검이 필요하다고 주장하였다. 장경미(2008)는 보육교사가 영유아, 부모, 보육시설 구성원들과 다양한 인간관계를 유지하기 위해서는 전문적 역할수행과 함께 친밀한 관계를 형성하는 것이 필요하다고 하였고, 최종욱(2010)은 원감 이상의 관리자가 신입교사의 조건 중 가장 우선시하는 것이 공동체 의식과 원만한 인간관계 등이라고 하였다.

어린이집의 원장, 동료교사, 부모와의 원만한 관계 형성과 협력 등의 대인관계 능력은 보육교사에게 중요한 요인으로 자신이 속한 직장의 대인관계를 협력적으로 유지하는 것은 스스로에게 뿐만 아니라 영유아 보육시설에 긍정적인 영향을 미칠 수 있다. 시펠트(1980)는 영유아와의 상호작용 혹은 관계에 있어서 영유아교사가 갖춰야 하는 요인으로 영유아의 현재 수준을 수용할 수 있는 능력, 교사의 열린 마음과 포용력, 융통성, 선입관을 갖지 않아야 하는 것 등을 들었다. 백승선(2010)은 스스로 인식하는 좋은 교사의 특성은 무엇인지에 대해 조사했는데, 영유아를 이해하고 허용하기, 열린 마음 갖기 등이 나타났다.

보육교사의 민감성이 중요한 요인임을 주장하는 연구로, 이기숙 외(2007)는 영유아는 비언어적 의사소통 방법으로 의사를 표현하는 경우가 많으므로 신호에 민감하게 관찰하고 반응할 필요가 있다고 하였다. 영유아는 자신에게 적절한 반응을 보여 주는 것을 통해 자신이 타인과 관계를 맺고 있는 것을 확인하게 되고 교사의 반응은 영유아의 발달에 영향을 주게 되므로, 보육교사가 영유아의 상태에 민감하게 반응하는 민감성이 필요하다.

이진선(2010)은 어린이집과 유치원 교사를 대상으로 교사의 창의성과 유아과학교육의 운영 현황에 대한 연구에서 교사의 창의성이 과학교육의 내용을 창의적 사고력 발달에 두는 데 긍정적인 영향을 미친다고 하였으며, 유치원교원 양성 임용제도 개선연구단(2010)도 유치원 교사의 핵심 역량 요소 중 하나로 창의성을 보고하였다. 이처럼 창의성은 보육교사에게 필요한 요인이 되고 있다.

최일선(2009)은 유아교사에게는 자신의 능력이나 흥미 등을 파악하여 계발하고자 하는 자기 성장 능력과 같은 자기계발 요인이 필요하다고 하였고, 전재선(2011)은 자신의 능력을 지속적으로 계발하고 향상시키기 위해 노력하는 특성을 유아교사의 인성 요인 중 하나로, 시펠트(1980)도 교사로서의 자기 성장 능력을 중요한 요인으로 제시하였다. 이처럼 보육교사는 자신의 강점을 알고 발전시키며 새로운 기술을 배우려고 노력하려는 자기계발 요인이 필요하다.

영유아교사가 갖추어야 할 요인으로 영유아에 대한 사랑을 제시하고 있는 연구가 많은데, 시펠트(1980)는 근본적으로 유아를 좋아하는 것이 영유아교사의 중요한 요인임을 주장하였고, 이기숙(2009)도 무엇보다 보육교사는 영유아에 대한 애정, 흥미와 영유아와 함께 있는 것을 좋아하는 특성이 필요하다고 하였다. 이처럼 영유아에 대한 사랑뿐만 아니라 그들과 함께하는 것을 잘할 수 있는 능력인 영유아에 대한 친화력이 필요하다고 하겠다.

안전관리 능력 역시 보육교사에게 필요한 요인으로 안전을 위협받는 상황에서는 영유아의 정상적인 성장과 발달을 보장할 수 없기 때문에 보육시설에 다니고 있는 영유아를 위해 보호와 안전을 제공하는 것은 보육교사의 교육 이전에 최초의 관심사라고 할 수 있다(Spodek, Saracho, & Davis, 1998). 어린이집이나 유치원 등에서 영유아 안전에 대한 일차적 책임은 교사에게 있으므로 교사는 영유아의 환경에 주의를 기울이고 위험한 상황을 민감하게 감지하여 통제하고 대처하기 위해 노력해야 한다.

진재선(2011)은 유아교사에게 자신의 직무에 대한 성실성, 책임감, 사명감 등이 필요하며, 맡은 바 직무를 수행하기 위해 필요한 직업윤리의식을 실천할 수 있는 요인이라고 하였다. 최종욱(2010)은 신입교사의 조건으로 우선순위에 있는 것 중의 하나가 책임감이라고 하였다. 허혜경과 박인숙(2010)도 보육교사에게 필요한 요인으로 성실, 열정적 태도임을 제시하고 있다.

마지막으로 영유아교사에게 긍정적 사고와 인성, 정서적 안정이 필요하다고 주장하는 연구들(백승선, 2010; 이경민 · 엄은나, 2005; 이병래 외, 2005; 이은화 외, 1995)이 있다. 이진화 외(2010)는 정서조절 능력이 높은 보육교사가 직무만족도가 높다고 하였다. 백승선(2010)은 좋은 교사의 특성으로 항상 즐거움과 행복감을 느끼기, 항상 잘 웃고 재미를 느끼기, 긍정적인 마음 갖기를 제시하며 긍정적인 인간관과 정서적 안정을 영유아교사가 갖추어야 할 요인으로 보았다. 이처럼 긍정적이고 안정된 정서는 보육교사에게 중요한 요인이라 하겠다.

4) 인 · 적성 검사의 실제

최근 영유아교사가 갖추어야 할 교직에 대한 인성과 적성의 중요성이 매우 강조되고 있는 시대적 흐름에 따라 교직전문 학위과정뿐만 아니라 영유아교사로 임명하기 위한 필수 요소로 교직 인성 · 적성검사가 요구되고 있다. 교사 양성과정에서 예비교사들은 교육자로서 바른 인성과 자질을 갖추고 교직전문성을 지닌 전인적 인격을 구비할 수 있도록 인성 · 적성에 대한 검사를 통해 교사로서의 자질과 품성을 평가받아야 한다(조주연 외, 2004).

한국보육진흥원 홈페이지(www.kcpi.or.kr 또는 www.mindup.kcpi.or.kr)에 접속하면 '보육교직원 인성교육 및 평가사업'을 통해 보육교직원 누구나 인성검사를 할 수 있는데, 온라인으로 보육교직원이 인성 자기진단 문항에 체크하여 진단을 하면 바로 자기진단 결과지를 받아볼 수 있으며, 자신이 어떤 영역이 미흡한지 살펴볼 수 있고 미흡한 부분을 보완할 수 있는 교육프로그램을 선택하여 교육을 받을 수도 있다.

인성 자기진단 문항은, 첫째, 자아존중감 영역으로 보육교직원으로서의 자기 존중이나 심리적인 건강, 자기 효능감, 둘째, 보육교직원으로서의 직업소명감 영역, 셋째, 정서 능력 영역, 넷째, 대인관계 영역으로 구성되어 있다.

다양한 보육교사 인성 · 적성검사 중에서 육아정책연구소에서 개발한 '영유아교사 인성평가도구'와 교육부에서 제시한 '교직인성검사', '영유아교사 인성평가도구' 등을 활용하여 예비보육교사들의 교직 인 · 적성을 점검할 수 있다.

학습실천과제

1 보육교사로서 역할을 수행하기 위해 직 · 간접적인 영향을 미치는 인성과 연결하여 자신만의 교사상을 정립하여 본다.

2 예비보육교사들을 위한 자아존중감, 직업소명, 정서 능력, 대인관계 증진 프로그램을 구체적으로 제안해 본다.

3 길고양이를 돌보던 여성이 벽돌에 맞아 사망한 이른바 '캣맘' 사건을 계기로 영유아 · 아동의 인성교육을 강화해야 한다는 목소리가 커지고 있다. 「인성교육진흥법」이 어떤 점에서 해결책이 될 수 있는지 생각해 본다.

제06장 보육교사의 윤리

1 윤리

『국어대사전』을 보면, "윤리란 사람이 지켜야 할 도리, 곧 실제의 도덕 규범이 되는 원리(이희승 편, 1994)"라고 기술되어 있는데, 윤리는 행위 혹은 행위과정, 그리고 그들의 의미와 관련되어 있고 규범을 지키기 위한 특정한 양식으로 이해할 수 있으며, 다른 사람과의 사회적 상호작용을 이행하거나 불이행할 경우 개인적으로 존중을 받거나 제재를 받는 과정을 거친다. 윤리라는 말과 거의 동일하게 사용하고 있는 도덕은 사회적 습관 또는 사회적 합의를 의미한다(심의보, 1995).

보육교사의 윤리의식은 영유아의 가치관 형성에 영향을 미치기 때문에 영유아가 올바른 가치관을 습득할 수 있는 대상인 보육교사들에게 매우 중요하다.

보육교사는 보육활동과 교사역할 수행과정에서 영유아의 존엄성과 개인차를 인정하고 영유아의 입장을 이해하며 신념과 규범을 통해 문제를 해결하는 자세를 가져야 한다. 이에 본 장에서는 보육교사의 직무윤리와 윤리강령에 대해 다루기로 한다.

1) 보육교사 직무윤리

보육교사의 직무윤리란 모든 직업인이 가져야 할 일반적 윤리와 보육교사라는 직무를 수행하는 데 요구되는 역할 관련 윤리로 구분된다. 보육교사 직무윤리는 보육교사가 교직생활에서 지켜야 하는 실천규범으로 보육교사의 직무는 가르침과 돌봄의 속성을 가지고 있고 옳고 그름의 인지적 요소와 배려의 정의적 요소와 관련이 있다. 또한, 올바르고 정당하며 공정한 가치에 대한 문제를 다루는 것으로 보기 때문에 보육교사에게 강조되어야 할 자질 중 하나이다. 보육교사에게 직무윤리는 자신의 삶을 결정할 힘이 없고 스스로 자신을 보호할 수 있는 기술이 부족한 영유아의 권리를 보호하고 영유아의 안정된 생활을 위해 다양한 상황을 해결할 수 있는 기준이 된다.

보육교사의 직무윤리는 사회에서 직업인에게 요구하는 직업적 양심이나 사회적 규범의 하나로 윤리적 이해와 관심을 직업생활이라는 특수한 상황에 적용한 것이라 볼 수 있다. 이처럼 직업과 관련한 인간의 사회적 역할 수행과정에서 지켜야 할 내적 · 외적 행위규범인 직무윤리는 직업과 직능에 따라 엄연히 특수성과 상이성이 존재한다. 더불어 직업인 각자가 가지고 있는 보편적 · 잠재적 직업의식이나 직업관이 다르므로 직무윤리에 대한 인식과 수용은 각각 차이가 있으며 획일화할 수 있는 것은 아니다(김병숙, 2007).

모든 전문직에는 직업의 윤리가 요구되며, 보육교사에게는 특별한 직무윤리가 요구된다. 보육교사직을 수행하는 과정에서 발생할 수 있는 여러 가지 상황을 잘 다룰 수 있도록 규준을 제공하는 윤리강령과 이를 준수하는 자세 등에 대해 알아본다. 윤리강령은 전문직업인이 업무를 실행하고 추진해 나감에 있어 자신과 사회에 대해 지켜야 할 내용을 자율적으로 규정하는 직무윤리의 기준이 되며 전문가의 업무수행에서 요구되는 윤리적 원칙으로 실천규범을 의미한다. 또한, 책임성과 고객, 사회, 동료들에 대한 행위의 일반적 원리를 규정한 것으로, 직업의 사회적 유용성과 공공성을 세우며, 도덕적 직업활동을 위한 기준을 제시하는 데 그 의미가 있다.

2) 보육교사 윤리강령

보육교사 윤리강령은 보육교사가 사회적으로 인정받는 전문직으로서 보육현장에서의 윤리적 원칙 실천과 직무수행 시 발생할 수 있는 다양한 갈등 상황을 해결하고 영유아의 존엄성을 존중하는 보육을 실천할 수 있도록 하는 기준이 된다. 보육교사 윤리강령 조항은 영유아 발달과 교육에 대한 지식, 영유아를 양육하는 가정, 동료, 지역사회, 공동체와의 관계에서 유발되는 직무에 대한 책임 등 보육교사가 전문가로서 기능할 수 있는 문항이 공통적으로 포함되어 있다.

우리나라에서는 한국보육시설연합회와 육아정책연구소가 공동으로 2010년에 보육교사와 보육시설장의 윤리강령을 제정하였는데 영유아에 대한 윤리, 가정에 대한 윤리, 동료에 대한 윤리, 사회에 대한 윤리와 선언문으로 구성되었다.

서문에는 보육인의 윤리선언으로 스스로 교사의 영향력을 인식하여 영유아를 존중할 것과 동반자적인 관계로 협력하고, 영유아의 권리와 복지활동에 앞장설 것을 다짐하는 내용으로 시작한다. 또한, 어린이집 원장 및 보육교사는 윤리강령의 실천을 통해 현장의 윤리적 갈등을 해결하고 영유아의 권리를 보장하는 것이 교직의 위상을 높이는 것이며 윤리강령을 직무수행의 규준으로 삼고 영유아, 가정, 동료, 사회의 복지 실현에 기여하는 전문인으로 성장해 나갈 것을 결의하고 있다.

보육교사의 윤리강령의 본문은 총 4개의 범주로 구성되어 있으며, 제1장은 영유아에 대한 윤리, 제2장은 가정에 대한 윤리, 제3장은 동료에 대한 윤리, 제4장은 사회에 대한 윤리로 구성되어 있다. 영유아에 대한 윤리 항목은 '유엔아동권리협약'에 의거한 영유아의 기본권인 생존권, 보호권, 발달권, 참여권으로 구분하여 구성하였으며, 가정에 대한 윤리는 각 가정의 양육가치와 의사를 존중할 것을 우선으로 제시하고, 가정에 대한 정보 제공과 참여 유도를 강조하고 있다. 동료에 대한 윤리는 어린이집 원장의 보육교사에 대한 윤리와 보육교사가 원장 및 동료교사에 대해 갖는 윤리적 측면을 제시하고 있다. 사회에 대한 윤리에서는 보육은 무엇보다도 질적으로 훌륭하고 좋은 서비스를 제공하는 것이 가장 중요한 책임임을 명시하고 있다(한국보육시설연합회 · 육아정책연구소, 2010).

대한민국 보육교직원 윤리강령은 다음과 같이 보육인 윤리선언으로 시작된다.

보육인 윤리선언

나는 영유아의 건강한 성장과 발달을 지원하는 보육교사(어린이집 원장)로서, 직무상의 윤리적 책임을 다하여 다음 사항들을 지킬 것을 다짐합니다.

- 나는 내가 영유아에게 지대한 영향을 미치는 존재임을 잊지 않으며, 항상 스스로의 말과 행동에 신중을 기한다.
- 나는 영유아의 인격과 권리를 존중하며, 어떠한 경우에도 영유아에게 해가 되는 일을 하지 않는다.
- 나는 영유아 가정의 다양성을 이해하고 존중하며, 상호 신뢰하는 동반자적 관계를 유지한다.
- 나는 동료를 존중하고 지지하며, 서로 협력하여 최상의 보육서비스를 제공하기 위해 노력한다.
- 나는 보육의 사회적 책임과 역할을 인식하고, 영유아의 권익과 복지를 위한 활동에 앞장선다.
- 나는 어린이집 '원장 · 교사 윤리강령'을 직무수행의 도덕적 규준으로 삼아 진심을 다하여 충실히 이행한다.

서문에서는 보육의 특성과 보육인의 직무 특성을 규정하고 영유아의 권리존중을 위한 내용이 명시되었다.

어린이집 원장 및 보육교사 윤리강령

보육은 영유아를 건강하게 양육하고, 안전하게 보호하며, 발달 특성에 적합한 교육을 제공하는 복지서비스이며, 보육인은 사랑과 존중과 전문지식을 바탕으로 영유아의 전인적 성장에 영향을 미치는 전문직업인이다. 그러므로 보육인은 윤리적 의식과 태도를 가지고 사회적 본분에 임해야 한다.

이에 어린이집 원장과 보육교사는 스스로 책무성을 발현하여 윤리강령을 제정함을 밝힌다. 본 강령을 직무수행의 규준으로 삼아, 보육현장에서 발생하는 윤리적 갈등을 해결하고, 생존권, 보호권, 발달권, 참여권 등 영유아의 권리를 보장함으로써, 직무상의 윤리적 책임을 다하여 전문직업인으로서의 위상을 공고히 하고자 한다.

더불어 영유아와 그 가정, 동료와 사회의 존엄성을 존중하는 보육의 실천으로 다각적인 신뢰를 구축하고, 영유아의 잠재력을 최대한 발휘시킴으로써 영유아가 긍정적인 자아 개념을 형성하고 유능한 사회인으로 성장할 수 있도록 도와, 궁극적으로는 영유아와 그 가정, 동료와 사회의 통합적 · 이상적 복지 실현에 기여하고자 한다.

제1장 영유아에 대한 윤리는 교사의 보육신념 및 교수행동이 영유아에게 미치는 영향력과 영유아의 다양성과 개인차를 존중하는 반편견, 다문화 교육, 영유아기의 독특성에 대한 이해와 존중, 영유아의 권리와 보호, 영유아에 대한 통합적 · 체계적인 평가에 관한 내용이다.

제1장 영유아에 대한 윤리

- 영유아에게 고른 영양과 충분한 휴식을 제공하여, 몸과 마음이 건강한 사람으로 자라도록 돕는다.
- 성별, 지역, 종교, 인종, 장애 등 어떤 이유에서도 영유아를 차별하지 않고, 공평한 기회를 제공한다.
- 영유아는 다치기 쉬운 존재임을 인식하여 항상 안전하게 보호한다.
- 영유아에 대한 정서적, 언어적, 신체적 학대를 행하지 않는다.
- 어린이집 내외에서의 영유아 학대나 방임을 민감하게 관찰하며, 필요한 경우 관련

기관(아동보호전문기관 등)에 보고하고 조치를 취한다.
- 영유아의 인격을 존중하고, 개인의 잠재력과 개성을 인정한다.
- 개별적 상호작용 속에서 영유아의 요구를 수용하기 위해 노력한다.
- 영유아의 사회 · 정서 · 인지 · 신체발달을 통합적으로 지원하는 보육프로그램을 실시한다.
- 특별한 도움을 필요로 하는 경우, 전문가와 협력하여 영유아의 입장에서 최선의 대안을 찾는다.
- 보육활동을 계획, 실행, 평가하는 모든 과정에 영유아의 흥미와 의사를 반영한다.
- 영유아의 개인적 기록과 정보에 대해 비밀을 보장한다.

제2장 가정에 대한 윤리는 가정의 다양한 특성 및 요구와 기관과 가정 간의 원활한 교류를 통한 연계 프로그램, 영유아의 가정에 대한 사적 정보 보호에 관한 내용이다.

제2장 가정에 대한 윤리

- 상호 신뢰를 바탕으로 영유아의 가정과 동반자적인 관계를 유지한다.
- 각 가정의 양육가치와 의사결정을 존중한다.
- 경제적 수준, 가족형태, 지역, 문화, 관습, 종교, 언어 등 어떤 것에 의해서도 영유아의 가정을 차별 대우하지 않는다.
- 보육활동 및 발달 상황에 관한 정보를 정확하게 제공하여 영유아에 대한 가정의 이해를 돕는다. 다문화, 심신장애 등으로 의사소통에 도움이 필요한 경우 문제를 해결할 최선의 방법을 도모한다.
- 어린이집 운영 전반에 관한 정보를 공개하여 영유아 가정의 알 권리에 응한다.
- 보육프로그램과 주요 의사결정에 영유아의 가정이 참여하도록 안내한다.
- 필요한 사회적 지원, 전문서비스 등 관련 정보를 제공하여 영유아 가정의 복리증진을 돕는다.
- 영유아 가정의 사생활을 보호하고 익명성을 보장한다.

제3장 동료에 대한 윤리는 영유아교사의 일반적 특성과 동료와 기관 간의 관계 기술, 교사의 전문성 향상을 위한 협력, 기관의 윤리적 조직문화 형성을 위한 내용이다.

제3장 동료에 대한 윤리

[어린이집 원장]

- 최상의 보육서비스 제공에 필요한 인적 · 물적 환경의 조성 및 유지를 위해 노력한다.
- 보육교사를 신뢰하고 존중하며 전문성과 자율성을 인정한다.
- 성별, 학연, 지연, 인종, 종교 등에 따라 보육교사를 차별하지 않는다.
- 업무 관련 의사결정이 필요한 경우, 보육교사의 의견 개진 기회를 보장한다.
- 보육교사에게 지속적 재교육 등 전문적 역량 제고의 기회를 부여한다.
- 보육교사에게 적정 수준의 보상(보험, 급여 등)을 안정적으로 제공하며, 복지 증진에 힘쓴다.
- 보육교사 개인의 기록과 정보에 대한 비밀을 보장한다.

[보육교사]

- 존중과 신뢰를 바탕으로 협력하며, 서로의 전문성과 자율성을 인정한다.
- 상호 간 역량 계발과 복지 증진에 부합하는 근무환경이 되도록 힘쓴다.
- 어린이집 원장 및 동료와 영유아 보육에 대한 신념을 공유한다.
- 보육교사로서의 전문성 향상을 위해 스스로 노력한다.
- 어린이집 내에서 영유아 및 보육교사의 인권과 복지를 위협하는 비윤리적 사태가 발생할 경우, 법률 규정이나 윤리기준('한국어린이집연합회 윤리강령위원회' 참조)에 따라 조치를 취한다.

제4장 사회에 대한 윤리는 영유아보육 관련 법과 행정조직, 지역사회 · 사회에 대한 관심 및 실천적 참여와 지역사회기관과의 연계 프로그램, 보육교사에 대한 사회적 인식 강화를 위한 내용이다.

제4장 사회에 대한 윤리

- 공보육에 대한 책임을 인식하고, 항상 질 좋은 보육서비스를 제공한다.
- 영유아의 안전을 위협하는 환경이나 정책이 발견될 시, 관계 기관과 협의하여 개선한다.
- 공적 책임이 있는 어린이집으로서 재정의 투명성을 유지하고, 부정한 방법으로 사적 이익을 취하지 않는다.
- 영유아의 권익보호를 위해 관련 정책 결정 및 법률 제정에 적극 참여하며, 사회적으로 이를 널리 알리는 데 앞장선다.
- 지역사회 실정에 맞는 어린이집의 책임과 역할을 인지하고, 실천하고자 노력한다.

3) 보육교사의 윤리적 딜레마

윤리란 일상생활에서 선, 악을 구별하는 문제 혹은 인간관계에 있어서 지켜야 할 도리 및 규범과 관련된 문제이며 딜레마는 만족스럽지 않은 양자 혹은 그 이상 가운데에서 한 가지를 선택해야 하는 상황으로, 윤리적 딜레마란 두 가지 이상의 선택해야 할 문제에 대해 모두를 선택할 수 없는 상황에서 하나를 선택해야 하지만, 최선의 방법이나 적절한 반응이 불확실한 상황이라고 할 수 있다(Sinnott-Armstrong, 1988).

가르치는 일(teaching)은 지적이고 윤리적인 일이다. 보육교사는 항상 어떤 것이 더 옳은 것인지를 숙고하며 자신의 교수행위가 어떤 가치를 포함하고 있는지, 자신이 가르치고 있는 대상에게 어떤 교육적 의미를 부여하고 있는지를 반성하는 것이 필요하다(조형숙, 2009). 보육교사는 영유아만이 아니라 영유아의 가정, 동료와 기관, 지역사회와의 관계 속에서 다양한 갈등을 경험하게 되고, 이러한 갈등은 보육교사가 선택해야 할 두 가지 문제에 대해 모두를 선택할 수 없는 딜레마 상황으로 윤리적(도덕적) 문제가 내포되어 있을 수 있다. 보육교사가 윤리적 딜레마 상황에서 뚜렷한 직업윤리를 가지고 있지 못하거나 바람직하게 해결하지 못할 경우 유아의 성장과 발달, 가족, 동료교사, 지역사회 등의 관계에 지대한 영향을 미칠 수 있으므로 자신의 교육신념과 가치에 의해 올바른 의사결정과 교수실천을 통해 올바른 교직윤리를 형성해 나가야 한다. 보육현장에서 윤리적 딜레마는 늘 존재한다. 교사가 직면한 상황에서 최상의 행동 방향을 찾지 못할 때, 또는 그 어느 것도 만족스러운 방법이 되지 못하고 윤리적 딜레마에 처할 때도 가장 윤리적인 행동방안을 강구해야 할 직업적 책임이 있다(이윤경 외, 2008). 보육교사는 윤리적 딜레마 상황을 접하게 될 때 본인이 지닌 가치와 덕목 등을 기준으로 의사결정을 내리고 행동함으로써 해결한다.

보육교사가 갈등 상황을 어떻게 해결하는지는 교사효능감에도 영향을 주며, 특히 갈등이 원만하게 해결되지 못할 때 이직률이나 스트레스가 높아지나(Rosenholtz & Simpson, 1990, 재인용), 긍정적으로 해결했을 때는 교사의 직무만족 및 조직의 효율성이 증진될 수 있다(이윤경, 1999, 재인용). 따라서 보육교사 윤리강령이 보육교사의 윤리적 딜레마를 해결하는 데 기준을 제시할 수 있으며, 교사의 윤리적 덕목을 기준으로 판단하여야 한다.

미국유아교육협회(NAEYC, 2005)는 보육현장에서 영유아교사에게 일어날 수 있는 윤리적 딜레마 사례와 대상과 관련하여 판단의 근거가 되는 윤리적 가치를 다음과 같이 제시하고 있다.

○ 영유아에 대한 윤리

영유아기는 인생에서 독특하고 가치 있는 시기이며 영유아교사의 주요한 책임은 영유아에게 안전하고, 건강하고, 영양적이고, 반응적인 환경에서 보호와 교육을 제공하는 것이다. 영유아의 발달과 학습을 지원하고, 개인차를 존중하며, 영유아가 함께 어울려 살고 놀이하고 수행하는 법을 배우도록 돕는 책임을 부여받았다. 또한, 영유아의 자아인식, 유능감, 자아존중감, 회복력, 신체적 안녕을 촉진할 책임이 있다.

○ 가정에 대한 윤리

가정은 영유아의 발달에 가장 중요한 요인이다. 가정과 보육교사들은 영유아의 복지에 공통적인 관심을 갖고 있기 때문에 영유아의 발달을 증진시키는 방식으로 가정과 보육프로그램 사이의 의사소통, 협조, 그리고 공동연구를 수행할 근본적 책임을 인지한다.

○ 동료에 대한 윤리

서로 돌보고 협조적인 직장에서 인간의 존엄성이 존중되고, 직업적인 만족이 촉진되며, 긍정적인 인간관계가 발전되고 유지된다. 동료에 대한 기본적인 책임은 생산적인 업무를 지원하고 전문적인 요구를 충족시키는 환경과 관계를 확립하고 유지하는 것이다. 영유아에게 적용되는 이상(ideal)이 보육현장에서 상호작용하는 성인에게도 똑같이 적용된다.

○ 사회에 대한 윤리

영유아 프로그램은 가정과 영유아의 보육과 복지를 위해 그들과 인접한 지역사회의 맥락에서 수행된다. 지역사회에 대한 교사의 책임은 다양한 요구를 충족시키는 프로그램을 제공하고, 영유아에 대해 책임을 공유하는 관계 기관과 전문가와 협력하며, 가정이 관계 기관 및 전문가와 접촉하도록 돕고 필요한 조직사회 프로그램을 발전시키는 것이다. 개인으로서 교사는 영유아의 보육과 교육에 가장 적합한 프로그램을 제공하고 정직하고 성실하게 행동해야 하는 책임을 인식해야 한다. 교사는 영유아 발달과 교육에서 교사의 특화된 전문적 지식 및 영유아의 복지와 보육에 대한 책임을 사회와 공유하고 있으므로 사회에서, 영유아 프로그램 안에서 영유아의 흥미를 대변하고 어디서든지 영유아를 위한 대변자로서 행동할 공동의 의무를 다해야 한다.

보육교사가 직면하는 윤리적 딜레마 상황에는 어떤 것이 있을까? 다음에 제시된 보육교사가 인식하는 보육기관에서의 딜레마 상황과 사례를 살펴보고, 이런 상황에서 어떤 판단을 내리고 행동할 것인지 생각해 보자.

보육교사가 인식하는 보육기관에서의 딜레마 상황

1. 가정과 어린이집에서 다르게 행동하고 다른 이야기를 하는 영유아, 거짓말로 보아야 하나, 거짓말로 보지 않아야 하나?
2. 아동 학대와 훈육의 기준, 교육적으로 우선해야 하나? 사회적 이슈에 우선해야 하나?
3. 영유아의 문제행동을 부모에게 매번 이야기해야 하나? 면담 시에 모아서 이야기해야 하나?
4. 어른들이 사용하는 속어로 말하는 영유아, 바로 교정해 줘야 하나, 무관심해야 하나?
5. 매사에 불평과 신경질적인 영유아, 강하게 지도해야 하나, 유연하게 지도해야 하나?
6. 부모님들의 신뢰가 깨진 보육현장에서 계속 교사를 해야 하나? 이직을 해야 하나?
7. 교사로서 행복을 느끼지 못할 때 계속해야 하나, 이직해야 하나?
8. 영유아들에게 엄한 교사와 친구 같은 교사, 누가 더 좋은 교사인가?
9. 친구들을 신체적으로 괴롭히는 영유아를 체벌해야 하나, 체벌하지 않아야 하나?
10. 편식하는 영유아에 대한 부모의 비교육적 요구를 수용해야 하나, 수용하지 않아야 하나?
11. 낮잠 자기를 원하지 않는 영유아를 재워야 하나, 재우지 말아야 하나?
12. 거짓말을 하는 영유아의 이야기를 들어 줘야 하나, 무시해야 하나?
13. 학부모가 CCTV를 보여 달라고 하면 언제나 보여 줘야 하나, 요구를 거절해야 하나?
14. 교사는 아픈 몸을 이끌고 출근을 해야 하나, 출근하지 말아야 하나?
15. 어린이집에만 가면 유아가 아프다고 하는 부모의 말을 인정해야 하나, 인정하지 않아야 하나?
16. 교사의 행동을 오해하고 사과를 강요하는 학부모에게 무조건 사과해야 하나,말아야 하나?
17. 가정에서 폭력을 당했다고 말하는 영유아, 부모님께 말해야 하나, 말하지 말아야 하나?
18. 교사의 사기가 저하됐을 때 스스로 해결해야 하나? 주변의 도움을 받아야 하나?
19. 어린이집 공문서 처리가 우선인가? 수업이 우선인가?
20. 수업이 우선인가? 수업활동 사진에 민감한 학부모를 위한 사진 찍기가 우선인가?
21. 시위현장 참여가 우선인가? 영유아 보육이 우선인가?
22. 퇴소도 안 하면서 매사 불만이 많은 학부모, 상담을 해야 하나, 그냥 둬야 하나?
23. 학부모가 자녀의 작은 상처에도 민감한데, 유아에게 신체활동을 시켜야 하나, 신체활동을 자제시켜야 하나?

24. 결혼은 보육교사에게 유리한가, 불리한가?
25. 전염성을 가지고 있는 맞벌이가정의 자녀를 원에서 보육해야 하나? 가정에서 격리해야 하나?
26. 어린이집 원장은 약자인가, 강자인가?
27. 어린이집에서 아침밥, 저녁밥을 먹여야 되나, 먹이지 않아도 되나?
28. 한부모가정이 있을 때 학부모 참여수업을 해야 하나, 하지 말아야 하나?
29. 특정 음식을 싫어하는 이유, 편식습관 때문일까? 조리방법 때문일까?
30. 학기 중 개인사정으로 인한 교사의 퇴직은 가능한가, 불가능한가?
31. 무상보육은 필요한가, 불필요한가?
32. 유·보 통합 필요한가, 불필요한가?
33. 안전사고에 민감한 부모의 영유아는 신체활동을 조정해야 하나? 똑같이 실시해야 하나?
34. 영유아의 일상을 매일 자세하게 알고자 하는 부모에게 매일 전화상담을 해야 하나, 하지 않아도 되나?
35. 어린이집에 가기 싫다고 하는 영유아를 보내라고 해야 하나, 보내지 말라고 해야 하나?
36. 영유아 훈육 시 CCTV 사각지대에서 훈육하는 것은 옳은가, 옳지 않은가?
37. 보육과정 중 어쩔 수 없는 교사의 교실이탈은 방임인가, 방임이 아닌가? (방임의 기준)
38. 원장의 개인적인 부탁을 들어 줘야 하나, 거절해야 하나?
39. 같은 공간에서 근무하는 교사와 마음이 맞지 않을 때 포기해야 하나, 설득해야 하나?
40. 교사의 정시퇴근을 권리로서 주장해야 하나, 참아야 하나?

출처: 이은영(2016).

딜레마 상황 사례

○ 사례1

시간이 지날수록 역량이 부족한 걸 느껴요. 만들기면 만들기, 그리기면 그리기, 수업 준비, 노래, 음악도 할 줄 알아야 하고, 가베, 몬테소리 등 각종 자격증도 있어야 하고, 학부모와 문제 있는 아이에 대해 상담하려면 상담지식도 있어야 하고, 해결되지 않는 문제를 가진 유아는 전문기관에 의뢰해 보라고 권유해야 하고, 늘 모든 행동에 모범을 보여야 하고 등등. 시간을 내서 배워 보고 싶긴 한데 뭘 배워야 할지 잘 모르겠고, 너무 힘들지 않을까 하는 생각에 마음을 먹기가 쉽지 않아요.

○ 사례2

기관 평가를 하느라 거의 매일 야근하고 주말에도 출근하고, 교사들은 평가 준비를 하느라 몸도 마음도 지칩니다. 평가 준비를 하느라 정작 아이들은 방치되는 것 같고, 가끔은 누구를 위한 평가인가 하는 생각이 듭니다. 서류나 눈에 보이는 것에 치중하는 평가를 안 할 수도 없고, 그냥 적응하자니 너무 불합리하다는 생각이 듭니다.

○ 사례3

저는 투 담임교사입니다. 저와 같이 일하고 있는 선생님은 업무를 나눌 때도 살짝살짝 빠지고, 아이들을 대하는 방법도 나와 많이 달라 충고해 주고 싶은데 용기가 안 나네요. 선생님이 무섭게 하니까 아이들이 말을 잘 듣고 교실 분위기가 좋기는 하잖아요. 아이들 입장에서 요구를 다 수용해 주고 아이들의 흥미를 존중해 주어야 하는데, 너무 엄격하게 하는 것 같아요. 그래도 그 선생님의 교육관을 인정해 주어야 하는 걸까요?

○ 사례4

영아반일 경우 간혹 친구를 물어 상처가 나는 경우 부모님이 교사가 뭘 하느라 그랬냐며 화를 내시는 경우가 있어요. 순식간에 일어나는 경우가 많아서 주의해서 본다고 그런 일이 생기지 않는 것도 아닌데…. 그렇다고 무는 아이를 격리해서 볼 수도 없고 어찌해야 할지 고민이에요.

○ 사례5

아이가 아픈데도 꼬박꼬박 등원시키는 거 정말 너무하는 것 같아요. 아프다며 약 먹여 달라고 하면서 원에 맡기는데 아이의 병이 더 심해질까 봐 걱정이고 다른 아이들에게 옮기지는 않을까 염려도 되고, 아픈 아이 때문에 제대로 활동도 못 하고…. 직장에 다니셔서 어쩔 수 없이 보내는 경우도 있어서 답답하기만 합니다.

2 외국의 보육교사 윤리강령

일본, 미국, 호주, 캐나다 등 다른 나라의 윤리강령의 공통점을 살펴보면 보육교사가 영유아 발달과 교육에 대한 지식을 갖추고, 영유아를 양육하는 가정, 동료, 지역사회 및 공동체와의 관계에서 유발되는 직무에 대해 책임을 다하면서 전문가로서의 노력과 성장을 지속할 것을 촉구하고 있다.

일본, 미국, 호주, 캐나다 윤리강령은 현장에 있는 보육교사를 대상으로 설문조사를 실시하여, 윤리강령을 이해하고 준수해야 하는 보육교사가 윤리강령의 조항에 대해 이해하고 동의할 수 있는 과정을 거쳤으며, 보육교사를 대상으로 윤리강령의 조항을 인지하게 하는 교육을 통해 실천할 수 있도록 하였고, 주기적으로 조항의 일부를 개정하여 보육환경의 시대적인 변화를 반영하였다.

1) 일본

일본의 보육교사 윤리강령은 영유아와의 관계, 부모 및 동료와의 관계뿐 아니라 지역사회와의 관계에서 보육교사가 지켜야 하는 윤리를 강조하고 있다(김은설·박수연, 2010). 영유아와의 관계는 영유아 최선의 이익 존중, 영유아의 발달 보장, 영유아·보호자의 욕구 수용이 있다. 영유아 개개인에 대한 최선의 이익을 가장 우선적으로 생각하고, 보육을 통해 영유아의 복지를 적극적으로 증진하기 위해 노력하며, 보호와 교육이 일체가 된 보육을 통해 영유아 개개인의 심신이 건강하고 안전하며 정서적으로도 안정된 생활을 할 수 있는 환경을 만들어 주고, 삶에 대한 기쁨과 힘을 키우도록 영유아의 건강한 성장을 지원하는 것이다. 또한, 보육과 자녀양육을 지원하는 활동을 통해 영유아의 욕구를 파악하여 입장을 수용하고, 자녀를 양육하고 있는 보호자의 욕구를 파악·수용하는 것도 중요한 보육교사의 역할로 생각하고 행동한다. 부모와의 관계는 영유아와 보호자의 현재 상황을 파악하고 보호자와 보다 좋은 협력관계를 구축하면서 자녀를 키우고 양육하는 것을 지원한다. 또한, 보육교사와 양육자의 협력은 보육을 통해 알게 된 개인의 정보나 비밀을 지키는 것을 포함한다.

동료와의 관계는 팀워크와 자기평가에 관한 것이다. 보육교사는 직장에서의 팀워크나 관련된 전문직과의 연계를 소중히 한다. 또한, 보육을 행함에 있어 언제나 영유아의 시점에서 자기평가에 최선을 다하며 보육의 질을 향상시키기 위해 노력해야 한다. 지역사회와의 관계는 지역의 영유아 양육지원이 있는데, 보육교사가 지역 주민이나 관계 기관과 함께 영유아 양육을 지원하고 그들과 네트워크를 형성하여 지역에서 영유아를 양육할 수 있는 환경을 조성하기 위해 노력하는 것이다. 이 외에도 전문직으로서의 책무가 있는데, 연수나 자기훈련을 통해 언제나 자신의 인성과 전문성 향상을 위해 노력하고 전문직으로서의 책무를 다하는 것을 말한다.

2) 미국

미국유아교육협회(NAEYC, 2005)는 윤리강령을 제정하여 합리적인 행동에 대한 지침을 제시하고, 영유아 보육과 교육에서 직면한 기본적인 윤리적 딜레마를 해결할 수 있는 보편적인 기준을 제시하고 있다. 이 윤리강령은 4개의 영역—영유아, 가정, 동료, 지역사회 및 사회—으로 나누어 기본적인 책임을 설명하고, 각 영역에서 모범적이고 전문적인 실천을 반영하는 이상 40항목과 요구되는 원칙 57항목을 제시하고 있다.

윤리강령 선서문

나는 영유아를 담당하는 교사로서, 나는 미국유아교육협회의 윤리강령에 반영되어 있는 대로 영유아들의 교육에 대한 가치를 향상시키는 데 전념하겠다.

내 능력을 최대한 발휘해서 나는,

- 유아교육 프로그램이 영유아 발달과 유아교육의 최신 이론에 기초하도록 한다.
- 유아를 양육하는 가정의 임무를 존중하고 지원한다.
- 유아를 교육하는 동료를 존중하고 그들이 미국유아교육협회의 윤리강령을 준수할 수 있도록 지원한다.
- 지역사회와 공동체 내에서 유아와 그들의 가족, 교사의 대변자로 역할을 다한다.
- 직업적 행동의 높은 기준을 유지한다.
- 가치, 의견, 편견이 전문적 판단에 얼마나 영향을 미칠 수 있는지 인식한다.
- 새로운 생각과 아이디어에 개방적인 자세를 취하고 다른 사람들의 주장에서도 배울 것은 기꺼이 배운다.
- 전문가로서 끊임없이 배우고, 성장하여 봉사한다.
- 미국유아교육협회의 윤리강령의 이상과 원칙을 존중한다.

○ 영유아에 대한 윤리의 내용

미국의 보육교사 윤리강령에서 보육교사가 영유아를 보호하고 권리를 존중하기 위해 지켜야 하는 이상과 원칙이 영유아에 대한 윤리의 주요 내용에 제시되고 있으며 영유아에게 해가 되지 않도록 하는 것이 기본 원칙이다. 영유아에 대한 윤리의 주요 내용은 다음과 같다.

영유아에 대한 윤리의 이상

[Ⅰ-1]

1. 유아들을 보호하고 교육하기 위한 기초 지식을 숙지하고 계속적인 교육과 현직 교육훈련을 통하여 시대 흐름에 뒤떨어지지 않기
2. 프로그램의 실천을 유아 발달 및 관련 분야의 최신 지식과 각 유아에 대한 구체적인 지식에 기초하기

3. 각 유아의 개성과 잠재력을 인식하고 존중하기
4. 유아들이 특별히 상처받기 쉽다는 것을 이해하기
5. 유아들의 사회적, 정서적, 인지적, 신체적 발달을 촉진하고 그들의 존엄성과 기여도를 존중하는 안전하고 건강한 환경을 창조, 유지하기
6. 각 유아가 각자의 이해관계에 일치하는 정도로까지 종합적인 유아기 프로그램에서 놀고 학습할 권리를 지원하기. 더욱 큰 집단 속에서 결함을 지닌 성인들의 경우와 같이 결함 있는 유아들은 만약 그들에게 결함이 없었다면 참여했을 환경과 똑같은 환경에서만이 이상적으로 지원받을 수 있음
7. 장애를 지닌 유아들이 적합하고 편리한 지원에 접근할 수 있도록 보장하고 모든 유아에게 가장 적합한 환경을 제공하는 데 필요한 재료들을 지원하기

영유아에 대한 윤리 원칙

[P-1]

1. 무엇보다도 우리는 유아들에게 상처를 주어서는 안 된다. 우리는 존중하기 힘들고, 열악하고, 위험하고, 착취적이고, 위협적이고, 정서적으로 해를 주고, 유아들에게 신체적으로 해로운 실제에 참여해서는 안 된다. 이 원칙은 이 윤리강령에 나오는 다른 모든 원칙보다 우선한다.
2. 우리는 인종, 민족, 종교, 성별, 출신국가, 언어, 능력, 부모의 지위, 행동, 신념 등에 기초하여 도움을 제공하기 않거나 특혜를 주거나 프로그램이나 활동에서 배제함으로써 유아들을 차별하는 실제에 참여해서는 안 된다(이 원칙은 특수한 유아 인구에게 도움을 제공하기 위하여 법적 정당성을 부여받은 프로그램들에게는 적용되지 않는다).
3. 우리는 관련 지식을 가진 모든 사람(직원과 부모를 포함)을 유아와 관련된 결정과정에 참여시켜야 한다.
4. 모든 유아를 위해서 우리는 교수전략, 학습환경, 커리큘럼 등에 있어서 적용 형태를 구체화하고, 가족과 상담하며, 그 프로그램을 통하여 유아의 잠재력을 극대화하기 위하여 적당한 전문가들로부터 조언을 구해야 한다.

5. 우리는 신체적, 성적, 언어적, 정서적 학대와 무시를 포함한 아동 학대의 증상들을 숙지하고 있어야 한다. 우리는 아동을 학대와 무시로부터 보호하는 주법(州法)과 지역사회의 절차(community procedures)를 알고 준수해야 한다.
6. 우리가 아동 학대와 무시라고 의심할 만한 정당한 근거를 확보했을 경우 우리는 그것을 적절한 지역사회 담당자에게 알리고 적절한 조치가 취해지는지 끝까지 확인해야 한다. 적절한 조치가 취해졌을 경우에는 부모 또는 보호자에게 책임 이전이 이루어졌음을 알려야 한다.
7. 다른 사람이 우리에게 어떤 유아가 학대당하거나 무시당하고 있다는 의혹을 알려줄 경우 우리는 그 사람이 유아를 보호하기 위하여 적절한 조치를 취하도록 도와주어야 한다.
8. 유아를 보호하는 담당기관이 학대당하거나 무시당하는 유아에게 적절한 보호조치를 제공하는 데 실패했을 경우 우리는 집단적인 윤리적 책임을 인정하고 이러한 지원을 향상시키려고 노력해야 한다.
9. 우리가 유아들의 건강 또는 안전을 위협하는 실제 또는 상황을 인식하게 되었으나 과거에 이러한 사실이 알려져 있지 않았을 경우 우리는 윤리적 책임을 가지고서 그러한 상황을 치유할 수 있고 유사한 위협으로부터 유아들을 보호할 수 있는 사람들에게 이 사실을 알려 주어야 한다.

○ 가족에 대한 윤리의 내용

가족 지원이 보육교사의 업무에 방해가 되거나 과중하게 하는 동시에 구체적이지 못할 경우 이를 해결하는 데 도움을 주는 가족과의 상호작용에 대한 원칙이 가족에 대한 윤리의 주요 내용에 제시되어 있다. 가족에 대한 윤리의 주요 내용은 다음과 같다.

가족에 대한 윤리의 이상

[Ⅰ-2]

1. 우리가 지원하는 가정과의 상호 신뢰 관계를 발전시켜 나가기
2. 유아를 양육하는 가정의 역할을 지원함으로써 그 힘과 능력을 인정하고 길러 주기

3. 각각의 가정의 존엄성과 그 문화, 언어, 관습, 신념 등을 존중하기
4. 가정이 갖는 유아 양육의 가치와 자신의 유아들에 대한 의사결정을 할 권리를 존중하기
5. 각 유아의 성장(progress)을 발달적인 시각의 체계 내에서 부모들에게 이해시키고 가정이 발달적으로 적합한 실제의 가치를 이해하고 인식하도록 도와주기
6. 가정의 구성원들이 유아들에 대한 이해를 높이도록 도와주고 부모로서 필요한 기술들을 길러 주기
7. 가정에 프로그램 직원, 다른 가정, 지역사회 자원(resources), 전문적인 지원기관과 교류할 기회를 제공함으로써 지원하기 위한 네트워크에 참여하기

가족에 대한 윤리 원칙

[P-2]

1. 우리는 가정의 구성원들이 그들의 유아가 속한 학급 또는 프로그램 환경을 살펴볼 권리를 거부하지 않아야 한다.
2. 우리는 가정에 프로그램의 사상, 정책, 그 담당자의 자격사항을 알려 주고 우리가 왜 현재와 같이 교육하고 있는지, 어떤 것이 유아에 대한 우리의 윤리적 책임과 조화되는 것인지 설명해 주어야 한다.
3. 우리는 가정에 적절한 시기를 알려 주고 그들을 정책결정에 참여시켜야 한다.
4. 우리는 가정을 그들의 자녀에게 영향을 주는 중대한 의사결정에 참여시켜야 한다.
5. 우리는 가정에 그들의 자녀에게 발생한 사건들과 감염의 결과를 초래할 수 있는 유행성 질병에 대한 노출과 같은 위험, 감정적 스트레스를 초래할 수 있는 사건들에 대해서 알려 주어야 한다.
6. 유아들에 대한 보육과 교육의 수준을 향상시키기 위해서 우리는 자격 있는 유아발달 연구자들과 협조해야 한다. 자녀들을 참여시키도록 제안받은 연구계획들에 대해서 해당 가정에 완벽하게 설명해야 하며, 불이익을 당함 없이 동의하거나 거절할 기회를 갖도록 한다. 우리는 어떤 방식으로든 유아들의 교육, 발달, 복지 등을 저해할 수 있는 연구에 참여하거나 이를 허용해서는 안 된다.

7. 우리는 가정의 착취를 지원하거나 일조해서는 안 된다. 우리는 가정과 우리의 관계를 개인적인 이익이나 사욕을 위해 이용해서는 안 되며 유아들과의 관계에서 우리의 효율성을 손상시킬 수 있는 가정구성원과의 관계를 형성해서는 안 된다.
8. 우리는 유아들에 관한 기록의 비밀 보호와 공개를 위해서 글로 된 정책을 개발해야 한다. 이러한 정책문서들은 모든 프로그램의 담당자와 가정에 유용하도록 만들어져야 한다. 가족들, 프로그램 담당자, 비밀유지 의무를 지닌 상담자 외의 사람들에게 유아들에 관한 기록의 공개는 가정의 동의가 있어야 한다(단, 학대나 무시의 경우에는 예외로 한다).
9. 우리는 비밀을 유지하고 가정의 사생활권을 존중해야 하므로 비밀정보의 공개나 가정생활에의 관여를 삼가야 한다. 그러나 유아의 복지가 위험에 직면했다고 믿을 만한 근거가 있는 경우에는 비밀정보를 유아의 이해관계에 관여할 수 있는 기관들이나 개인들과 공유하는 것이 허용된다.
10. 가족들이 불화상태에 있는 경우 우리는 공개적으로 직무를 수행해야 한다. 즉, 유아에 대한 우리의 관찰을 공유하고, 모든 관계 당사자로 하여금 정보를 얻은 상태에서 의사결정을 할 수 있도록 도와주어야 한다. 우리는 일방적으로 한편을 지지하는 것을 삼가야 한다.
11. 우리는 가정을 도와주는 지역사회기관들과 전문지원기관들에 대하여 숙지하고 이를 적절히 활용해야 한다. 책임 이전이 이루어진 후에도 우리는 도움이 적절하게 제공되었는지 끝까지 확인해야 한다.

○ 동료에 대한 윤리의 내용

미국의 보육교사 윤리강령에서 동료에 대한 윤리 부분이 다른 나라의 윤리강령과 비교하여 다른 점이 있다면, 동료와 피고용인 부분으로 나눈 것이다. 동료 간에 서로를 존중하고 배려하는 분위기를 통해 서로의 발전을 도모하고, 나아가 영유아에게 긍정적인 영향을 주도록 하고 있다. 다음은 동료에 대한 윤리의 주요 내용이다.

동료에 대한 윤리의 이상

■ 동료

[Ⅰ-3A]

1. 동료와 존경, 신뢰, 협동의 관계를 수립 · 유지하기
2. 동료와 자료와 정보를 공유하기
3. 동료들이 그들의 직업적 요구조건을 달성하고 직업적 발달을 이루도록 지원하기
4. 동료들의 직업적 성취도에 대해 정당하게 인정하기

■ 피고용인

[Ⅰ-3B]

1. 최고 수준의 서비스를 제공하는 과정에서 프로그램을 지원하기
2. 만약 그것이 유아들과 이 규칙의 조항들을 보호하도록 만들어진 법과 규정을 위반하는 것이 아니라면 우리가 운영하는 프로그램의 평판에 해를 끼치는 어떤 일도 하지 않기

동료에 대한 윤리 원칙

■ 동료

[P-3A]

1. 우리가 한 동료의 직업적 행동에 관하여 관심을 갖게 되었을 때, 먼저 그 사람에게 개인의 존엄성과 여러 교직원 중에서 발견되는 다양성을 존중함을 보이면서 자신의 관심을 알리고, 그후 협동적으로 그 문제를 해결하려고 시도해야 한다.
2. 우리는 동료들의 개인적 성향 또는 직업적 행동에 관하여 의견을 표현할 때 주의를 기울여야만 한다. 진술내용은 일차적으로 지식에 기초해서 유아와 프로그램의 이익에 관련 있는 것이어야 한다.

■ 피고용인

[P-3B]

1. 우리가 프로그램의 정책에 동의하지 못할 경우, 먼저 조직 내의 건설적인 행동을 통하여 변화를 주려고 시도해야 한다.

2. 우리는 오직 허가(위임)받은 경우에 한해서만 조직을 대표해서 말하거나 행동해야 한다. 우리는 조직을 위해 발언하는 경우와 개인적인 판단을 말하는 경우를 분명히 밝히는 데 주의를 기울여야 한다.
3. 우리는 유아들을 보호하기 위해 만들어진 법 또는 규정을 위반해서는 안 되며, 만일 그러한 위반을 인식했을 경우에는 이 윤리강령에 일치하는 적절한 조치를 취해야만 한다.

ㅇ 지역사회 및 공동체에 대한 윤리의 주요 내용

지역사회 및 공동체에 대한 윤리의 주요 내용을 살펴보면 보육교사가 보육현장에서 아동의 권리존중 및 복지를 위해 노력하는 일과 그것을 방해하는 사회구조적 요소를 변화시키고자 노력하여야 함을 요구하고 있음을 알 수 있다.

지역사회 및 공동체에 대한 윤리의 이상

[Ⅰ-4]

1. 지역에 높은 수준의 (연령과 개인에 따라 적절하고, 문화적·사회적으로 건전한) 교육·보육프로그램과 지원을 제공하기
2. 유아들, 그들의 가정, 그들의 교사 등의 복지를 담당하는 기관 간의 협조관계와 전문가 간의 학문 분야를 초월한 협조관계를 증진시키기
3. 교육, 연구, 지원을 통하여 모든 유아가 적절한 건강관리, 음식, 안식처 등을 얻고 양육되며, 폭력 없이 생활할 수 있는 환경적으로 안전한 세상을 만드는 방향으로 직무를 수행하기
4. 교육, 연구, 지원을 통하여 모든 유아가 높은 수준의 교육·보육프로그램에 접근할 수 있는 사회를 만드는 방향으로 직무를 수행하기
5. 유아들과 그들의 요구사항에 대한 지식과 이해를 증진시키기. 유아들의 권리를 대한 사회적 인식을 확대시키고 그들의 복지에 대한 책임을 사회적으로 수용하는 분위기를 확산시키는 방향으로 직무를 수행하기

6. 유아와 가정의 복지를 증진시키는 정책과 법을 지지하고, 그들의 복지에 해를 주는 것에 대해서는 반대하기. 필요한 정책과 법을 개발하는 데 참여하고 이러한 목적을 위해서는 다른 개인 또는 집단과 협조하기
7. 유아들에 대한 보육과 교육의 분야를 보다 전문적으로 발전시키고 이 윤리강령에 반영되어 있는 중심 가치에 대한 이해를 강화시키기

지역사회 및 공동체에 대한 윤리 원칙

[P-4]

1. 우리는 우리가 제공하는 서비스의 특성과 수준에 관하여 공개적으로 진실된 의견을 교환해야 한다.
2. 우리는 개인적으로 적합하지 않고 전문적인 자격에 넘치는 직위를 받아들이거나 계속 일해서는 안 된다. 우리는 우리가 제공하기에는 능력, 자격, 자료가 부족한 서비스를 제공해서는 안 된다.
3. 우리는 우리의 프로그램 실제에 기초가 되는 지식을 알림에 있어서 객관적이고 정확해야 한다.
4. 우리는 유아와 그 가정을 대상으로 일하는 다른 전문가들과 협동해야 한다.
5. 우리는 능력, 자격, 성격이 직위에 적합하지 않은 사람을 고용하거나 고용을 추천해서는 안 된다.
6. 우리는 비공식적인 해결책이 효과가 없을 경우 동료의 비윤리적 또는 능력 결함적 행동을 상급자에게 보고해야 한다.
7. 우리는 우리의 프로그램 내의 유아들을 보호하기 위한 법과 규정을 숙지하고 있어야 한다.
8. 우리는 우리의 프로그램 내의 유아들을 보호하기 위한 법과 규정에 위반되는 실제에 참여해서는 안 된다.
9. 우리는 유아들에 관한 프로그램이 유아들을 보호하는 법과 규정에 위배된다는 증거를 확보한 경우 그 프로그램의 책임자에게 그 사실을 알려 주어야 한다. 만약, (법과 규정에 대한) 준수가 적절한 시간 내에 이루어지지 않는다면 그 상황을 개선할 것으로 예상되는 적절한 관계 당국에 그 위반사실을 알려야 할 것이다.

10. 우리는 유아, 가정, 교사에 대한 지원을 담당한 기관 또는 전문가가 의무를 다하지 못하고 있다는 증거를 확보한 경우 그 문제를 적절한 관계 당국 또는 일반 대중에게 알려야 할 집단적인 윤리적 책임이 있음을 인식해야 한다.
11. 어떤 프로그램이 이 윤리강령을 위반하거나 그 피고용인들에게 위반할 것을 요구하는 경우에는 그 증거를 공정하게 조사하여 그 프로그램의 존재를 없애는 것도 가능할 것이다.

3) 호주

호주영유아교육협회의(AECA)의 보육교사 윤리강령은 영유아, 가족, 동료, 공동체 및 사회에 대한 윤리, 그리고 전문가로서의 윤리 총 다섯 가지 영역, 46항목으로 구성되어 있다.

○ 영유아에 대한 윤리

영유아에 대한 윤리는 영유아의 권리보호와 존중을 위한 14항목으로 구성되어 있고, 개별화와 다문화 교육에 대한 내용을 포함하고 있다.

- 개별 영유아의 독특성과 잠재성을 이해한다.
- 영유아기는 생애의 매우 고유하고 귀중한 단계라는 것을 이해하고, 고유의 권리가 있는 중요한 시기라는 점을 인식한다.
- 영유아는 놀이를 통해 발달해 간다는 점을 알고, 영유아의 놀 권리를 존중한다.
- 개별 아동의 장점, 역량, 자아존중감을 키워 준다.
- 영유아의 개별 관심과 요구를 이해하고, 이를 충족시켜 주기 위해 노력한다.
- 어린 영유아기는 취약한 시기임을 이해하고 영유아의 이익을 보호하기 위해 노력한다.

- 영유아의 자율성, 주도성, 자아존중감, 존엄성을 키워 주기 위해 안전하고 건강한 환경을 조성해 준다.
- 영유아가 자신의 권리, 요구, 감정을 타인과 적절하게 나눌 수 있도록 도와준다.
- 영유아기 발달과 교육에 대한 이론적 토대와 실무 능력을 키운다.
- 영유아와 가족의 특별한 관계를 존중하고, 영유아와 상호작용할 때 이를 존중한다.
- 영유아가 성, 연령, 인종, 종교, 언어, 능력, 문화에 의해 차별받지 않도록 해 준다.
- 문화적 · 언어적 다양성을 존중해 주고, 그 가치를 가르쳐 준다.
- 영유아가 신체적 · 심리적으로 위험에 처하거나, 위협을 당하거나, 무시당하지 않도록 해 준다.
- 영유아의 생각을 반영시켜 준다.

○ 가족에 대한 윤리

가족에 대한 윤리는 10항목으로 구성되어 있으며 영유아 양육에 동반자로서 가족과의 소통에 대한 중요성을 인식하고 의사존중을 통한 긍정적인 관계 형성 등의 내용이 포함되어 있다.

- 가족이 알고 있는 영유아에 대한 정보를 시설과 공유할 수 있도록 격려하고, 시설의 지식과 정보를 알려 주어 서로 이해함으로써 영유아에게 최선이 되도록 한다.
- 상호 신뢰와 개방된 태도를 가지고 가족과 의사소통함으로써 긍정적인 관계를 맺는다.
- 의사결정에 가족을 포함시킨다.
- 영유아를 양육하는 가족의 임무를 지원하기 위해 가족의 강점과 역량을 인식시킨다.
- 개별 가족의 고유성을 인정하고 가족의 문화, 관습, 언어, 종교 등을 존중한다.
- 가족의 정보를 함부로 누설하지 않는다.
- 가족의 사생활권을 보장한다.
- 서로 의사가 다르고, 갈등이 생길 때는 모든 개별 가족의 생각을 고려한다.

- 가족이 영유아가 다니는 시설에 소속감을 가질 수 있도록 도와준다.
- 개별 가족이 지역사회의 특성과 맥락에 의해 영향을 받고 있다는 점을 인식한다.

○ 동료에 대한 윤리

동료에 대한 윤리는 7항목으로 동료교사의 동반자적 성장을 도모하고 갈등을 해결하며 서로를 존중하도록 하는 의미의 내용이 담겨 있다.

- 동료가 전문가로서의 자질을 키워 나가는 것을 지지하고 돕는다.
- 보육시설의 표준을 유지하고 증진시켜 나갈 수 있도록 동료와 함께 노력한다.
- 비차별적이고 종사자의 역량, 복지감, 자아존중감을 촉진하는 근무환경이 되도록 노력한다.
- 동료의 개인적 자질과 전문가로서의 능력을 발휘할 수 있도록 격려한다.
- 타인의 차이를 존중하고, 갈등은 건설적인 방법으로 해결하며, 개방적인 태도와 너그러움을 갖춤으로써 서로 신뢰하고 존중하는 분위기가 되도록 노력한다.
- 서로 다른 언어적·문화적 차이를 가진 동료를 인정한다.
- 동료가 이 윤리강령을 존중하도록 격려한다.

○ 공동체 및 사회에 대한 윤리

공동체 및 사회에 대한 윤리는 영유아와 가족 및 공동체의 복지 등에 관한 법률에 대한 인식과 적극적인 태도를 촉구하는 내용이 담겨 있다.

- 지역공동체의 요구에 부응하는 프로그램을 제공한다.
- 영유아와 가족 및 지역공동체의 요구를 반영하는 정책과 법률이 개발될 수 있도록 지원한다.
- 보육업무와 관련된 정책과 법률에 대해 잘 숙지한다.

- 영유아의 복지를 위협하는 정책과 법률을 바꿀 수 있도록 노력한다.
- 영유아와 가족의 복지를 위해 일하는 다른 기관 및 전문가와 협력한다.
- 지역공동체의 교육방침이 영유아에게 최선의 것이 되도록 노력한다.

○ 전문가로서 나 자신에 대한 윤리

전문가로서 나 자신에 대한 윤리는 9항목으로 보육교사의 전문성 함양과 지속적인 자기계발을 위한 다양한 재교육을 강조하여 전문가로서 나 자신에 대한 윤리를 점검하도록 촉구하는 내용이 담겨 있다.

- 형식적 · 비형식적 교육기회를 통해 영유아기 발달과 보육에 관한 재교육을 지속적으로 한다.
- 영유아와 가족 및 지역공동체의 요구를 반영하는 정책과 법률이 개발될 수 있도록 지원한다.
- 동료 전문가 및 다른 전문가들과 영유아기 발달과 보육에 대한 정보를 교환한다.
- 영유아기에 관한 지식을 발전시킬 수 있는 연구를 지원하고, 가능하다면 이를 직접 계획하여 시행해 본다.
- 나의 전문적인 역할의 한계를 인식하고 나의 전문적 역량과 자질을 과대포장하지 않는다.
- 가족의 영유아 양육기능을 지원하고, 이를 보완해 주기 위해 노력한다.
- 영유아와 보육 영역의 선구자가 되도록 노력한다.
- 영유아기에 대한 공식적인 전문자격들이 중요하다는 것을 인식한다.
- 지역공동체와 사회에서 보육전문직의 위상을 높일 수 있도록 노력한다.

4) 캐나다

캐나다에서는 보육교사 윤리강령을 캐나다보육협회(CCCF)에서 2000년 개발하면서 보육교사가 윤리강령 조항에 대해 동의할 수 있도록 설문조사를 실시하였고 제정이 된 뒤에는 보육교사를 대상으로 윤리강령에 대해 교육하고 일부 조항을 사회와 시대의 변화에 따라 주기적으로 개정하였다. 캐나다보육협회의 보육교사 윤리강령에서는 보육교사가 윤리적 문제에 직면했을 때 의사결정에 도움이 되는 여덟 가지 원칙을 간략하게 제시하고 있으며, 보육교사는 영유아의 복지 증진과 최상의 환경을 제공하며 주변 인적 자원과의 연계에 힘쓸 것을 촉구하는 내용 등을 포함하고 있다.

- 보육교사는 모든 영유아의 건강과 안녕을 증진시켜야 한다.
- 보육교사는 영유아 개개인의 욕구를 충족시킬 수 있도록 완벽하게 계획된 환경 안에서 영유아의 잠재력이 발현될 수 있게 해야 하고, 영유아의 사회적, 정서적, 신체적, 인지적 발달을 증진시켜야 한다.
- 보육교사는 보육과정의 모든 측면에서 모든 영유아를 고려하고 있음을 증명해야 한다.
- 보육교사는 부모가 영유아 양육에 일차적인 책임이 있다는 점을 인정하고, 부모가 이러한 책임을 다하기 위해 노력하는 모든 행위를 지원하며 부모와 긴밀하게 협력해야 한다.
- 보육교사는 영유와 가족의 복지를 지원하기 위해 동료 보육교직원 및 지역사회 내 다른 복지전문가들과 긴밀하게 협력해야 한다.
- 보육교사는 서로 신뢰하고 보호하며 협력하는 관계를 수립하여 인권을 향상시키고, 각 인간의 개별성과 고유한 가치를 존중하는 방식으로 일해야 한다.
- 보육교사는 지속적으로 보육 관련 지식과 기술, 자의식을 쌓고 역량을 키워 나가야 한다.
- 보육교사는 다른 사람들과 전문적인 관계에서 신뢰할 수 있고 성실해야 한다.

이상에서 살펴본 우리나라와 여러 나라의 윤리강령의 공통점은 보육교사가 보육현장에서 유발되는 직무에 책임을 다하면서 보육전문가로서의 노력과 성장을 지속할 것을 다짐하고 있다는 것이다.

그러나 윤리강령이 아무리 훌륭하더라도 현장에서 활용되지 않는다면 윤리강령 제정의 목적은 상실될 것이다. 이완정(2005)은 호주의 경우 보육교사들이 윤리강령 대한 워크숍을 통해 윤리강령의 내용과 윤리적 문제들에 대해 정확하게 이해하고 습득함으로써 직무수행을 하는 데 더욱 높은 자신감을 나타내었다는 사실을 예로 들며, 윤리강령 제정뿐만 아니라 윤리강령의 활용과 실천을 위한 노력의 필요성도 주장하고 있다.

윤리강령이 교사의 행동기준이 되고 영유아의 인권존중과 더불어 교육현장에서 발생하는 갈등 상황을 해결하는 준거가 될 때 진정한 의미가 있다고 할 수 있으므로(김은설 · 박수연, 2010), 윤리적 상황을 읽어 내어 문제를 해결하며 대화하고 판단하는 능력 등을 가르치는 윤리교육을 통해 도덕적 판단 능력을 길러 보육교사의 윤리문제를 해결할 수 있어야 한다. 윤리강령이 실천으로 연결되기 위해서는 교사의 반성적 사고나 도덕적 판단력이 요구되며, 현실에서 발생할 수 있는 문제의 해결과정을 학습자 주도적이고 개방적인 방식으로 경험하도록 하는 접근방법이 필요할 것이다.

학습실천과제

1 보육교사의 일은 많은 사건이 동시다발적으로 일어나며 다양한 인간관계와 상황 속에서 크고 작은 딜레마 상황에 직면하게 된다. 보육교사의 판단 역량을 키우기 위한 방법을 모색하여 본다.

2 미국유아교육협회가 제시하는 보육교사 윤리강령과 대한민국 보육교직원의 윤리강령을 살펴보고, 예비보육교사로서 가져야 할 윤리의식을 정립하여 본다.

제4부

보육교사직 수행 및 역할

교사가 된다는 것의 올바른 의미는 학습자가 된다는 것이다. 나는 교사가 아니라 동료 학생일 뿐이다.

— 쇠렌 키르케고르(Søren Kierkegaard).

어떤 직업에 종사하여 일하게 되면, 실제로 겪는 업무와 막연히 그 직업에 대해 생각했던 것 사이에 차이가 있음을 경험하게 된다. 예비보육교사는 영유아들과 교실에서 수업하는 것만 생각하는 경향이 있지만, 실제 교사의 역할과 직무는 폭넓고 다양하다. 그러므로 예비보육교사는 교육현장에서의 교사역할과 직무에 대해 정확하게 인식하고 학습해야 한다. 이 부에서는 교사역할과 직무에 대한 이해를 높이고자 보육교사의 자격기준 및 처우와 관련된 내용과 교사가 맡은 학급에 따라 수행하여야 하는 역할과 직무를 살펴보고자 한다.

CONTENTS

제07장 보육교사의 자격기준과 임면

1. 보육교사의 자격 요건
2. 보육교직원 채용 및 임면

1 보육교사 자격 요건

보육교사는 자격기준(영유아보육법 시행령 제21조 [별표1])에 해당하는 자로서 보건복지부 장관이 검정·수여하는 국가자격증을 받은 자이어야 한다(영유아보육법 제21조).

1) 보육교사 자격기준(2014. 3. 1. 시행)

등급	자격기준
보육교사 1급	1. 보육교사 2급 자격을 취득한 후 3년 이상의 보육업무 경력이 있는 사람으로서 보건복지부장관이 정하는 승급교육을 받은 사람 2. 보육교사 2급 자격을 취득한 후 보육 관련 대학원(주)에서 석사학위 이상을 취득하고 1년 이상의 보육업무 경력이 있는 사람으로서 보건복지부장관이 정하는 승급교육을 받은 사람
보육교사 2급	1. 전문대학 또는 이와 같은 수준 이상의 학교에서 보건복지부령으로 정하는 보육 관련 교과목 및 학점을 이수하고 졸업한 사람 2. 보육교사 3급 자격을 취득한 후 2년 이상의 보육업무 경력이 있는 사람으로서 보건복지부장관이 정하는 승급교육을 받은 사람

등급	자격기준
보육교사 3급	고등학교 또는 이와 같은 수준 이상의 학교를 졸업한 사람으로서 보건복지부령으로 정하는 교육훈련시설에서 정해진 교육과정을 수료한 사람

(주) 보육 관련 대학원
① 학과(전공) 및 학위명에 '보육, (영)유아, 아동'의 단어가 포함된 대학원
② ①의 경우가 해당되지 않을 경우 보육 관련 교과목 이수 기준으로 인정(보육 관련 교과목 최소 15학점 이상 이수 여부를 확인하여 인정)

2) 보육교사 2급 자격취득을 위한 보육 관련 교과목 및 학점 기준

(1) 적용 대상

- 「고등교육법」에 의한 전문대학, 대학 등에서 보육 관련 교과목 및 학점을 이수하고 전문학사학위 이상을 취득한 사람.
- 「학점인정 등에 관한 법률」에 따라 학점은행제로 보육 관련 교과목 및 학점을 이수하고 전문학사학위 이상을 취득한 사람.
- 다른 법률에서 졸업 시 전문대학 이상의 학력이 인정되는 시설에서 보육 관련 교과목 및 학점을 이수하고 전문학사학위 이상을 취득한 사람.

※ 보육교사 3급 교육과정은 보육교사 교육훈련시설(보육교사 교육원) 부분 참조.

(2) 교과목 및 학점 기준(영유아보육법 시행규칙 제12조 제1항 [별표4], 2016. 8. 1. 시행)

- 「영유아보육법 시행규칙」 제12조 제1항 [별표4]의 규정에 의한 보육 관련 교과목 중 총 17과목 51학점 이상 이수하고 졸업하는 경우 보육교사 2급 자격증 취득 가능함.

※ 학위를 수여한 기관에서 인정한 교과목으로, 성적증명서에 기재된 교과목과 학점을 의미함.

① 교육영역별 교과목 및 학점

<table>
<tr><th colspan="2">구분</th><th>교과목</th><th>이수과목
(학점)</th></tr>
<tr><td>교사
인성 영역</td><td>필수
교과목</td><td>보육교사(인성)론, 아동권리와 복지</td><td>2과목
(6학점)</td></tr>
<tr><td rowspan="2">보육 지식과
기술 영역</td><td>필수
교과목</td><td>보육학개론, 보육과정, 영유아발달, 영유아교수방법론, 놀이지도, 언어지도, 아동음악(또는 아동동작, 아동미술), 아동수학지도(또는 아동과학지도), 아동안전관리(또는 아동생활지도)</td><td>9과목
(27학점)</td></tr>
<tr><td>선택
교과목</td><td>아동건강교육, 영유아 사회정서지도, 아동문학교육, 아동상담론, 장애아 지도, 특수아동 이해, 어린이집 운영관리, 영유아 보육프로그램 개발과 평가, 보육정책론, 정신건강론, 인간행동과 사회환경, 아동간호학, 아동영양학, 부모교육론, 가족복지론, 가족관계론, 지역사회복지론</td><td>4과목
(12학점)
이상</td></tr>
<tr><td>보육
실무 영역</td><td>필수
교과목</td><td>아동관찰 및 행동연구, 보육실습</td><td>2과목
(6학점)</td></tr>
<tr><td colspan="2">전체</td><td colspan="2">17과목 51학점 이상</td></tr>
</table>

(주1) 각 과목은 3학점을 기준으로 하며 최소 2학점 이상이어야 함.

(주2) 상기 교과목 이외에 교과목 명칭이 동일하지 아니하더라도 교과내용이 동일하다고 인정받고자 하는 경우, 동일 교과목 심의를 보육교직원 자격검정위원회로 요청하여 동일 과목으로 인정받아야 하며, 심의절차는 자격검정위원회 운영규정에 따름. 단, 심의결과는 당해 대학에만 인정되고, 타 대학은 미적용함(당해 사건에 개별적 효력만 인정).

② 대면교과목

○ 실시방법 – 과목당 8시간 이상 출석수업, 1회 이상 출석 시험 실시함.

구분	교과목
인성 영역	보육교사(인성)론, 아동권리와 복지
보육 지식과 기술 영역	놀이지도, 언어지도, 아동음악(또는 아동동작, 아동미술), 아동수학지도 (또는 아동과학지도), 아동안전관리(또는 아동생활지도)
보육 실무 영역	아동관찰 및 행동연구, 보육실습

③ 교육과정에 따른 적용례

○ 대학 등에 입학한 사람

- 2017. 1. 1. 이후에 입학하는 사람부터 적용함.
- 다만, 2017. 1. 1. 전에 대학 등에 입학하는 사람이라도 2017. 1. 1. 이후에 다음의 교과목에 대한 교육을 시작한 경우에는 대면교과목 및 보육실습 기준에 따라 이수가 필요함.

○ 대학 등을 졸업한 사람과 같은 수준의 학력이 있다고 인정된 사람(학점인정 등)

- 2018. 1. 1. 이후에 전문학사 학위 이상을 취득하는 사람부터 적용함.
- 다만, 이 경우에도 2017. 3. 1. 전에 다음의 교과목을 이수한 경우에는 대면교과목 및 보육실습 기준으로 이수한 것으로 봄.

> 보육교사론, 아동복지(론), 놀이지도, 언어지도, 아동음악, 아동동작, 아동미술, 아동수학지도, 아동과학지도, 아동안전관리, 아동생활지도, 아동관찰 및 행동연구, 보육실습

○ 다만, 「영유아보육법 시행규칙」 부칙 〈보건복지부령 제392호〉 제3조(보육 관련 교과목 및 학점에 관한 경과조치)에 따라 적용례에 해당하지 않는 사람이 이수해야 할 보육 관련 교과목 및 학점은 종전의 규정에 따름(보육인력국가자격증 홈페이지 참조, http://chrd.childcare.go.kr, ☎1661-5666).

3) 보육교사 자격 취득을 위한 보육실습 기준

(1) 보육실습 교과목 및 학점 기준

○ 보육실습은 '보육실습'이라는 교과목으로 이수하는 것이 원칙(보육실습은 현장실습과 이론수업으로 구성되어야 함). 따라서 성적증명서를 통하여 교과목 확인이 가능하여야 함.

○ 다만, 교과목 명칭이 다르더라도 다음의 유사교과목을 이수한 경우로 실습기관과 실습기간의 조건을 만족하는 경우 보육실습 교과목을 이수한 것으로 인정함.

※ 유사교과목 인정 범위 : 보육현장실습, 교육실습, 학교현장실습

- ㅇ 보육실습 교과목은 반드시 3학점 이상으로 이수하여야 하고, 평가점수가 80점 이상(B학점)인 경우에만 실습을 이수한 것으로 인정하므로, 80점(B학점) 이상의 성적을 취득하여야 함.

※ 「영유아보육법 시행규칙」 부칙(보건복지부령 제392호) 제3조(보육 관련 교과목 및 학점에 관한 경과조치)에 따른 종전 규정(12과목 35학점) 대상자의 경우 보육실습 교과목 2학점으로 이수 가능함.

(2) 보육실습 실시 기준

보육교사 자격증 취득을 위해서는 보육실습 교과목을 이수하고 어린이집, 「유아교육법」에 따른 교육과정과 방과후 과정을 운영하는 유치원에서 보육실습을 실시하여야 하며, 대면교과목 중 보육실습에 관한 기준은 다음을 따른다.

① 실습기관

- ㅇ 정원 15인 이상으로 평가인증을 유지하는 어린이집 또는 교육과정과 방과후 과정을 운영하는 유치원(교육청에 방과후 과정 운영 유치원으로 등록되어야 함)에서 실시 가능함.

※ 2017. 1. 1. 이후부터 어린이집에서 보육실습을 시작하는 경우 인가받은 정원 15명 이상으로 평가인증을 받은 어린이집에서 보육실습을 실시해야 함. 단, 2018. 1. 1. 이후 「학점인정 등에 관한 법률」에 따라 전문학사 이상을 취득하는 사람이 2017. 3. 1. 전 보육실습 교과목을 이수한 경우에는 종전기준 적용함.

② 실습기간

- ㅇ 6주, 240시간 이상을 원칙으로 하되, 2회에 나누어 실시할 수 있음.

※ 2017. 1. 1. 전에 대학 등에 입학한 사람이 보육실습을 2016. 12.부터 시작한 경우 4주 160시간 실시 가능함.

※ 학점인정 방식으로 2018. 1. 1. 이후 전문학사학위 이상을 취득하는 사람이 2017. 3. 1. 전에 보육실습 교과목을 이수한 경우 4주 160시간 실시 가능함.

○ 다만, 종전 기준에 따라 4주, 160시간을 실시하는 경우 야간대학, 한국방송통신대학, 원격대학에 한해 2회에 나누어 보육실습을 실시할 수 있음.

실습기간에 대한 해석

- 6주, 240시간 이상이란?
  - 연속하여(월 ~ 금요일) 6주, 240시간 이상 실습을 실시하여야 하고, 1일 실습시간은 8시간(오전 9시부터 오후 7시 사이)이 원칙임.
    따라서 주 1회 실습 또는 주말실습 등 특정 요일에만 보육실습을 실시한 경우, 그 시간이 240시간 이상이 되더라도 보육실습을 이수한 것으로 인정할 수 없음.
- 2회에 나누어 실시하는 방법
  - 하나의 보육실습 교과목을 개설한 경우: 학기 내에 2회로 나누어 실시함.
  - 학기를 달리하여 2개의 보육실습 교과목(Ⅰ · Ⅱ)을 개설한 경우: 각 학기에 1회씩 실시함.

예시

Q A대학에서 2학년 1학기에 보육실습Ⅰ, 2학년 2학기에 보육실습Ⅱ 교과목을 개설, 학점은 각각 2학점으로 하고, 학생들은 1학기와 2학기에 각각 3주 120시간(월 ~ 금요일, 오전 9시 ~ 오후 6시 실습)을 정원 15명 이상으로 평가인증을 유지하는 어린이집에서 보육교사 1급 자격증을 소지한 지도교사에게 보육실습을 받은 경우, 보육실습을 이수한 것으로 인정이 가능한가?

A 보육실습 이수 인정 가능
- 학점의 적절성: 보육실습Ⅰ · Ⅱ의 합이 총 3학점 이상인 경우, 보육실습을 이수한 것으로 인정함.
- 실습의 적절성: 실습은 교과목이 개설된 학기 중에 실시하여야 하므로, 보육실습Ⅰ · Ⅱ가 개설된 학기에 각 3주, 120시간씩 총 6주, 240시간 실시하였으므로 인정함.

③ 실습 인정시간

○ 보육실습의 1회는 연속하여 평일 오전 9시부터 오후 7시 사이에 한 경우에만 인정하며, 보육실습시간은 하루 8시간을 초과할 수 없음.

④ 실습시기

- 실습은 보육실습 교과목이 개설된 학기(직전 후 방학 포함)에 실시 가능함.

⑤ 실습 지도교사

- 실습 지도교사는 실습지도 이전에 보육교사 1급 또는 유치원 정교사 1급 자격증을 소지한 사람이어야 함.
- 실습 지도교사는 동일한 실습기간 내에 교사 1명당 보육실습생을 3명 이내로 지도하여야 함.

⑥ 보육실습확인서

- 보육교사자격증을 발급받고자 하는 사람은 보육교사자격증 발급 신청 시 보육실습 내용의 적절성을 증명하는 보육실습확인서를 제출하여야 함.

⑦ 실습관리 시스템을 통한 보육실습 관리

- 2013. 3. 1. 이후 어린이집에서 보육실습을 이수하는 경우, 어린이집 지원시스템에 보육실습 내용을 등록 · 제출하여야 함.

어린이집 지원시스템을 통한 보육실습 내용 등록 · 제출방법

① 보육실습 내용 등록방법
어린이집 지원시스템 → [교육 관리] → [보육실습생 관리] → [등록]에서 보육실습생 정보와 실습지도교사 정보를 입력 → [저장]하여 등록 완료

② 보육실습 내용 제출방법
어린이집 지원시스템 → [교육 관리] → [보육실습생 관리] → 대상자 조회 후 [선택] → [제출](메시지 창 확인) → [확인]하여 제출 완료

※ 주의 : 보육실습을 2회로 나누어서 실습한 경우에는 보육실습생 등록 및 제출을 각각 해야 함. 제출된 내용은 자격취득을 위한 정보로 전송되므로 제출 이후에는 수정 불가함.

2 보육교직원 채용 및 임면

1) 보육교직원 채용 및 임면보고 절차

보육교직원 채용 (원장, 보육교사, 특수교사, 조리원 등)	• 채용 주체 : 어린이집 설치자 • 채용 조건 : 자격기준을 갖춘 자 ※어린이집 원장 및 보육교사, 특수교사, 장애영유아를 위한 보육교사, 간호사, 영양사 등은 관련 자격증 소지자를 채용하여야 함.
⇩	
교직원 임면보고	• 임면보고 절차 : 어린이집 → 시 · 군 · 구청장(채용 후 14일 이내) • 임면보고 시 구비서류 – 인사기록카드, 채용신체검사서, 자격증 사본, 성범죄경력 조회 결과서, 아동학대 관련 범죄전력 조회 회신서 ※자격증 사본은 일정 자격이 필요한 자(간호사, 영양사 등)에 한하며, 원장 및 보육교사는 보육통합정보시스템으로 확인 가능한 경우 제외함. ※인사기록카드 서식의 전산화로 '임신육아종합포털(아이사랑)', '보육통합시스템'을 통해 임면보고 가능함(2015. 2. 2.부터 가능함). ※어린이집 및 시 · 군 · 구에서는 교직원 임면보고는 시스템을 통해 실시하고 적극 지도함.
⇩	
교직원 자격의 적격성 확인	• 확인 주체 : 시 · 군 · 구청장 • 확인 대상 : 어린이집 원장, 보육교사, 특수교사, 치료사, 영양사, 간호사 • 확인 방법 : 자격별 자격증명 서류 및 보육통합정보시스템
⇩	
교직원 결격사유 조회 및 범죄경력 조회	• 결격사유 조회 및 범죄경력 조회 주체 : 시 · 군 · 구청장 • 내용 : 교직원 결격사유(영유아보육법 제20조)
⇩	
경력관리시스템 입력 관리	• 교직원 임면 사항을 경력관리시스템에 입력 · 관리

2) 보육교직원 임면(채용 및 해임 등)

(1) 보육교직원 임면권자

① 어린이집 원장

- 국공립어린이집 : 시장 · 군수 또는 구청장이 임면함.
  - 법인, 단체 또는 개인에게 위탁 운영하는 경우로써 교직원 임면권을 수탁자에게 위임한 경우에는 수탁자가 임면함.

  ※ 단, 수탁기관이 변경되는 경우에도 기존 교직원의 고용승계 등 교직원의 신분보장이 되도록 노력하여야 함.

- 사회복지법인, 법인 · 단체 등, 직장, 가정, 민간어린이집 등 : 어린이집 설치자.
- 부모협동어린이집 : 조합을 결성하여 설치 · 운영하는 대표자.

② 보육교사 등 기타 직원

- 원장의 제청으로 법인 · 단체의 대표자 또는 어린이집 설치자(교직원 임면권을 위임받은 수탁자 포함)가 임면함.

(2) 보육교직원 채용

① 채용조건

(가) 어린이집 원장

- 「영유아보육법 시행령」 제21조 [별표 1]의 어린이집 원장 자격기준을 갖춘 자로서 어린이집 원장 국가자격증을 발급받은 자를 채용함. 다만, 자격증 발급을 신청하고 자격검정이 완료되어 자격증 발급이 예정된 자(자격번호가 부여된 자)는 자격증 발급 조건부로 채용 가능함.

  ※ 국가자격증 발급 여부는 보육통합정보시스템에 보육교직원 등록 시 조회 가능함.

- 어린이집 원장은 전임하여야 하므로 상근이 어려운 경우 채용대상에서 제외됨.

(나) 보육교사

ㅇ 「영유아보육법 시행령」 제21조 [별표 1]의 보육교사 자격기준에 해당하는 자로서 보육교사 국가자격증을 발급받은 자를 채용함. 다만, 자격증 발급을 신청하고 자격검정이 완료되어 자격증 발급이 예정된 자(자격번호가 부여된 자)는 자격증을 발급받은 것으로 봄.

※ 국가자격증 발급 여부는 보육통합정보시스템에 보육교직원 등록 시 조회 가능함.

ㅇ 보육교사의 출산휴가, 육아휴직, 장기 병가 등의 사유 발생 시 채용하는 대체교사(임시교사)도 보육교사 자격기준을 갖춘 자이어야 함.

※ 종전 전문대학 등의 졸업예정자에 대한 보육교사 채용 특례는 인정하지 않으므로 반드시 국가자격증 소지자만 채용 가능함.

(다) 장애영유아를 위한 보육교사, 특수교사, 치료사, 간호사, 영양사, 조리원

ㅇ 장애영유아를 위한 보육교사, 특수학교 교사, 치료사, 간호사(면허), 영양사 자격증 소지자를 채용해야 함.

ㅇ 상시 1회 50인 이상에게 식사를 제공하는 어린이집의 조리원 중 1인 이상은 조리사 자격을 갖추어야 함(식품위생법).

② 채용방법

ㅇ 국가 또는 지방자치단체로부터 보육교직원의 인건비를 보조받는 어린이집의 경우 보육교직원의 채용은 공개경쟁을 원칙으로 함.

- 국공립어린이집의 경우 국가 또는 지방자치단체의 장이 선발고사 등을 통하여 별도로 보육교사를 채용·배치할 수 있음.

ㅇ 교직원 채용 시 임금, 근로시간 및 그 밖의 근로조건 등을 명시한 근로계약을 체결하여야 하되, 이 경우 근로계약과 관련하여 부당한 내용(결혼, 출산, 육아휴직 등으로 인한 퇴직요구 등)이 포함되어서는 아니 되며, 관할행정 기관은 이를 적극 지도·감독하여야 함.

- 근로계약은 가능한 한 계약기간을 명시하지 않는 것을 체결 원칙으로 함.

③ 채용 시 구비서류

○ 임면권자가 보육교직원을 채용할 경우에는 반드시 다음 구비서류를 제출받아 자격의 적격 여부를 판단하고, 관련 서류를 보관함.

(가) 공통서류

○ 인사기록카드

○ 주민등록등본

○ 채용신체검사서(공무원 채용신체검사서 준용 가능함)

※ 채용기간이 1개월 미만인 대체교사(임시교사), 단기간 근로자는 보건소의 전염성 질환(폐결핵, 장티푸스, 전염성 피부질환 등)에 대한 건강진단결과서(구, 보건증)로 갈음할 수 있음.

※ 보육실습생, 특별활동 강사, 노인일자리 파견자도 보건소의 전염성 질환(폐결핵, 장티푸스, 전염성 피부질환 등)에 대한 건강진단결과서(구, 보건증) 제출함.

※ 채용신체검사서는 전염성 질환 및 정신질환 등에 대한 검사를 포함하고 있는 경우에는 명칭에 관계없이 채용신체검사서로 인정 가능함.

※ 「식품위생법」 제40조 제1항 및 동법 시행규칙 제49조에 의한 건강진단 대상자(영양사, 조리사, 조리원)는 전염성 질환(장티푸스, 폐결핵, 전염성 피부질환)에 대한 검사결과 포함하여 제출함.

(나) 원장 및 보육교사

○ 원장 및 보육교사 국가자격증 사본

- 국가자격증 발급 예정자는 자격증 취득 후 자격증 사본 구비함.

(다) 장애영유아를 위한 보육교사, 특수교사 및 치료사

○ 장애영유아를 위한 보육교사, 특수학교 교사 자격증, 치료사 자격을 증명하는 서류

(라) 간호사·영양사 등 자격을 요하는 교직원

○ 자격증(면허증) 사본

④ 교직원 결원 시 채용시기

○ 임면권자는 보육교직원 결원 시 1개월 이내에 신규 교직원을 채용해야 함.

(가) 성범죄 경력 조회 및 관리

○ 임면권자는 「아동청소년의 성보호에 관한 법률」 제56조에 따라 교직원으로 채용하기(사실상 노무를 제공하려는 경우 포함) 전에, 또는 채용 중(사실상 노무를 제공하는 경우 포함)인 경우에 성범죄경력 조회를 경찰청 온라인시스템(명칭 : 범죄경력회보서 발급시스템, http://crims.police.go.kr)을 통하여 신청하고 확인함.

- 이용방법 : 공인인증서 로그인, 취업예정자의 동의를 얻어 시설(기관)장이 신청서 작성 및 회보서 확인[시설정보 사전 등록 → 취업예정자 등 동의 → 시설(기관)장 신청 · 발급]

※ 특별활동 강사, 노인일자리사업 파견 인력 등 어린이집에 사실상 노무를 제공하는 자, 보육실습생 및 누리과정 운영 도우미에 대해서도 필히 성범죄자 경력조회를 실시하여야 함.

※ 어린이집을 설치 · 운영하고자 하는 자(대표자)에 대해서도 지자체에서는 성범죄경력 조회를 실시하여야 하며 성범죄경력 조회결과 어린이집을 설치 · 운영을 할 수 없는 자에 대해서는 어린이집 인가를 승인하지 않도록 하며 설치 · 운영 중인 자에 대해서는 인가를 취소하여야 함.

※ 성범죄경력 조회 위반 시 「아동 · 청소년의 성보호에 관한 법률」 제67조에 따라 부과대상임.

○ 성범죄경력 조회결과 어린이집에 취업 또는 사실상 노무제공이 제한되는 자는 배제하여야 하고, 근무 중인 자에 대해서는 해임함.

○ 관할 시 · 군 · 구청장은 「아동청소년의 성보호에 관한 법률」 제57조에 따라 임면보고된 보육교직원에 대하여 '성범죄경력자의 취업 점검 · 확인(연간) 계획'을 수립하고 연 1회(상 · 하반기, 부분 또는 전수조사 가능) 이상 점검 · 확인을 실시하고 시 · 도에서 취합하여 보건복지부로 보고함.

(나) 아동학대 관련 범죄 전력 조회 및 관리

○ 임면권자는 「아동복지법」 제29조의4에 따라 교직원으로 채용하기(사실상 노무를 제공하려는 경우 포함) 전에, 또는 채용 중(사실상 노무를 제공하는 경우 포함)인 경우에 아동학대 관련 범죄경력 조회를 경찰청 온라인시스템(명칭 : 범죄경력회보서 발급시스템, http://crims.police.go.kr)을 통하여 신청하고 확인함.

※ 어린이집을 설치 · 운영하고자 하는 자(대표자) 및 원장의 경우에도 적용함.

※ 범죄전력 조회 요청 시 「영유아보육법」에 의한 어린이집임을 확인할 수 있는 어린이집인가증 사본(인가증이 없는 국공립어린이집은 고유번호증)과 채용예정자의 동의서를 첨부함.

※ 조회대상자는 '성범죄경력 조회' 대상자와 동일함(취업 또는 사실상 노무를 제공하는 자).

○ 아동학대 관련 범죄전력 조회결과 어린이집에 취업 또는 사실상 노무 제공이 제한되는 자는 배제하여야 하고, 근무 중인 자에 대해서는 해임하여야 함.

(3) 보육교직원 퇴직 등

○ 임면권자는 보육교직원이 퇴직할 경우에는 사직서를 제출받아 퇴직처리하고 퇴직 사실을 관할 시 · 군 · 구청에 보고함.

○ 퇴직에 대하여 임면권자와 상호 합의가 되었음에도 불구하고 퇴직처리하지 않아 본인의 의사와 무관하게 어린이집 원장 또는 보육교사 자격증을 대여한 경우가 발생하지 않도록 함.

(4) 보육교직원 임면 관련 자료 관리

○ '보육교직원 임면보고 필수서류 제출 및 보육교직원 관리대장 등' 서식 전산화 추진함.

- 보육교직원 임면보고는 시스템으로 하는 것이 원칙이므로 어린이집에서

는 시스템을 통해 임면보고 실시 및 보관함. 다만, 불가피할 시 서류로 직접 제출하되 관련 서류를 보관 · 비치함.

- 2015. 2. 2.부터 보육교직원 임면보고서류 직접 제출 및 기존 관리대장 비치방법을 병행함(어린이집에서 기존 방법과 시스템을 통한 제출방법 중 선택하여 제출 가능함).

○ 임면권자는 보육교직원의 임면사항과 관련된 다음의 서류를 비치하고 기록 · 관리함.

- 인사기록카드
- 보육교직원 관리대장
- 자격을 요하는 교직원 : 자격증 사본
- 기타 교직원 임면과 관련된 서류

보육실습생에 대한 지침 안내

- 보육실습생으로부터 어린이집에서는 다음의 자료를 수령하여 보관함.
  - 보건소의 전염성 질환(폐결핵, 장티푸스, 전염성 피부질환 등)에 대한 건강진단결과서 (구, 보건증)
  - 보육실습생 신상카드

3) 보육교직원 임면보고

(1) 일반원칙

○ 어린이집 원장은 보육교직원의 채용, 휴직, 출산휴가, 육아휴직, 1개월 이상의 장기 병가 · 연수 · 휴가, 퇴직 등의 임면사항을 보육통합정보시스템에 즉시 등록하고, 이를 14일 이내에 관할 시장 · 군수 · 구청장에게 보고함.

- 보육교직원이란 어린이집에서 영유아의 보육, 건강관리, 보호자와의 상담, 그 밖에 어린이집의 관리 · 운영 등의 업무를 담당하는 자로서 어린이집

원장 및 보육교사와 그 밖의 직원을 말함.

※ 어린이집에 근무하는 보육교직원은 직종, 근무기간 및 근무시간에 관계없이 보육통합정보시스템에 등록하고 시장·군수·구청장에게 임면보고를 하여야 함(대체교사, 보조교사, 누리과정 운영 도우미, 운전원, 단기간 근로자 등 모든 보육교직원에 대하여 임면보고함).

※ 어린이집 대표자가 실제로 해당 어린이집에서 보육교직원으로 근무하는 경우 반드시 보육통합정보시스템에 등록하고 시장·군수·구청장에게 임면보고를 하여야 함.

※ 「영유아보육법」 제44조 제3호의2에 따라 보육교직원의 임면에 관한 사항을 보고하지 아니하거나 거짓으로 보고한 경우 시정명령의 대상이 됨(2012. 2. 5. 시행).

(2) 임면보고 방법 및 첨부 서류

○ 보고방법: 보육교직원 임면보고 시 원칙적으로 보육통합시스템에 첨부 서류와 함께 등록함.

※ 시·군·구에 시스템을 통하지 않고 직접 등록하는 경우 보육교직원은 임면보고 서식에 따라 시·군·구청에 제출함.

○ 첨부 서류

- 인사기록카드 사본(시스템을 통하지 않고 시·군·구에 직접 임면보고하는 경우)
- 자격을 요하는 자의 경우: 자격증 사본(단, 원장 및 보육교사, 장애영유아를 위한 보육교사 등 보육통합정보시스템을 통한 자격조회가 가능한 경우에는 제출 제외함)
- 채용신체검사서 사본
- 성범죄경력 조회 결과서
- 아동학대 관련 범죄전력 조회 회신서

학습실천과제

1 자격취득을 위한 보육 관련 교과목 중 대면교과목이 있는 이유는 무엇인지 생각해 본다.

2 보육교사자격증이 나에게는 어떤 의미인지 생각해 본다(보육교사자격증 취득 후 나에게 하고 싶은 말은 무엇인지 생각해 본다).

제08장 보육교사의 처우, 복무관리 및 권리와 의무

1. 보육교사의 처우
2. 보육교사의 복무관리
3. 보육교사의 권리와 의무

1 보육교사의 처우

'처우(處遇)'는 조처하여 대우하는 것을 말하며 일반적인 의미에서 인건비를 의미한다. '인건비(人件費)'는 공공기관이나 단체에서 사람을 쓰는 데 드는 경비를 말한다(국립국어원 표준국어대사전).

매년 '보육사업지침'을 통하여 그 해의 보육교직원 인건비 지급기준이 발표되며, 이에 따라 보육교사의 급여가 지급된다. 주로 국공립, 사회복지법인, 영아전담, 장애아전문 어린이집 등 정부 인건비 지급 어린이집은 이에 준하고 직장어린이집도 지급기준 이상을 준수한다. 단, 민간어린이집 중 장애아통합어린이집, 시간연장교사 인건비, 대체교사 인건비 등을 지원받는 시설은 정부지원 어린이집이 아니므로 시·도의 보육시설연합회에서 정한 기준에 의해 인건비를 지급받는다. 보육교직원의 인건비는 '사회복지시설 관리안내'를 준용하여 어린이집 원장은 65세, 보육교직원은 60세까지 지원하고 지급연령을 초과하여 계속 근무할 경우에는 인건비 상한연령에 도달한 해에 인건비 지원을 중단하고 시설에서 자체적으로 지급한다. 2018년 보육교직원의 인건비 지급기준은 〈표 8-1〉과 같다.

〈표 8-1〉 2018년도 보육교직원 인건비 지급기준 (단위: 원)

호봉	원장		보육교사		조리원	
	보수총액	월지급액	보수총액	월지급액	보수총액	월지급액
1	24,013,200	2,001,100	20,433,600	1,702,800	18,985,200	1,582,100
2	24,652,800	2,054,400	20,826,000	1,735,500	19,195,200	1,599,600
3	25,447,200	2,120,600	21,262,800	1,771,900	19,406,400	1,617,200
4	26,198,400	2,183,200	21,716,400	1,809,700	19,620,000	1,635,000
5	26,956,800	2,246,400	22,383,600	1,865,300	19,836,000	1,653,000
6	28,636,800	2,386,400	23,922,000	1,993,500	20,054,400	1,671,200
7	29,637,600	2,469,800	24,924,000	2,077,000	20,275,200	1,689,600
8	30,288,000	2,524,000	25,372,800	2,114,400	20,492,400	1,707,700
9	31,150,800	2,595,900	26,054,400	2,171,200	21,105,600	1,758,800
10	32,019,600	2,668,300	26,794,800	2,232,900	21,631,200	1,802,600
11	33,111,600	2,759,300	27,758,400	2,313,200	22,460,400	1,871,700
12	34,064,400	2,838,700	28,581,600	2,381,800	23,222,400	1,935,200
13	34,783,200	2,898,600	29,301,600	2,441,800	23,781,600	1,981,800
14	35,551,200	2,962,600	29,942,400	2,495,200	24,315,600	2,026,300
15	36,320,400	3,026,700	30,583,200	2,548,600	24,843,600	2,070,300
16	37,304,400	3,108,700	31,491,600	2,624,300	25,656,000	2,138,000
17	38,046,000	3,170,500	32,156,400	2,679,700	26,277,600	2,189,800
18	38,863,200	3,238,600	32,821,200	2,735,100	26,925,600	2,243,800
19	39,655,200	3,304,600	33,484,800	2,790,400	27,548,400	2,295,700
20	40,342,800	3,361,900	34,148,400	2,845,700	28,195,200	2,349,600
21	41,514,000	3,459,500	35,244,000	2,937,000	29,222,400	2,435,200
22	42,278,400	3,523,200	35,906,400	2,992,200	29,818,800	2,484,900
23	42,963,600	3,580,300	36,490,800	3,040,900	30,414,000	2,534,500
24	43,647,600	3,637,300	37,152,000	3,096,000	30,984,000	2,582,000
25	44,410,800	3,700,900	37,760,400	3,146,700	31,605,600	2,633,800
26	45,118,800	3,759,900	38,368,800	3,197,400	32,176,800	2,681,400
27	45,776,400	3,814,700	38,898,000	3,241,500	32,604,000	2,717,000
28	46,459,200	3,871,600	39,480,000	3,290,000	33,174,000	2,764,500
29	47,089,200	3,924,100	40,112,400	3,342,700	33,717,600	2,809,800
30	47,778,000	3,981,500	40,666,800	3,388,900	34,285,200	2,857,100

(주1) 보육교사 : 간호사, 영양사, 특수교사, 치료사 포함함.
(주2) 특수교사 수당 20만 원은 별도 지급함.

출처: 보건복지부(2018). 2018년 보육사업 안내.

〈표 8-1〉의 기준에 의거하여 전주시 국공립어린이집을 예로 들면, 2018년 유아반 교사 1호봉의 경우 1,702,800원에 누리반 담임수당(300,000원)+처우개선비(50,000원)+특별수당(전주시 30,000원)을 합하면 2,082,800원이며 영아반 교사 1호봉은 교사 1호봉(1,702,800원), 근무환경개선비(220,000원)+처우개선비(100,000원)+특별수당(전주시 30,000원)을 합하여 2,052,800원이다.

급여수령 시 4대 보험의 금액 차감이 이루어진다. 산재보험은 어린이집에서 전액 부담하므로 실제 교사의 급여에서는 국민연금, 의료보험, 고용보험료가 나가게 되며 기관에 따라 급식비 등이 제외될 수 있다.

1) 국민연금

국민연금은 「국민연금법」과 「근로기준법」에 의해 시행되며 2006년 1월부터 1명 이상의 근로자를 사용하는 사업장은 모두 국민연금 대상에 해당된다. 국민연금에 가입된 사업장의 18세 이상 60세 미만의 사용자 및 근로자는 사업장가입자가 되며, 이때 지역가입 자격이 상실된다.

연금보험료 = 가입자의 기준소득월액 × 연금보험료(9%)(주)

(주) 연금보험료(9%) = 근로자(4.5%) + 사용자(4.5%)

사업장의 사용자(원장)가 4.5%, 사용자 본인이 4.5%를 납입하게 된다. 예를 들어, 기준소득월액이 1,060,000원인 봉급자의 경우 매월 95,400원을 연금보험료로 납부해야 하는데, 그중 47,700원은 본인이, 47,700원은 사용자가 부담하게 된다. 1999년부터는 연금보험료로 납부된 퇴직전환금은 퇴직금을 지급한 것으로 간주하므로 가입자가 퇴직 시 전체 퇴직금 중에서 퇴직전환금에 해당하는 금액을 제외한 금액을 퇴직금으로 받게 된다. 퇴직전환금은 연금기금에 편입되어 연금지급준

비금으로 활용되므로 별도로 돌려받을 수 있는 것은 아니다. 국민연금 및 4대 보험금액의 확인은 국민연금보험공단 홈페이지를 통해 가능하다.

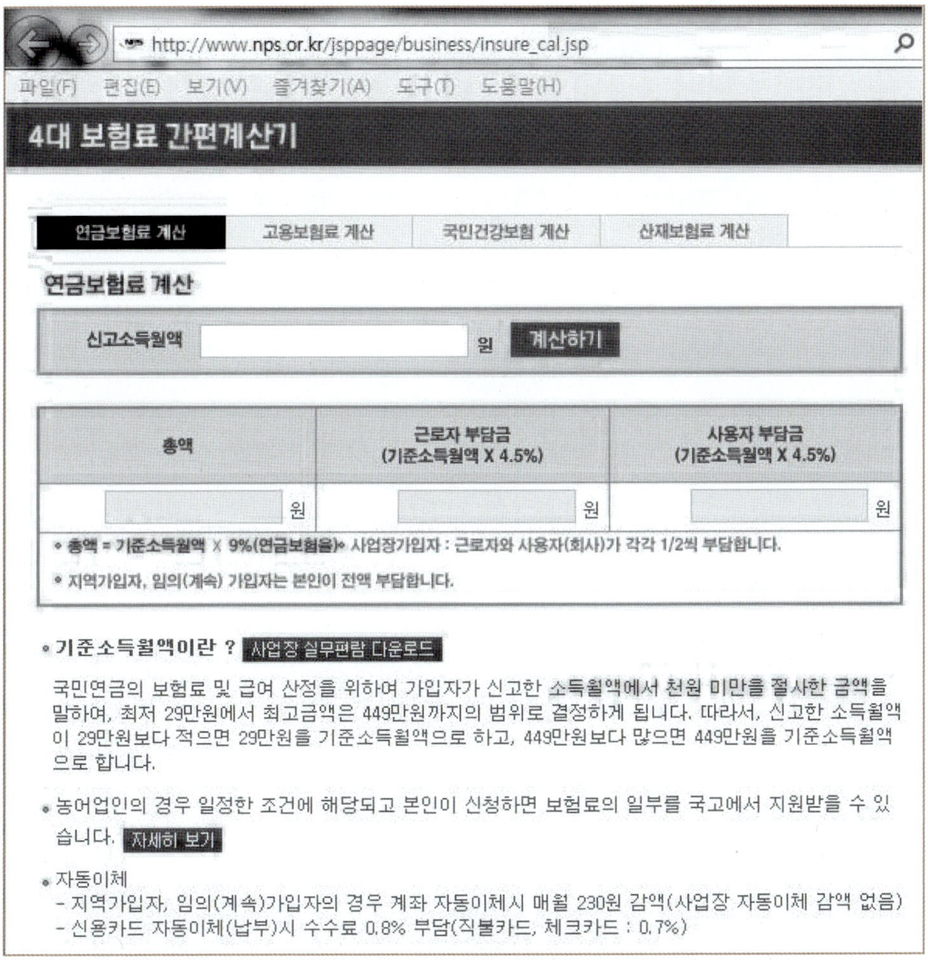

[그림 8-1] 4대 보험료 금액 계산기

출처: 국민연금보험공단 홈페이지.

2) 건강보험

직장가입자의 소득에 따라 보험료가 부과되는데, 전년도 신고한 보수월액(표준평균월액과 기말 정근수당 등 가산금의 연 지급액을 12개월로 평균한 금액)으로 보험료를 부과하게 되며 이에 따라 건강보험 혜택을 받을 수 있다. 직장가입자는 건강보험료와 장기요양보험료를 납입해야 한다.

건강보험료 = 보수월액 × 보험료율(6.24%)(주1)

(주1) 보험료율(6.24%) = 근로자(3.12%) + 사용자(3.12%)

장기요양보험료 = 건강보험료 × 장기요양보험료율(7.38%)(주2)

(주2) 장기요양보험료율 : 사용자, 근로자 모두 국민건강보험료에 포함되어 청구됨.

3) 고용보험

고용보험은 전통적 의미의 실업보험사업을 비롯하여 고용안정사업과 직업능력사업 등의 노동시장정책을 적극적으로 연계하여 통합적으로 실시하는 사회보장보험에 속한다. 추후 실업급여의 몫으로 적립되는 것이며 받게 되는 실업급여 액수는 본인이 적립한 금액과 다를 수 있다.

고용보험료 = 보수월액 × 보험료율(주3)

(주3) 보험료율 : 근로자 0.65%, 사용자 0.9%

4) 산재보험

산업재해보상보험에 가입한 사용자가 근로복지공단에 내는 일정한 돈으로 근로자의 재해에 따라 지급되는 비용을 말한다. 어린이집에서 전액 부담하므로 교사의 급여에서 제외되지 않는다.

산재보험료 = 월보수액 × 0.7%(사용자 부담)

5) 퇴직금

연소득의 1/12를 어린이집에서 적립하고 퇴직 시 받게 된다. 교사의 급여에서 제외되는 부분은 아니다.

2 보육교사의 복무관리

'복무'란 주어진 임무나 직무를 맡아 보는 것을 말한다(국립국어원 표준국어대사전). 어린이집 교직원은 전임으로 다른 어린이집의 업무를 겸임할 수 없고(겸직금지), 근무기강 확립을 위하여 기관마다 복무규정을 제시한다. 어린이집의 복지 및 복무규정은 기관마다 일부 차이가 있을 수 있지만 일반적으로 「근로기준법」에 의거하여 작성된다. 복무규정에는 근무시간, 출·퇴근, 당직, 특별근무, 외출, 교육, 연수, 출장, 휴일, 휴가, 병가, 공가, 경조사, 표창, 징계 등의 사항이 포함된다. 보육교사는 각 어린이집의 복무규정에 따라 성실하게 근무를 수행해야 한다.

〈표 8-2〉 전주시 국공립어린이집 복무규정의 예

제22조(겸직금지) 보육교직원은 전임(專任)이어야 하며, 다른 어린이집의 업무를 겸임할 수 없다.

제23조(근무기강확립) 보육교직원은 어린이집의 원장의 직무상의 명령에 복종하여야 하며 근무기강을 확립하고 질서를 존중하여야 한다.
① 항상 명랑하고 활달한 태도로써 직무를 수행하고 어린이집의 운영이념의 구현과 목적 달성 및 운영원칙 준수에 적극 협력하여야 한다.
② 맡은 바 직무를 능률적으로 성실하게 수행하고 단체생활에 필요한 질서와 규율을 엄수하여야 한다.
③ 자기 직무에 대하여 충분한 자각과 책임을 가지고 필요한 지식과 교양의 습득에 적극 노력하여야 한다.
④ 공사의 분별을 명확히 하고, 항상 상대방의 인격을 존중하고 예의와 우애를 지킨다.
⑤ 근무시간과 규율을 준수하며 직무는 신중하고 신속 정확히 처리하여야 한다.
⑥ 어린이집의 명예와 신용을 훼손하거나 오손(汚損)하는 언동을 하지 않아야 한다.

제24조(근로시간과 휴게시간)
① 1주간의 근로시간은 휴게시간(점심시간1시간)을 제하고 40시간을 초과할 수 없으며, 1일 근로시간은 휴게시간(점심시간1시간)을 제하고 8시간을 초과할 수 없다.
② 근로시간이 4시간인 경우에는 30분이상, 8시간인 경우에는 1시간 이상의 휴게시간을 근로시간 도중에 주어야 하며, 휴게시간은 자유로이 이용하되 보육교직원으로서의 품위를 손상시키는 행위를 하여서는 아니 된다.
③ 어린이집은 사회복지사업으로 근로시간 및 휴게시간의 특례가 부여됨으로 (근로기준법 제59조제4호, 근로기준법 시행령 제32조 참조) 1주간에 12시간을 초과하여 연장 근무하거나, 제2항의 휴게시간을

- 8 -

변경할 수 있다. 이 경우 1일 8시간을 초과하여 근무 시에는 근로기준법에 의한 시간외수당을 지급하여야 한다.

제25조(운영시간 및 근무시간) 이 어린이집의 운영시간 및 근무시간은 다음과 같다.
① 어린이집의 평일 운영시간은 07:30~19:30(시간연장~24:00)으로 하며, 토요일 운영시간은 07:30~15:30(시간연장~24:00)으로 한다. 상기 운영 시간은 어린이집의 형편에 따라 조정할 수 있다.
② 보육교직원의 근무시간은 휴게시간을 제외한 평일 8시간, 토요일 4시간이며, 개인별 출·퇴근시간은 어린이집의 원장이 보육교직원과 합의에 의해 정할 수 있다.
③ 당직자의 근무시간은 07:30~09:00, 18:00~19:30까지로 한다.

제26조(특별근무 명령)
① 어린이집의 원장은 특별한 경우 보육교직원과 합의된 근로시간 범위 내에서 연장근무, 야간근무(22:00~익일 06:00), 휴일근무를 명령 할 수 있다. 특별근무명령을 받은 보육교직원은 정당한 사유 없이 이를 거부하지 못한다.
② 휴일근무는 근무일수에 산입한다.

제27조(당직) 어린이집의 원장은 보육교직원에게 당직근무를 명할 수 있다.

제28조(출근) 보육교직원은 항상 근로시간 전에 출근하여 조회 행사 및 근무준비를 하여야 한다.

제29조(외출) 보육교직원은 근무시간 중 공무 또는 개인사정으로 외출을 하고자 할 경우에는 사전에 어린이집의 원장의 결재를 받아 한다.

제30조(출장 중 근로시간) 보육교직원이 출장 등 기타의 사유로 근로

- 9 -

시간의 전부 또는 일부를 어린이집 밖에서 근로하여 근로시간을 산정하기 어려울 때는 소정 근로시간을 근로한 것으로 본다. 단, 당해 업무를 수행하기 위하여 소정 근로시간을 초과하여 근로할 필요가 있는 경우에는 그 업무의 수행에 실제 소요된 시간을 근로한 것으로 본다.

제31조(교육 및 연수)
① 모든 보육교직원은 교육시 원장의 명에 의하여야 한다.
② 교육비는 예산의 범위 내에서 교육비의 50%~100%를 지급할 수 있다.
③ 공무로 인한 해외출장시에는 주무관청의 사전승인을 얻어야 한다.

제32조(여비·출장)
① 근무지내 출장의 경우 출장시간이 4시간 이상인 경우 20,000원을 지급하고 4시간 미만인 경우 10,000원을 지급한다.
② 제1항의 근무지 내 출장이란 같은 시·군·구 안에서 출장이나 여행거리가 12㎞미만인 출장을 말한다.(국가법령정보센터-공무원 여비규정 제3장제18조2항)
③ 관외출장여비는 예산의 범위 내에서 아래와 같이 실비를 지급 할 수 있다.

구 분	교통비	숙박비(1박당)	식비(1일당)	일비(1일당)
원장	실 비	실 비	25,000	20,000
원장외 보육교직원	실 비	실 비 (상한액 : 특별시 및 광역시 50,000원 , 그 밖의 지역은 40,000원)	20,000	20,000

④ 공무로 인한 해외출장 여비는 예산의 범위 내에서 공무원 여비규정에 준하여 지급 할 수 있다.
⑤ 어린이집 원장은 예산의 부족 또는 그 밖의 사유로 여비를 지급하지 아니할 충분한 이유가 있다고 인정될 때에는 지급하는 여비를 감액 하거나 여비의 전부 또는 일부를 지급하지 아니할 수 있다.

- 10 -

⑥ 2명 이상의 보육교직원이 같은 목적으로 동행하여 출장하는 경우 출장목적 수행 상 부득이하다고 인정될 때에는 숙박비 및 식비에 한정하여 상급자와의 동행에 필요한 여비를 지급할 수 있다.

제33조(결근) 보육교직원이 결근 하고자 할 때에는 어린이집의 원장의 결재를 받아야 하며, 정당한 사유 없이 2일을 초과하여 무단결근을 할 경우에는 1차 경고조치하고, 다시 2일을 초과 할 경우에는 중징계 또는 해고 할 수 있다.

제34조(휴일) 보육교직원의 휴일은 다음과 같다.
① **일요일**
② 근로자의 날은 보건복지부 지침을 준용하여 운영한다.
③ 위의 휴일을 유급으로 한다. (평일의 1.5배)

제35조(휴가의 종류) 이 보육교직원의 휴가는 다음과 같다.
① 연·월차휴가
② 병 가
③ 공 가
④ 경조휴가
⑤ 모성보호휴가

제36조(연차휴가) 근로기준법에 따른다.

제37조(월차) 1월간 만근 시 1일의 유급휴가를 줄 수 있다.

제38조(병가)
① 어린이집의 보육교직원이 업무상 질병 또는 부상 등으로 직무수행이 곤란한 경우에 는 연 90일의 범위 내에서 병가를 부여할 수 있으며, 그 기간 중에 휴일 등이 있는 경우에는 병가일수에 포함한다.
② 어린이집의 보육교직원이 업무 외 질병 또는 부상 등으로 직무수

- 11 -

행이 곤란한 경우에는 연 30일의 범위 내에서 병가를 부여할 수 있으며, 그 기간 중에 휴일 등이 있는 경우에는 병가일수에 포함한다.

③ 병가기간이 7일 이상인 경우에는 진단서를 첨부하여야 한다.

제39조(공가) 어린이집의 원장은 다음 각 항에 해당하는 경우에는 보육교직원의 신청에 의하여 필요하다고 인정되는 기간의 공가를 줄 수 있다.

① 업무와 관련되어 법원 등에 소환 될 때

② 병역법에 의한 징집 또는 소집되었을 경우 이에 응할 준비를 할 때 : 7일 이내

③ 천재지변, 화재, 수해, 교통차단등 기타 재해의 사유로 출근이 불가능 할 때

④ 기타 어린이집의 원장이 인정하는 경우

제40조(경조휴가) 어린이집의 보육교직원에게 다음과 같은 경조사가 발생할 경우 보육교직원의 신청에 의해 경조휴가를 줄 수 있다. 다만, 경조휴가는 경조 발생일을 기준으로 하며, 경조일이 휴일이면 휴일에 실시한 것으로 간주하고 평일로 대체 실시하는 것은 **불가하다.**

구 분		휴가일수	비 고
결 혼	본인 자녀	5일 1	
사 망	배우자, 본인 및 배우자의 부모 본인 및 배우자의 조부모, 외조부모 자녀 및 그 자녀의 배우자 본인 및 배우자의 형제자매와 그 형제자매의 배우자 본인 및 배우자의 부모의 형제자매와 그 형제자매의 배우자	5일 3일 5일 1일 1일	
탈 상	배우자, 본인 및 배우자의 부모	1일	
출 산	배우자	5일	

※ 비고 : 휴가를 실시함에 있어서 원격지일 경우에는 실제 필요한 왕복 소요일수를 가산할 수 있다. 입양은「입양촉진 및 절차에 관한 특례법」에 따른 입양에 한한다.

- 12 -

제41조(모성보호휴가)

① 어린이집의 원장은 임신 중인 여성에 대하여 산전·후를 통하여 90일의 모성보호휴가를 주어야 한다. 이 경우 휴가기간의 배치는 산후에 45일 이상이 되도록 한다.

② 어린이집은 우선 지원 대상기업에 해당되므로 산전·후 휴가급여(90일)는 고용보험에서 부담한다.

③ 어린이집의 원장은 임신 중인 여성이 임신 16주 이후 유산 또는 사산한 경우, 당해 종사자가 청구하는 때에는 모성보호휴가를 주어야 한다. 다만, 임신중절수술(모자보건법 제14조 제1항의 규정에 의한 경우는 제외한다)에 의한 유산의 경우는 그러하지 아니하다.

제42조(휴가의 사용) 어린이집의 보육교직원이 휴가를 사용하고자 할 경우에는 최소 3일전에 휴가원과 증빙자료를 첨부하여 어린이집 원장의 승인을 받아야 한다.

제43조(표창)

① 어린이집의 원장은 보육교직원 중 헌신적인 봉사와 타의 모범이 되는 자는 표창한다.

② 어린이집의 원장은 관계기관에 표창을 추천할 수 있다.

제44조(징계의 종류) 징계의 종류는 다음과 같다.

① 견책 : 과오나 비위 사실에 대한 본인의 각성을 촉구하고 시말서를 제출케 함

② 정직 : 중대 징계사유 발생 자에 대하여 3월 이내의 기간을 정하여 직무에 종사하지 못하게 하고 그 기간 동안 임금을 지급하지 아니한 것

③ 해고 : 중대 징계사유 발생자에 대하여 근로계약을 해지 하는 것

제45조(징계의 사유) 어린이집의 원장은 보육교직원이 다음 각 항의 1에 해당될 경우에는 징계할 수 있다.

- 13 -

① 형사소추의 원인이 되는 위법행위를 할 경우

② 어린이집의 제 규칙을 위반하거나 기타 업무상의 의무에 위배되는 언동을 함으로써 어린이집 내 실사를 문란케 하거나 명예를 훼손한 경우

③ 고의 또는 중대한 과실로 업무상의 장해 또는 분쟁을 야기 시키거나 어린이집에 중대한 손해를 초래케 한 경우

④ 부당히 그 지위를 이용하여 사리를 취하였을 경우

⑤ 정당한 이유 없이 상사의 직무상의 명령에 항거 또는 불복종한 경우

⑥ 근태가 불량한 경우(출근시간 엄수, 보육시간 내 개인 업무 금지, 업무분장 불이행 등)

⑦ 업무상의 직위를 이용하여 부당하게 자기 또는 타인의 이익을 도모한 자

⑧ 허위의 사실을 유포한 자

⑨ 대외적으로 보육시설의 명예를 실추시킨 자

⑩ 사생활이 극히 문란하거나 심한 주벽, 상습적인 도박, 폭행한 경우

⑪ 어린이집의 시설 또는 물품을 정당한 사유 없이 사용화하거나 사품을 제작한 경우

⑫ 고의로 어린이집의 게시물을 오손, 말소, 개변 또는 파기한 경우

⑬ 중대한 과실로 어린이집의 재산을 손실케 한 자

⑭ 어린이집 내에서 유언비어로 타교직원을 미혹케 하거나 피해를 끼친 경우

⑮ 안전 및 보건에 관한 규정, 규칙 또는 지시를 위반한 경우

⑯ 근태 사실을 위조하거나 방조한 경우

⑰ 대내외적으로 어린이집의 명예를 실추시킨 경우

⑱ 무단결근이 월 3일 이상 또는 연간 7일 이상인 자

⑲ 기타 징계의 필요성이 있다고 인정되는 경우

제46조(징계해고의 사유) 다음 각 항의 1에 해당할 경우 징계 해고 할 수 있다.

① 임용결격 사유에 해당하거나 성명, 연령, 학력, 경력 등 중요한 이력 사항을 허위 기재 또는 부정한 방법으로 임용된 자

- 14 -

② 어린이집 내 물품을 무단 방출한 자

③ 법에 의하여 유죄판결을 받은 자

④ 고의로 어린이집의 재산을 손실케 한 자

제47조(본인에게 준한 징계) 타 교직원의 징계 해당 행위에 대하여 공모, 교사 또는 방조한 자는 본인에 준하여 징계한다.

제48조 (민사상 및 형사상의 책임) 징계처분은 민사상 및 형사상의 책임에 영향을 주지 아니하며, 고의 또는 중대한 과실로 인하여 손해를 끼쳤을 경우에는 이를 배상하여야 한다.

제49조(예외) 다음 각 항의 1에 해당되는 경우에는 징계절차 없이 어린이집의 원장이 징계조치를 할 수 있다.

① 징계대상자가 형사사건으로 구속된 경우

② 징계대상자가 3일 이상 행방불명 된 경우

③ 기타 필요성이 인정 될 경우

제50조(징계의 감면) 위반 사실이 경미하거나 정상참작의 여지 및 뉘우치는 빛이 현저하다고 인정되는 경우 어린이집의 원장의 결정에 의해 징계를 감면할 수 있다.

제51조(징계절차) 징계절차의 세부사항은 어린이집의 원장이 별도로 정한다.

제52조(징계의 결정) 감급이상의 징계는 전 보육교직원의 의견을 수렴하여 어린이집의 원장이 결정한다.

제6장 승급 및 보수

제53조(호봉획정) 초임 호봉은 1호봉으로 하되 근무경력 인정은 보육교직원 근속경력에 따라 산정한 경력과 군복무 경력만을 인정한다.

- 15 -

3 보육교사의 권리와 의무

보육교사의 권리와 의무에 대해 보육교사가 어떻게 인식하고 있는가에 따라 현장에서의 실천도 달라진다고 한다. 본 절에서는 보육교사의 권리와 의무의 확립을 위해 권리와 의무의 개념을 전문성, 공공성, 근로성의 측면에서 살펴보고, 권리와 의무의 확립을 위한 보육교사의 인식 및 실천에 대해서 알아보고자 한다.

1) 보육교사의 권리와 의무의 개념

보육교사는 보육현장에서 영유아에 대한 일차적 책임과 의무를 가지며 영유아가 안전하고 쾌적한 환경에서 성장하는 데 가장 중요한 역할을 한다. 보육교사가 영유아에게 중요한 역할을 수행하기 위해서는 기초적으로 교사의 권리와 의무가 뒷받침되어야 한다.

'권리(right)'란 어떤 일을 행하거나 타인에 대하여 당연히 요구할 수 있는 힘이나 자격, 공권, 사권, 사회권(국립국어원 표준국어대사전)으로 교사가 직무를 수행하는 데 있어 전문직으로서 원만히 행하거나 요구할 수 있도록 법이 인정하는 힘을 말한다. 권리는 관점에 따라 다양하게 분류되고 있는데, 임승렬(2007)은 교육할 권리, 신분상 권리, 재산상 권리, 노동에 대한 권리로 나누어 분류하였다. 서정화(1995)는 적극적 권리에 자율성의 신장, 생활보장, 근무조건의 개선, 복지후생제도로 구체화하였고, 소극적 권리에 신분보장, 쟁송제기권, 불체포특권, 교직 단체 활동권을 들고 있다. 황보영란(2011)은 신분상 권리에 신분보장권, 교육권, 근로기본권, 정치적 기본권을 들고, 재산상 권리에 보수청구권, 연금청구권, 실비변상청구권으로 나누어 살펴보고 있다. 송영미(2016)는 유치원 교사와 보육교사를 교육과 보육활동에서 중요한 주체를 가진 교사로 보고 교직의 특성에 따른 전문성

(교육·보육상 권리), 공공성(신분상 권리와 재산상 권리), 근로성(근로상 권리)으로 살펴보고 있다.

'의무(duty)'란 사람으로서 마땅히 하여야 할 일, 즉 맡은 직분을 말하는 것(국립국어원 표준국어대사전)으로 교사로서 요구되는 당위나 규범뿐만 아니라 법적인 의무를 포괄하는 의미로 사용된다. 의무는 관점에 따라 다르게 분류되고 있는데, 서정화(1995)는 적극적 의무와 소극적 의무로 나누었고, 황보영란(2011)은 성실 의무, 직무상 의무, 신분상 의무로 세분하였다. 김명숙(1998)은 성실 의무, 직무상 의무, 신분상 의무, 연수 의무로 나누어 살펴보았다. 송영미(2016)는 유치원 교사와 보육교사를 교육과 보육활동에서 중요한 주체를 가진 교사로 보고 교직의 특성에 따른 전문성(교육·보육상 의무), 공공성(신분상의 의무), 근로성(근로상 의무)으로 살펴보고 있다.

보육교사의 전문성은 보육교사 자체의 능력 향상과 외적 조건 및 사회적 인정이 조화롭게 갖추어질 때 충분히 발휘될 수 있으며(권혁진, 1995), 교원 지위에 관한 권고(정태시, 1968)에서도 교사가 행하는 교육활동은 전문직으로서 학생에 대한 개인적, 집단적 책임을 동반하고, 교사라 불리는 이들의 지위 보장이 교육활동을 수행하는 데 있어 매우 중요하다고 피력하고 있다. 이는 보육교사는 전문직으로서 보육교사 지위가 교원의 권리와 의무라는 측면에서 보호되고 지켜져야 한다는 의미로 해석할 수 있다. 보육교사의 권리와 의무는 교육에 대한 교사의 기본적인 권리뿐만 아니라 교직에 종사하는 교사들이 그들의 책임과 의무를 수행함에 있어서 보장받는 신분과 생활안정, 사회환경 등 제반조건을 포함하며, 법률로 정한 교사 신분과 사회적 지위에 관한 교사 권리와 함께 직업인으로서의 권익을 포함한다(남정걸, 1998).

2) 보육교사의 권리와 의무

(1) 전문성 측면에서 보육교사의 권리와 의무

'전문성'이란 장기간의 전문교육을 받아 수준 높은 자격심사를 받은 것으로, 고도의 창의성을 발휘해야 한다(한은주, 1989). 영유아를 교육하는 것은 전문적인 지식과 기술을 필요로 한다(OECD, 2013/2012). 인간의 가치를 실현하고 사회 개혁과 발전을 위해 학습자의 능력과 소질을 최대한으로 계발하는 데 필요한 것으로 가르치는 것에 대한 권리와 의무 부분을 나타낸다(박은혜, 2009).

전문성에 대한 권리는 가르치는 데 있어 교사의 자율성 측면을 강조하고 있으며, 의무는 교사가 직무를 수행하는 데 있어 지켜야 할 직업윤리 또는 의무규정 등으로 되어 있다. 보육교사가 스스로를 전문직으로 인식하고 성장하기 위해서는 전문가적인 지식, 기술, 태도를 발달시키기 위한 실천적인 노력이 중요할 뿐만 아니라(이석순 · 박은미, 2014) 교육과정에 대한 교직원 훈련도 요구된다(OECD, 2012/2013). 전문성 발휘는 업무와 역할수행에 있어서 자율성에 기초하므로 책임이 요구되는데, 이에 대한 지속적인 노력이 뒤따라야 한다(심정선, 2012). 그리고 역할을 잘 수행하기 위해 갖추어야 할 개인적 자질과 교직에 대한 태도, 전문적 자질을 함양하기 위해 노력해야 한다(권은희 · 성영혜, 2012).

〈표 8-3〉 전문성 측면에서 보육교사의 권리와 의무

교육 · 보육상의 권리	교육 · 보육상의 의무
• 교육 · 보육과정의 편성 및 운영권 • 교재의 선택 · 결정권 • 교육 · 보육내용 및 방법 결정권 • 영유아 지도권 • 영유아 평가권	• 엄격한 표준유지의 의무 • 연수의 의무 • 윤리강령 제정과 자율적 규제의 의무

출처: 송영미(2016).

① 전문성 측면에서 보육교사의 권리

보육교사는 영유아의 전인적 발달에 결정적인 영향을 주는 존재이므로 전문성이 요구되며, 반성적, 비판적 앎의 과정을 통해 교사 스스로의 역량을 발전시키는 것이 필요하다(신은수 외, 2013). 교직의 특성 중 전문성 측면은 교육상의 권리로 교사의 자율성 보장을 말하는데, 보육과정 편성 및 운영권, 교재의 선택 · 결정권, 교육 · 보육내용 및 방법 결정권, 영유아 지도권, 영유아 평가권 등이 있다(김보영, 2011).

전문성 측면에서 자율성 보장이란 보육교사가 교육 · 연구 활동을 수행함에 있어 외부의 지시나 간섭 없이 스스로 결정하여 추진하면서 정책적 · 종교적으로 중립적인 위치에서 학문의 자율성을 보장받으면서 창의성을 인정받을 수 있는 권리를 말한다(위미숙, 2005). 교사의 자율성 보장권은 「대한민국 헌법」 제31조 제4항에 교육의 자주성 및 정치적 중립성 보장에 대한 원칙과 함께 명시되어 있다. 즉, 교원이 자주성과 전문성에 입각해서 교재를 선택하고, 교수내용과 방법을 결정할 권리를 의미한다(황보영란, 2011). 교육과정은 전문성 있는 교사들이 업무를 잘 수행하도록 지원하고, 교사와 부모 사이의 의사소통을 돕는다(OECD, 2012/2013). 교원의 지위에 관한 권고에서도 교원은 자격을 가지고 있으므로 학습지도 자료와 방법을 판단하는 데 있어 교육과정 테두리 안에서 교재의 선정과 개선, 교육방법의 적용 등에 중요한 역할을 해야 한다고 하였다.

보육교사는 유치원 교사에 비해 전문성에 대한 직접적인 법적 규정이 없어 취약한 법적 지위에 있다. 유치원 교사는 전문성 신장이나 교육 · 연구 활동을 방해받지 않으므로 전문성에 대한 보장은 보육교사에 비해 높다. 하지만 보육교사는 교육 및 연구 활동을 보호해 주는 법적인 시책이 마련되지 않고 있다. 즉, 폐쇄회로 텔레비전 설치에 따른 권리침해 및 사생활 침해 예방, 어린이집 안전공제사업 혜택, 사회복지공제회 회원, 보조교사 지원 권리 등에 대한 시책이 미비한 실정이다(김광병 · 김기화, 2015).

영유아 지도권은 보육교사의 자율적 판단에 따라 영유아를 생활지도할 권리를 말한다(황보영란, 2011). 평가권은 교육과 보육적 활동에 대한 교원 자신의 점검으로 교육목표에 영유아들의 도달 수준과 전개 상태를 객관적이고 중립적인 기준으로 관찰하는 것이다(김명숙, 1998). 교원의 지위에 관한 권고(ILO/UNESCO, 1966)에서도 교원은 영유아를 평가하는 데 유용하다고 생각되는 평가 기술을 자유롭게 이용할 수 있지만, 영유아에게 불공평한 결과를 미치지 않게 보장되어야 한다고 하였다.

② 전문성 측면에서 보육교사의 의무

전문성 측면에서 보육교사의 의무에는 교육·보육상 의무가 있는데, 여기에는 엄격한 표준유지의 의무, 연수의 의무, 윤리강령 제정과 자율적 규제의 의무가 있다. 교육·보육상 의무는 보육교사가 교육 및 연구 활동을 하는 데 있어 행해야 할 책임이다. 영유아를 교육·보육하는 전문가로서의 자질을 향상시키기 위한 연구 활동은 교사의 역할 중 가장 중요한 의무이다(위미숙, 2005). 연수의 의무는 보육교사의 경우 「영유아보육법」 제8조 제1항에 "보육교직원 연수 등의 업무를 위하여 보육개발원을 설치하거나 그 업무를 관련 연구기관에 위탁할 수 있다."라고 규정되어 있다. 동법 제23조의2에는 보육교사의 보수교육에 관해 규정되어 있다.

윤리강령 제정과 자율적 규제의 의무는 최근 보육교사의 책임과 전문성에 대한 논의가 활발해지면서 2010년 한국보육시설연합회에서 '보육시설장·교사 윤리강령'을 주관하여 발표하였다. 보육교사의 윤리에 대한 범주를 보면 영유아에 대한 윤리, 가정에 대한 윤리, 동료와의 윤리, 지역사회에 대한 윤리, 보육교사직의 윤리로 구성되어 있다(서영숙 외, 2013).

영유아교육에서 윤리강령이란 보육교사가 대인관계에서 지켜야 할 규범이나 원리, 규칙 등을 말한다. 또한, 교사의 양심, 사회 여건, 관습을 방법으로 영유아와 가족, 그리고 사회에 대하여 영유아교사의 책임을 뜻하는 것이다. 전문성과 근로성 등을 구체적으로 준수해야 할 실천적 행동강령으로서의 윤리강령의 특성이 포함되어 있다(박서영, 2014).

윤리강령은 보육교사가 직무를 수행하는 측면에서 윤리적 딜레마나 충돌되는 가치 사이에서 우선적으로 어떻게 판단해야 하는지 결정하는 데 중요한 지침의 역할을 한다(서영숙 외, 2013).

(2) 공공성 측면에서 보육교사의 권리와 의무

공공성이란 공공복리의 이념을 실현하기 위한 것으로 국민의 공익에 직접 책임져야 할 충성 의무를 가지면서 한 개인이 아닌 일반 사회구성원 전체의 공익을 추구하는 것으로, 국가가 국민에게 정신적이고 물질적인 삶을 보장하여 인간다운 생활을 영위하게 하는 것을 말한다(권건일 외, 2007).

근대사회 이전의 교육은 일반적으로 사교육이었다. 하지만 근대국가 성립 이후 시민의 균등한 이익을 보장하고 교육의 기회균등을 실천하기 위하여 국가가 공비로 학교를 설립·유지하고, 교원을 고용하는 등의 교육제도를 실현하고 책임지게 되었다. 그러면서 교육은 공교육으로 성립되었고, 교직은 공공성의 특징을 지니게 되었다(안정모, 1994).

보육교사의 경우, 「영유아보육법」 제4조에서 "국가와 지방자치단체는 보호자와 더불어 영유아를 건전하게 보육할 책임을 지며, 이에 필요한 재원을 안정적으로 확보하도록 노력하여야 한다.", "보육교직원의 양성 및 근로여건 개선을 위하여 노력하여야 한다."고 규정하고 있다.

「영유아보육법」 제21조에 따르면, "보육교사는 보건복지부장관이 검정·수여하는 자격증을 받은 자", 제22조에서는 "보건복지부장관은 제21조 제1항 및 제2항에 따라 어린이집의 원장 또는 보육교사의 자격을 검정하고 자격증을 교부하여야 한다."라고 규정되어 있다.

영유아 서비스는 영유아의 발달에 중요한 영향을 미치기 때문에 공공재로 인식해야 한다. 대부분의 OECD 국가에서는 영유아 서비스의 상당 부분을 공공재원으로 서비스에 대해 정부가 집중적으로 규제하고 있다. 우리나라에서도 사립유치원과 민간어린이집의 재정 투명성 문제가 부각되고 있지만, 누리과정 도입에 따라 정부 지원이 확대되고 있다(최은영, 2015).

영유아 보육의 공공성을 공공부문에서는 국공립어린이집이, 민간부분에서는 민간어린이집이 각각 감당하고 있다. 이러한 보육의 공공성으로 인해 교사들도 공직자로서의 지위를 갖게 되는데, 사회복지와 교육은 사회권에 해당되는 권리로서 모두 공공성에 기초로 하기 때문이다(김광병 · 박소영, 2009).

교육기본권의 이념을 실현하기 위한 방법으로 공공성의 원리가 요청되듯이 교사의 법적 지위 보장의 방법적 기초 역시 공공성에 기초한다(김광병 · 박소영, 2009).

실정법에서 보육교사의 교사로서 법적 지위는 미비한 상황으로 「사회보장기본법」, 「사회복지사업법」, 「영유아보육법」, 「근로기준법」, 「국민연금법」, 「사회복지사 등의 처우 및 지위 향상을 위한 법률」 등을 통해 법적 지위를 유추할 수 있다(김광병 · 김기화, 2015).

〈표 8-4〉 공공성 측면에서 보육교사의 권리와 의무

신분상		재산상의 권리
권리	의무	
• 신분보장권 • 소송제기권 • 불체포특권	• 비밀 엄수의 의무 • 품위유지 및 청렴 의무 • 정치활동금지 의무 • 집단행위금지 의무 • 영리행위금지 의무 • 성실 의무	• 보수 청구권 • 실비변상 청구권 • 복지 및 후생 요구권

출처: 송영미(2016).

① 공공성 측면에서 보육교사의 권리

공공성 측면에서 보육교사의 권리는 신분상의 권리와 재산상의 권리로 나눌 수 있는데, 신분상의 권리에는 신분보장권, 소송제기권, 불체포특권 등이 있고, 재산상의 권리에는 보수 청구권, 실비변상 청구권, 복지 및 후생 요구권 등이 있다.

보육교사의 신분상 권리는 「영유아보육법」과 「사회복지사 등의 처우 및 지위 향상을 위한 법률」에 비리사실 신고나 자격정지 등에 대해 관계 행정기관이나 수사기관 등에 신고·고발하는 행위로 인해 신분상 불이익이나 근무조건상 차별을 받지 않는다고 규정되어 있다. 보육교사는 자격증 박탈과 정지 및 취소와 관련된 행정처분을 받기 전에 청문의 기회를 가지며, 「영유아보육법」 제15조의4 제2항에서 폐쇄회로 텔레비전 설치로 교사의 권리가 침해되지 않도록 보장되어 있다.

② 공공성 측면에서 보육교사의 의무

공공성 측면에서 보육교사의 의무에는 신분상의 의무로 비밀 엄수의 의무, 품위유지 및 청렴 의무, 정치활동금지 의무, 집단행위금지 의무, 영리행위금지 의무, 성실 의무 등이 있다.

비밀 엄수의 의무는 직무와 관련하여 알게 된 비밀을 엄수해야 하며 이를 위반하는 경우 「형법」상의 범죄를 구성하게 되어 있다. 보육교사는 「사회복지사업법」 제47조에 비밀 누설의 금지가 규정되어 있다(황보영란, 2014).

보육사업안내(보건복지부, 2015: 94)에는 어린이집 내 IPTV를 포함한 폐쇄회로 텔레비전 등 설치·운영은 어린이집 내 안전사고 예방, 아동 학대 등 아동인권 보호의 목적으로 설치하되, 아동과 보육교직원의 '사생활의 비밀과 자유' 등 인권 침해를 최소화하는 범위 내에서 설치 가능하다고 규정되어 있다. 그리고 보육교직원 결격사유 조회에 관하여 취득한 정보에 대해서 발설하여서는 안 된다고 규정되어 있다.

품위유지 및 청렴 의무는 교육자로서 품성과 자질을 유지하는 것으로 국가의 위신과도 연결된다. 여기서 품위 손상의 범위는 공적 임무와 사생활까지 포함하며, 직무를 수행하는 데 있어 윤리의식을 확립하고, 교원 간 상호 협동하면서 공정하고 친절하게 집행해야 함은 물론 청렴해야 함을 의미한다(위미숙, 2005).

보육교사의 경우 자치단체별로 다르지만 대구광역시 서구 「공립보육시설 종사자 채용 및 복무에 관한 규정」 제3조에서 종사자는 직무 중 품위를 유지할 수 있는 언행 및 단정한 복장을 착용하여야 한다고 규정하고 있다.

정치활동금지 의무는 교육의 중립성을 위한 것으로 학생을 지도하고 교육하는 위치에 있는 교사는 특정 정당을 지지하거나 반대하기 위한 행위를 하면 안 된다. 그리고 정치에 대하여 엄격히 중립적이어야 하는데 학생을 잘못 지도할 우려를 배려하기 위함이다(문혁준 외, 2014).

집단행위금지 의무는 학생의 전인 발달과 교육받을 권리가 최우선 조건으로 고려되어야 하며, 어떠한 경우일지라도 파업, 즉 수업거부 등의 일체의 쟁의 행위를 금지함을 말한다(위미숙, 2005).

영리행위금지 의무는 2015년 보육사업 안내에 보육교사는 전임으로 다른 업무를 겸임할 수 없으며, 원장만이 간호사나 영양사 자격이 있거나 정원 20인 이하 어린이집인 경우 보육교사를 겸임할 수 있다고 규정한 것이다.

성실 의무는 주권을 가진 국민 전체에 대해 교사는 봉사자로서 공공권리를 위해 성실히 근무하여야 하지만(김명숙, 1998), 교원의 주요 직무는 상하복종의 관계라기보다는 학생을 교육하는 기능과 임무이므로 상호 협력관계로 이해될 수 있다. 또한, 교사의 표현의 자유가 최대한 보장되어야 한다(황보영란, 2011).

(3) 근로성 측면에서 보육교사의 권리와 의무

근로성이란 근로자의 직업적 특성을 뜻하는 것으로(한은주, 1989), 교사는 교육활동이라는 근로를 생활 수단으로 삼고 있어 이러한 관점에서 근로자라 할 수 있다(안정모, 1994). 「대한민국 헌법」 제32조 제1항에는 "모든 국민은 근로의 권리를 가진다."라고 규정되어 있다. 근로의 권리란 국가에 대해 근로할 기회를 요구할 권리로 취업 중인 근로자에게는 취업의 안정을 보장받을 권리를 말한다. 여기에는 임금수령권이나 작업중지권, 취업청구권 등이 있다(임종률, 2013). 「대한민국 헌법」 제32조 제2항에는 "모든 국민은 근로의 의무를 가진다. 국가는 근로의 의무의 내용과 조건을 민주주의 원칙에 따라 법률로 정한다."라고 규정하고 있다. 근로의 의무는 국가가 근로할 의사를 가지지 않는 자를 위해 인간다운 생활을 확보하기 위한 시책을 마련하거나 강구할 의무가 없다는 것으로 입법상의 지침을 표명한 것이다. 이는 근로할 의사를 가지고 근로활동을 할 것을 요건으로 실업급여를 지급하도록 「고용보험법」에 제한하고 있다.

「근로기준법」 제2조 제1항 제4호를 보면 근로계약은 근로의 제공과 임금의 지급을 목적으로 하는 계약이므로 근로계약의 체결에 따라 근로자는 명시적 합의가 없더라도 근로제공 의무를 진다. 그리고 사용자는 이에 대하여 임금지급 의무를 진다. 근로자는 근로제공 의무와 충실 의무가 있다(문혁준 외, 2014).

〈표 8-5〉 근로성 측면에서 영유아교사의 권리와 의무

권리	의무
• 노동에 대한 권리 • 단체결성권 • 근무조건개선 요구권	• 근로조건준수 의무 • 충실 의무

출처: 송영미(2016).

① 근로성 측면에서 보육교사의 권리

교직의 특성 중 근로성은 일반인처럼 근로를 생활수단으로 하고 있는 근로자라는 측면이다. 「노동조합법」 제4조에는 "근로자란 직업의 종류를 불문하고 임금, 급여, 기타 준하는 수입에 의하여 생활하는 자"라고 규정하고 있다. 교육활동을 근로 수단으로 삼고 있는 보육교사는 교육기관과 보육기관에 종속되어 있는 근로자라 할 수 있다.

보육교사는 인간다운 생활을 할 권리뿐만 아니라 시민적 권리를 가진다(양다경, 2011). 근로자의 권리는 사회적 기본권의 중요한 한 축으로 「대한민국 헌법」 제32조 제1항은 근로의 권리와 최저임금제, 제2항은 근로의 의무, 제3항은 근로조건의 기준, 제4항과 제5항은 여자의 근로와 연소자의 근로, 제33조는 단결권, 단체교섭권, 단체행동권에 관한 근로3권을 규정하고 있다.

교직 단체활동권은 교사의 권리를 대변하고 보호 및 증진할 수 있다. 보육교사로서의 업무를 효과적으로 수행하기 위해 단체를 조직하고 자질 향상, 복지 향상, 회원들 간의 상호 유대 강화 등의 공동 목표를 추구하면서 전문성을 신장시키고, 사회적 · 경제적 지위를 향상시킬 수 있다(박은혜, 2009).

교원단체는 교육정책을 결정하는 과정에 참여할 수 있는 기회를 제공한다(박은혜, 2009). 어린이집은 전국보육교사총연합회와 사단법인 한국어린이집총연합회가 있다.

근무조건개선 요구권이란 보육교사가 본연의 임무인 교육활동을 하는 데 전념할 수 있도록 근무를 보장받아야 할 권리 중의 하나로 효과적인 성취를 이루는 데 영향을 준다(위미숙, 2005). 어느 직종이나 일의 성취와 능률성을 위해 근무조건의 정비를 무엇보다도 필수 조건으로 한다. 특히, 전문직인 교사의 경우 교육 효과를 높이기 위해 적정한 수준의 근무량이 주어져야 한다. 김은설(2014)의 연구에 의하면 어린이집에 근무하는 보육교사의 경우 평균 9시간 34분 근무하는 것으로 나타났다.

② 근로성 측면에서 보육교사의 의무

교원은 근로할 권리와 의무를 동시에 가지는데, 개인의 지위 면에서는 인간으로서의 도리, 국민의 도리, 근로할 도덕적 의무가 있고, 집단을 통한 지위 면에서는 근로조건을 준수할 의무를 가지고 있다(안정모, 1994).

근로조건준수 의무는 근로자가 근로계약에 따라 자신의 근로를 제공하여야 할 의무를 말한다. 단순히 기계적으로 제공할 의무에 그치지 않고 성실하게 근로할 의무를 포함한다. 근로자로서 충실 의무에는 근로자가 직무수행과 관련된 정보에 대해 경영상의 비밀을 유지하거나 누설하지 않을 의무가 있고, 근로자가 사용자의 이익에 반하여 경쟁사업체에 취직하거나 경영하지 않을 경업피지 의무, 사고대처 의무, 명령이행 의무, 직무전념 의무 등이 있다(문혁준 외, 2014).

교원은 직장의 무단이탈이나 영리업무에 종사 또는 소속 장관의 허가를 받지 아니한 겸직이 금지된다(국가공무원법 제58조 · 제64조, 지방공무원법 제50조 · 제56조). 보육교사는 「사회복지사업법」에 복지와 인권증진의 책임과 인권존중과 최대 봉사의 원칙 등이 있다(황보영란, 2014).

「영유아보육법」 제15조의4에 "폐쇄회로 텔레비전을 설치 · 관리하는 자는 영유아 및 보육교직원 정보 주체의 권리가 침해되지 아니하도록 「개인정보 보호법」 및 관련 법령에 따라 준수하여야 한다."라고 규정되어 있다.

3) 보육교사의 법적 지위

(1) 근로자로서 보육교사의 법적 지위

〈표 8-6〉 보육교사의 법적 지위와 자격체계

구분	보육교사
근거법	영유아보육법, 근로기준법
조항 (제2조 제5항)	'보육교직원'이란 어린이집 영유아의 보육, 건강관리 및 보호자와의 상담, 그 밖에 어린이집의 관리·운영 등의 업무를 담당하는 자로서 어린이집의 원장 및 보육교사와 그 밖의 직원을 말한다.
소관부처	보건복지부
자격구분	보육교사(1급, 2급, 3급)
교육과정	총 17과목 51학점 이상, 전공(48) / 보육실습(3)

출처: 송영미(2016).

보육교사의 법적 지위에 관련된 법률은 「영유아보육법」, 「대한민국 헌법」, 「사회보장기본법」, 「사회복지사업법」, 「사회복지사 등의 처우 및 지위 향상을 위한 법률」, 「근로기준법」 등에 근거한다(김광병 · 김기화, 2015; 황보영란, 2014). 법적으로 교원으로 규정되어 있지 않아 근로자의 근로조건 기준, 기본생활 보장과 향상 등이 보육교직원의 근로조건과 신분보장에 대한 법적 근거라고 할 수 있다(서영숙 외, 2014).

1992년 「사회복지사업법」의 개정, 1995년 「사회보장기본법」의 제정으로 「영유아보육법」은 사회복지법 내지 사회보장법 법역에 속하게 되었고, 2005년 「영유아보육법」의 제1조, 제2조 제1항의 개정을 통하여 보육이 「사회복지사업법」상의 사회복지서비스, 「사회보장기본법」상의 사회복지서비스임이 명확하게 되었다(황보영란, 2014). 그리고 「영유아보육법」 제2조 제2호에서 "보육이란 영유아를 건강하고 안전하게 보호·양육하고 영유아의 발달 특성에 맞는 교육을 제공하는 어린이집 및 가정양육 지원에 관한 사회복지서비스를 말한다."를 보면 보육을 사회복지서비스라고 규정하고 있는데, 「영유아보육법」이 교육법에 속하는 것이 아니라 「사회복지사업법」의 사회복지사업에 속하는 것으로 되어 있다(황보영란, 2014).

보육은 사회적 위협으로부터 국민을 보호할 뿐만 아니라 국민 모두의 삶의 질을 향상시키는 데 필요한 사회보장의 하나인 사회서비스이다. 그중에서도 국가와 지방자치단체, 민간 부문의 도움을 필요로 하는 국민에게 정상적인 사회생활이 가능하도록 지원하기 위해 제공되는 사회복지서비스의 하나이다.

「사회복지사업법」 제2조 제1호에 「영유아보육법」이 사회복지사업으로 명시되어 있고, 사회복지시설인 보육시설에서 사회복지사업을 하는 시설장, 교육교사 등은 「사회복지사업법」 제5조가 규정한 '복지업무에 종사하는 사람'이고, 제3조 제1항을 보면 '사회복지시설의 장' 또는 '사회복지시설 종사자'는 「영유아보육법」에 특별한 규정이 있는 경우를 제외하고는 「사회복지사업법」에서 정하는 바에 따른다고 규정되어 있다.

즉, 보육교사는 「근로기준법」에 근거를 두고 보육교직원으로서 근로자의 권리를 가지고 있으며, 「영유아보육법」에 근거를 두고 있다.

〈표 8-7〉 보육교사 양성 교육과정 체계

양성교육기관	• 보육교사 교육원 • 2 · 3 · 4년제 대학 • 방송통신대학, 사이버대학 • 대학원
양성과정 특징	• 교사 양성 경로의 다양성 • 교육과정의 개방성 • 학과제가 아닌 학점제 : 출신 학과 수(789)
자격	• 관련 교과목 이수로 자격증 발급

출처: 송영미(2016).

보육교사 양성과정과 자격취득기준을 보면 보육 관련 학과의 경우 일정 수준의 학점을 이수하거나 특정 과목을 이수하면 자격을 취득할 수 있으며, 보육교사의 경우에는 교직과목 이수 없이 보육교사 교육원과 2·3년제 대학교, 4년제 대학교, 사이버대학교 등의 관련 학과를 통해 학점이수제를 두고 있으며 출신 학과가 다양하여 개방형의 모습을 보이고 있다.

〈표 8-8〉 보육교사의 급여체계

호봉	급여	호봉	급여
1	1,567,020원	5	1,767,000원
2	1,612,390원	6(전문대 2년제)	1,888,420원
3	1,662,130원	7(전문대 3년제)	1,968,450원
4	1,714,330원	8(4년제, 일반)	2,004,460원

출처: 송영미(2016).

어린이집 원장과 보육교사의 호봉표 자체가 따로 제시되어 있으며, 모든 보육 교직원이 학력이나 양성기관에 관계없이 인건비를 지급하는 기준에 따라 1호봉부터 시작한다.

4) 권리와 의무의 확립을 위한 보육교사의 인식 및 실천

(1) 보육교사의 권리와 의무에 대한 인식 및 실천

보육교사는 보육현장에서 보육교사의 권리와 의무에 해당되는 내용에 대해 다음과 같은 내용을 인지하고 실천하여야 한다.

① 보육교사의 권리와 의무가 규정되어 있는 「사회보장기본법」, 「사회복지사업법」, 「영유아보육법」에 대한 법규를 알고 있는가?

② 권리 확립을 위한 연합회나 보육교사 관련 단체의 유무와 노력을 알고 있는가?
③ 보육과정 편성 및 운영권이 보장되는가?
④ 보육내용 및 교수·학습 활동방법을 자유롭게 결정할 권리가 보장되는가?
⑤ 영유아 평가, 지도방법, 생활지도 등을 보육교사가 자유롭게 결정하는가?
⑥ 영유아를 보육하는 것에 대해 원장, 평가인증 현장관찰자 또는 행정당국의 지시를 얼마만큼 받고 있는가?
⑦ 보육교사가 되기 위해서 전문적인 지식과 기술을 습득할 수 있도록 장기간의 전문교육을 받고 있는가?
⑧ 보육현장에서 전문적 자질을 구비하기 위해 정기적으로 계속 연수를 받고 있는가?
⑨ 보육교사는 학부모의 부당한 요구나 간섭, 행정당국의 부당한 인사조치 및 신분보장을 받고 있는가?
⑩ 보육교사는 부당한 평가나 처우, 해고로부터 보호되고 권리가 존중되고 있는가?
⑪ 보육교사는 품위를 유지하고 청렴한가?
⑫ 보육교사는 영유아를 교육함에 있어 특정 정당 또는 특정인을 지지하거나 배격하는 의사표현을 하지 않음으로써 정치적 중립을 유지하고 있는가?
⑬ 보육교사는 행정당국을 상대로 단체행동권이 제한되고 있는가?
⑭ 보육교사는 정해진 근무규칙을 성실히 이행하고 있는가?
⑮ 보육교사의 생활안정을 위해 적정한 보수가 주어지고 있는가?
⑯ 보육교사의 봉급, 근로조건 개선 등의 문제는 행정당국과 보육교사단체 혹은 보육교사 대표자가 공동으로 결정하고 있는가?
⑰ 보육교사의 학력, 자격, 경력, 직무에 따라 보수 책정이 적절하게 이루어지고 있는가?
⑱ 보육교사의 승급이나 승진, 보수 등은 학력, 경력보다 근무성적(수업연구 발표, 연수 성적)에 의해서 결정되고 있는가?
⑲ 보육교사로서 직무수행에 소요되는 경비를 실비로 변상받을 수 있는 권리가

보장되고 있는가?

⑳ 보육교사는 국민이 가지는 기본권은 물론 일상생활 전반에 걸쳐서 다른 사람과 같은 생활을 누릴 수 있는가?

㉑ 보육교사는 일반 근로자와 같이 근로3권(단결권, 단체교섭권, 단체행동권)을 행사할 수 있는가?

㉒ 보육교사는 관리자로부터 공정한 임용과 계약 체결이 이루어지고 있는가?

㉓ 보육교사는 근무시간 외의 근무에 대하여 초과근무수당을 받고 있는가?

㉔ 보육교사는 연월차 유급휴가를 원하는 날짜에 쓸 수 있는가?

㉕ 보육교사는 산전·후 휴가나 육아 휴직을 사용할 수 있는가?

㉖ 교육·휴가 등으로 보육교사의 공백이 있는 경우 대체인력이 배치되어 있는가?

㉗ 보육교사는 전심전력으로 성실하게 직무를 수행하고 있는가?

㉘ 보육교사는 상사의 지시에 따르고 있는가?

㉙ 보육교사는 근로계약에 따라 근로를 제공하고 있는가?

(2) 보육교사의 윤리강령에 대한 인식 및 실천

보육교사는 보육현장에서 보육교사의 윤리강령에 해당되는 내용에 대해 다음과 같은 내용을 인지하고 실천하여야 한다.

① 보육교사는 영유아 발달 및 최근 교육·보육 경향에 대해 관심을 갖고 프로그램을 실천하고 있는가?

② 보육교사는 영유아 개개인의 존엄성과 가능성을 인식하고 존중하고 있는가?

③ 보육교사는 영유아의 성, 부모의 배경, 종교 등의 이유로 영유아를 차별하지 않는가?

④ 보육교사는 영유아가 학대받거나 방치되는지 살펴보고, 학대 및 방치의 증거가 있다고 판단되는 경우 적절한 전문기관에 보고하고 있는가?

⑤ 보육교사는 영유아 가족의 사생활을 존중하며, 가족의 사적 정보를 보호하는

것은 교사의 본질적인 역할 중의 하나라고 생각하고 있는가?

⑥ 보육교사는 영유아 교육과 보육 분야의 전문적인 측면에서 질적 향상이 이루어질 수 있게 노력하고 있는가?

⑦ 보육교사는 보육기관이나 전문가가 영유아, 가족, 교사를 도와주어야 할 상황에서 의무사항을 수행하지 못하는 경우, 적정한 담당자나 사회에 보고해야 할 집단 윤리적 책임이 있다고 생각하는가?

학습실천과제

1 자신이 근무하는 어린이집의 복무규정이 부당하다고 느껴질 때 어떻게 대처할지 토론해 본다.

2 보육교사의 권리와 의무를 전문성, 공공성, 근로성 측면에서 각각 이야기해 본다.

3 보육교사의 권리와 의무의 확립을 위한 인식 및 실천적 내용이 무엇인지 이야기해 본다.

제09장 보육교사의 역할과 직무

'역할(role)'이란 자기가 마땅히 하여야 할 맡은 바 직책이나 임무를 말한다. 즉, 사회에서 특정한 일을 맡은 사람들이 해 나가는 일인 동시에, 다른 사람들 역시 그 사람이 할 것으로 기대하고 있는 행동을 말한다. '보육교사의 역할'이란 유아교육기관에서 교사로서의 생각, 행동, 태도를 의미한다. '직무'란 직책이나 직업상에서 책임을 지고 담당하여 맡은 사무로 'duty', 'job function'이라고도 한다. 역할에 비해 좀 더 사무적이고 기능적인 내용을 의미한다. 그러나 직업인으로서 자신이 해야 하는 직무를 수행하는 가운데 그 사람이 마땅히 해 주어야 하는 역할이 요청되는 것처럼 '역할'과 '직무'를 명확히 구분하여 설명하는 것에는 어려움이 있다. 역할은 그 사람이 처한 사회적 맥락에 따라 달라질 수 있다고 하였다(박은혜, 2017). 즉, 보육교사직을 수행하는 나라마다 요구되는 일들이 다를 수 있고, 같은 나라이더라도 지역에 따라 다를 수 있고, 같은 지역이라도 기관에 따라 달라질 수 있다는 것이다.

보육교사의 가장 중요한 역할과 직무는 영유아들과의 교수·학습이다. 그러나 그 외에 보육교사가 담당해야 하는 직무는 매우 다양하다. 대체적으로 자신이 머릿속으로만 그렸던 직무와 역할보다는 많은 것을 감당하게 된다. 박은혜(2017)는 교사의 직무는 각 교사가 담당하는 연령, 기관의 특성, 운영시간, 교사의 직위 등에 따라 달라질 수 있다고 하였다. 즉, 현장에 있는 교사가 맡은 영유아의 연령에 따라 직무가 달라진다. 같은 연령이라도 영유아의 특성에 따라서도 다르게 느끼고, 기관의 철학이나 운영되는 교육프로그램, 운영시간, 교사의 경력 등에 따라 달라진다고 할 수 있다. 일반적으로 어린이집 교사를 구분할 때 유아반과 영아반으로 나누어 이야기한다. 유아반은 만 3~5세까지의 유아 학급을, 영아반은 만 2세 이하의 영아 학급을 말한다.

보육교사의 역할로 가장 많이 이야기되는 것은 '어머니'와 같은 역할이다. 아이들을 보살피는 역할이 강조되며, 영유아의 연령이 낮을수록 '어머니'로서의 보육교사 역할이 더 많이 요구되기도 한다. 또한, 최근 영유아가 기관에 머무르는 시간이 길어지면서 양육의 역할이 강조되어 더욱 그러하기도 하다. '어머니' 역할 요구는 필요한 부분이나, 보육교사가 '전문가'로서 자신의 정체성을 확립할 때 어려움을 주기도 한다. 보육교사는 업무의 특성상 '돌봄'이 매우 중요한 부분을 차지한다. 보육교사의 '돌봄'이 '어머니'의 역할을 포함하기는 하지만 전문적인 부분에서의 '돌봄'이 되는 것이 필요하며, 이에 대한 교사 자신의 역할 인식 및 수행도 중요한 영역이라고 할 수 있다.

1 유아반 교사의 역할과 직무

1) 유아반 교사의 역할과 직무

(1) 교육과정 설계자

유아반 교사에게 가장 중요한 역할은 교육과정을 수립하고 수행하는 것이다. 각 연령의 유아에게 적합한 연간, 월간, 주간, 일일계획을 수립하고 영역별 통합적 발달을 어떻게 이루어 나가야 할지, 개별 유아에 대한 고려는 어떻게 해야 할지, 교과별 유아의 발달지원을 위해 교사의 역할은 무엇인지에 대한 세심한 계획이 필요하다. 더불어 연령별 교육과정 간의 연계성이 이루어지는가를 고려해야 한다.

(2) 일과계획 및 운영자

유아반 교사는 하루의 일과를 계획하고 수행해 나가는 역할을 감당한다. 일과계획은 주간계획안을 작성하면서 기본적인 틀이 완성된다. 그러나 매일의 일과와 유아의 특성, 날씨 등을 고려하여 일과를 수정하거나 조정하고 운영해 나가는 역할이 필요하다. 일과계획은 유아가 일과를 예측하고 안정감을 느낄 수 있도록 계획되어야 한다. 또한, 개별 유아의 요구나 지원, 환경을 고려한 융통성 있는 일과 운영 역시 교사의 역할이다. 일과 운영을 위하여 교사는 교재 및 교구를 준비하고,

만 4 세 일일보육계획 및 실행

생활주제	나와 가족	2016 년 5 월 19 일 (목요일) 날씨: 맑음	작성자:
소 주 제	소중한 가족	재적: 14 명 / 출석 12명 / 결석 2명	
목 표	가족의 다양한 역할에 대해 알아보고, 소중한 마음을 가진다.		

시간 / 활동	계 획	준비물	실행 및 평가
등원 및 통합보육/맞이하기/ (7:30 ~ 9:20)	•유아들의 건강과 기분 확인하기 •소지품을 도움 받아 정리하기 •우리 가족 사랑하는 마음을 이야기하며 인사 나누기	시간표 채운계 놀잇감	→바른 자세로 선생님, 친구들과 인사를 나누며 오늘 어떤 친구와 무슨 놀이를 할 것인지 생각하여 보고 교사와 이야기 나누어 봄. 오늘 하루 일과를 알아보고, 놀이 계획을 세움.
오전간식 (9:20 ~ 9:50)	•손 씻기 및 간식 먹기 -물비누를 사용하여 손을 씻고 간식 배식받기 -간식을 먹은 후 그릇과 자리 정리하기	♣교실환기 물비누 수건 ♣간식	→손을 깨끗이 씻고 서로 도우며 간식 먹을 준비를 함. 감사히 간식을 먹는 마음을 말로 표현해보고 바른 자세로 앉아 간식을 먹은 후에 그릇과 자리를 유아 스스로 정리해 보도록 함.

팔복어린이집

시간 / 활동	계 획	준비물	실행 및 평가

팔복어린이집

[그림 9-1] 보육계획안

출처: 팔복어린이집.

환경을 구성하며, 수업을 준비한다. 더불어 유아의 놀이를 지도하고 지원하며 기본생활습관 형성을 지원한다.

(3) 상담자 및 조언자

유아를 기관에 보내는 학부모는 기관에 자녀를 보내는 경험을 처음 하는 경우가 많다. 부모에게도 '학부모' 역할이 처음 시작되는 것이다. 자녀를 기관에 보내면서 부모는 기대와 걱정을 동시에 하게 된다. 처음 기관생활을 하는 자녀가 잘 적응을 하고, 친구들과 관계를 맺고, 즐겁게 기관에서 생활하고 돌아오는 것을 기대하게 된다. 교사는 학부모를 심리적으로, 교육적으로 지원하며 유아를 잘 교육하고 지원하기 위해 가정과 연계하여 일관성 있는 교육을 할 수 있도록 협력해야 한다. 교사의 학부모에 대한 적절한 상담과 조언이 필수적이다.

부 모 면 담 일 지

결재	담당	원장

면담일시	2016년 4월 28일 20:00 ~ 20:30	면담교사	
영유아 이름		생년월일	년 월 일 (만 4 세)
면담 참여자	모	면담형태	방문(○) 전화( )

구 분		교사의견	부모의견
현행수준	생활습관	부지런하고 매일 일찍 등원함. 출석카드에 스티커를 날짜에 맞춰서 잘 붙이고 손을 씻고, 정리정돈을 하는 일등 기본생활습관이 잘 되고 있음.	일찍 자고 일찍 일어나도록 하고 규칙적인 생활습관을 기르고 있고 가정에서 무엇보다 엄마가 신경을 많이 쓸려고 노력함.
	대인관계 (어른, 형제, 또래)	친구와 같이 어울려서 노는 것을 좋아하고 사이좋게 잘 지내며 고운 말을 씀. 어른에게 예의 바르고 성품이 착함.	집에서 동생과 잘 놀고 동생에게 샘도 느끼지만 그래도 잘 지낸다고 말씀하심. 아빠가 너무 늦게 오는 것을 싫어하는 부분이 있고 할머니가 가끔 아이들 하원할 때 도와주시니 감사함을 느낌.
	발달정도 (언어, 신체 등)	여러 가지 또래와 발달에 큰 차이가 없으나 신체발달 면에서 아직 미숙한 부분이 있어서 신체활동시간에 겁이 있는 부분이 있음.	키는 크고 잘 먹는데 글자도 많이 모르고 학교를 갈 수 있을지 걱정을 하심.
	행동특성	교사가 권유하면 정리 정돈을 잘하고 교사의 말에 수행을 잘 하나,스스로 알고 행동하기보다 또래를 모방하고 따라서만 하고자 하는 집착을 보이는 부분이 있음.	어린이집에서 행동하는 것을 알고 싶고 집에서는 엄마가 너무 바빠서 아이들에게 미안하고 시어머니가 도와줘서 아이가 더 행동이 바르게 큰다고 생각하심.
	기타	어린이집에서 비교적 행복하고 즐겁게 활동하는 편이며 긍정적인 성격으로 친구와 잘 지내고 미술활동이나 예술적인 부분에서도 잘하고 대그룹 활동시간에도 집중력이 좋아서 발전가능이 많음	또래 여자 친구들이 너무 강해서 아이가 맞고 온 경우가 있다고 호소함. 집에 오면 누구 누구가 때리고, 누구누구가 자기랑 안 놀았다고 표현함.
면담하기를 원하는 내용		친구 관계가 원만하고 서로 잘 지내지만 아직 또래 보다 연약한 부분이 있어서 상처를 쉽게 받을 수 있는 것은 어느 정도 이해를 해야 하는 부분이라는 것.	또래 여자 친구들이 너무 강해서 너무 속상하다는 말씀을 하시며 조절해달라는 말씀.
종합의견		어머니는 ○○이가 또래 보다 한 살 어리다는 것으로 인해서 걱정을 많이 하고 어머니께서 실수하는 것은 아닌지 계속해서 믿음이 약한 것을 볼 수 있었으나, 또래 관계형성 뿐 아니라 전반적으로 또래와 비교해서 떨어지는 부분이 거의 없어서 잘 하고 있음을 확인 시켜드림.	
건의사항			

[그림 9-2] 부모면담일지

출처: 팔복어린이집.

(4) 행정업무 관리자

교사는 많은 행정업무를 만나게 된다. 어린이집은 그 특성상 규모가 크지 않은 경우가 많다. 초·중·고등학교와 달리 작은 규모로 운영되지만 교육기관이 운영되는 기본적인 행정체계는 비슷하다. 대부분의 보육시설은 행정을 전담하는 직원이 별도로 있는 경우가 많지 않으므로 다양한 행정업무를 교사가 분담하여 처리하는 경우가 많다. 여러 가지 공문 및 해당 업무를 처리하기 위한 서류 작성과 전화 등을 감당해야 한다.

(5) 현장연구자

유아반 교사는 매일의 일상을 유아들과 보내며 교육과정을 수행한다. 교사는 자신이 담당한 유아에게 가장 적합하고 효과적인 교수·학습 방법을 수행해 나가는

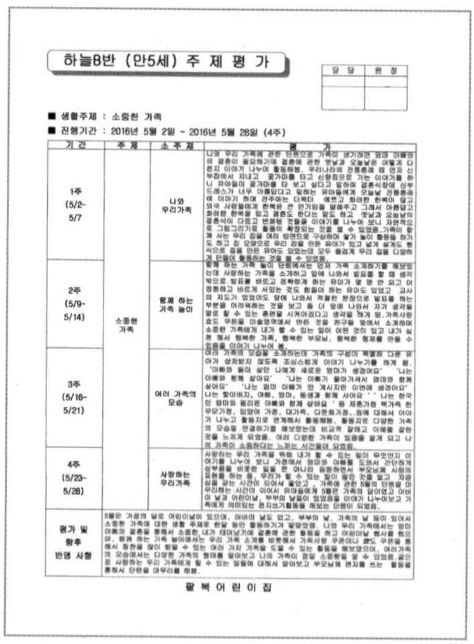

[그림 9-3] 만 5세반 주제평가

출처: 팔복어린이집.

것이 필요하다. 이처럼 보육교사의 지식은 실천적인 지식이며 현장에 근거를 두고 수행하는 지식이 되어야 한다. 따라서 유아반 교사는 현장연구자로서의 역할을 수행해 나간다고 할 수 있다.

담당	원장

5 월 하늘A반 관찰기록

이름: 성별: 여 생년월일 : 2010년 2월 27일 입소일: 2013년 3월 2일

	신체운동·건강	의사소통	사회관계	예술경험	자연탐구
일시	2일 12:55	17일 10:30	13일 13:30	12일 10:50	19일 11:00
관찰 내용	점심시간에 식사를 하는데 반찬을 손으로 만지려고 함. 교사가 "○○아 수저를 이용해서 먹어보자."라고 얘기를 하자 "네~알겠어요."라고 대답을 하며 식사를 함. 옆 친구에게 "이 반찬 맛있어?"라고 말하며 친구가 "응 나는 다 좋아해~"라고 말하자 "나는 별로 안좋아하는 것도 있어."라고 말을 하며 밥을 먹음. 한번 떠먹고 한 참 친구와 이야기를 나눈 뒤 또 한 번 먹으며 식사를 하고 있었음. ○○이에게 "음식물이 입안에 있을 때에는 다 삼킨 후 얘기를 해 보자."라고 얘기를 하자 "네~"라고 대답을 하며 친구와 이야기를 하느라 식사시간이 다소 오래 걸렸음.	쌓기영역에서 활동을 하는데 남자친구들이 ○○이가 가지고 놀던 것을 넘어뜨리자 화가난 목소리로 "야! 너네 때문에 무너졌잖아. 다시 하려면 힘들단말야."라고 말을 함. 친구들이 "미안해~"라고 말을 하며 웃자 속상한 표정을 지으며 "너네가 다시 원래대로 만들어 놔!"라고 말을 함. 친구들이 다른 영역으로 가버리자 속상한 표정을 지으며 교사에게 친구들의 행동을 얘기함. ○○이한테 속상한 마음이 들겠지만 화를 내기보다 ○○이의 마음을 잘 표현해 보면 어떨까?라고 묻자 ○○이가 "네. 근데 정말 화가 났어요."라고 말을 하는 모습을 보임.	남원 광한루로 기차여행을 가서 유아들과 춘향사당, 월매집을 둘러보는데 ○○이 뒤에 있던 □□이가 "야 저거 진짜 음식같지?"라고 말을 함. ○○이가 "응 진짜 인 것 같은데.."라고 말을 하며 □□이를 바라보자 □□이가 "근데 가짜 같기도 한데 우리 선생님한테 물어보자."라고 말을 하며 교사에게 물어봄. 음식모형을 만들어 놓은 가짜라고 말을 하자 ○○이가 "□□□ 틀렸어! 땡!"이라고 말을 하며 놀리듯 말하자 □□이가 "야 그렇다고 놀리지마라!"라고 말을 하며 얘기를 하는 모습을 보임. ○○이에게 친구가 잘 모를 수도 있는 거라며 놀리지 않았으면 좋겠다고 하자 □□이에게 미안하다고 말을 함.	미술영역에서 그림을 그리다가 ⬠⬠에게 "우리 색종이 접기 할래?"라고 말을 함. ⬠⬠가 좋다고 하자 "너는 무슨 색깔 색종이할거야?"라고 물어보며 색종이를 골라들고 색종이로 작은 지갑을 접기 시작함. ○○이가 접어서 그림을 그려 꾸미자 옆에 있던 ♡♡가 "우와~예쁘다! 나도 같이 만들고 싶다."라고 말을 함. ○○이가 "그럼 너도 만들어봐. 우리 여기에다 돈도 만들어서 넣고 놀자."라고 얘기를 함. ○○이 ⬠⬠ ♡♡가 지갑을 완성하자 역할영역으로 가서 소꿉놀이를 하며 활동을 하는 모습을 보임.	☆☆이랑 △△이랑 수조작 영역에서 도트 숫자 막대를 가지고 놀고 있었음. 옆에서 서로 더 많이 갖겠다고 다투자 옆에서 놀던 ○○이가 "야 그럼 똑같이 나눠가져!"라고 말을 함. △△이가 "그런 방법이 있었지"라고 말을 하며 ☆☆이와 한 개씩 나누어 갖기 시작함. ○○이가 "똑같이 가져가고 맞는지 세어봐."라고 말을 하자 나눠가진 뒤 숫자를 세기 시작함. △△이 것에 한 개가 더 많이 있자 ○○이가 "그럼 그건 빼고 놓아도돼."라고 말을 하며 얘기를 함. △△이가 "○○○ 우리 숫자도 같이 세어볼까?전부 몇 개인지?"라고 묻자 ○○이가 좋다고 하며 함께 숫자를 세어 보기 시작하는 모습을 보임.
해석	편식이 심하지는 않으나 싫어하는 반찬이 나오면 식사시간이 다소 걸림. 바른 자세로 앉아서 식사하고 올바른 식습관 예절에 대해알 수 있도록 지도가 필요함.	차분한 성향으로 또래와의 관계가 원만하지만 속상한 마음이 들면 짜증을 내는 듯한 말투로 말을 함. 긍정적인 표현을 사용할 수 있도록 관심을 갖고 지도해 보아야겠음.	또래와의 관계가 원만하며 상대방의 감정을 잘 이해하고 도와주려고 하지만 장난으로 인해 오해가 생기기도 함.	미술활동에 흥미를 느끼며 자주 활동이 이루어짐. 놀이를 계획하고 또래에게 활동을 제안하기도 하며 미술활동에 자신감이 높음.	퍼즐맞추기, 수세기 등 수조작 활동에도 관심을 보이며 수세기와 간단한 덧셈에 자신감을 보이며 활동시 수세기 활동을 즐겨함.

[그림 9-4] 만 3세 유아의 관찰기록

출처: 팔복어린이집.

(6) 의사결정자

교실에서는 동시다발적인 상황이 늘 발생한다. 예를 들면, 자유선택활동 시간에 교실의 전체 영역에서 유아들이 놀이를 하고 교사는 개별 유아를 대상으로 상호작용을 하게 된다. 유아가 엄마와 늦게 들어와 교실 문이 열리기도 하고, 질문하는 유아가 있을 수도 있고, 교실에서 뛰어다니며 위험한 놀이를 할 수 있고, 도움

을 요청할 수도 있다. 여러 상황이 동시에 일어나는 가운데 교사는 중요한 일이 무엇인지, 먼저 처리해야 할 일이 무엇인지를 결정하고 수행해야 한다. 경력이 많은 교사일수록 동시다발적인 상황에서의 의사결정을 원활히 하는 경향이 있다. 이처럼 자연스럽게 발생하는 상황에서의 의사결정도 많이 일어나지만 자신이 맡은 연령의 유아에게 적합한 활동을 선택하고, 교구를 결정하고, 교수·학습 방법을 고민하고 수행하는 모든 과정에 교사의 의사결정 능력이 중요하게 작용한다. 유아반 교사는 전문가로서 교육과정 수행에 많은 자율성이 주어지는 특성을 가지고 있다.

(7) 동료와의 협조자

어린이집은 같은 연령의 학급끼리 혹은 기관 전체로 이루어지는 다양한 교육활동이 많다. 이를 위해 동료교사와의 협조는 필수적이다. 또한, 교사 이외의 종사자들과의 관계 역시 원활하여야 한다. 따라서 타인을 존중하면서 자기 의견을 효과적으로 나타내는 의사소통 능력을 갖추어 하며, 협조자로서 함께 해 나가는 일이 매우 중요하다.

출처: 팔복어린이집.

2) 유아반 교사의 일과

유아반 교사의 하루 일과를 소개하면 다음과 같다.

〈표 9-1〉 유아반 교사의 일과

시간	일과 내용
07:30 ~ 09:00	교실 및 수업점검(유아 맞이할 준비), 오전 통합보육
09:00 ~	등원 및 놀이(언어, 조작 등)
09:05 ~	일과 계획하기
09:10 ~	실내 자유선택활동
10:10 ~	정리 · 정돈 및 놀이 평가
10:20 ~	간식
10:40 ~	이야기 나누기
11:00 ~	실외 자유선택활동
12:00 ~	대 · 소집단활동
12:20 ~	점심
13:10 ~	실내 · 외 자유선택활동
14:10 ~	대 · 소집단활동
14:30 ~	실외놀이
15:30 ~	간식
16:00 ~	실내 자유선택활동
17:30 ~	평가 및 귀가지도
17:50 ~	통합보육
18:00 ~	다음 날 수업준비 및 사무관리, 퇴근

(1) 교실 및 수업 점검

유아반 교사의 일과는 출근하여 하루 일과를 검토하고 교실에 들어가 교실환경 및 시설, 오늘 하게 될 수업자료와 교수를 점검한다. 대체로 전날 모든 준비를 하고 퇴근한다. 당일의 날씨와 미세먼지 등을 고려하여 교실을 환기시키고, 음악을 틀고, 교실의 불을 켜는 등 쾌적한 교실이 되도록 준비한다.

출처: 팔복어린이집.

(2) 유아 등원하기

교사는 유아가 등원하면 반갑게 맞이한다. 등원하는 유아와 인사를 나누고 유아의 신체적, 심리적 상태를 점검한다. 유아가 주말 또는 전날 가정에서 어떻게 지냈는지 등에 관해 이야기를 나눔으로써 일과가 연결될 수 있도록 한다. 등원하는 유아의 상태에 어려움이 있을 때는 교사가 적절한 조치를 취하는 것이 필요하다.

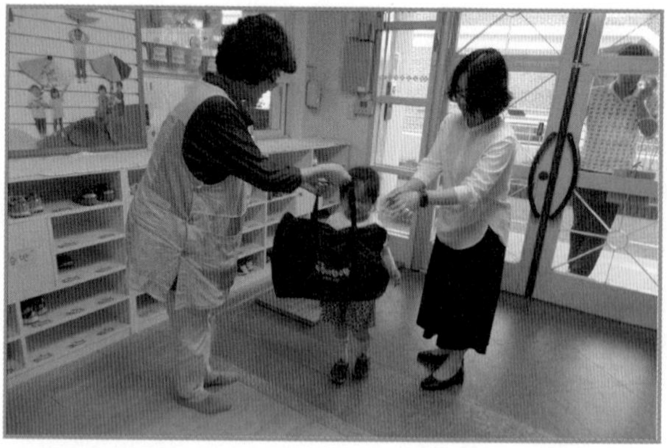

출처: 팔복어린이집.

(3) 계획하기

해당 학급의 유아가 아침에 대부분 등원하면 교사는 유아들과 함께 오늘 하루가 어떻게 진행될 것인지에 대해 이야기한다. 그날의 날씨나 요일, 날짜 등에 대해 이야기하고 결석한 유아가 누구인지 살펴본다. 결석했다가 출석한 유아에게는 결석한 이유와 지금의 상태 등을 묻고 반갑게 인사한다. 오늘 새로 소개되는 놀잇감이나 활동, 새로운 소식, 일과의 진행과 관련된 이야기를 나눌 수 있다. 하루 일과에 대해서는 일과표를 가지고 설명할 수도 있다.

(4) 실내 자유선택활동

유아교육이 초 · 중 · 고등교육과 가장 구분되는 시간이 자유선택활동 시간이다. 개별 유아가 자신이 선택한 놀이를 자유롭게 진행하는 시간이며, 교사는 개별 유아와 상호작용할 수 있는 시간이기도 하다. 따라서 유아교육의 특징이 가장 잘 드러나는 시간이다. 교사는 영역별로 유아의 놀이를 지원하고, 상호작용하며, 함께 놀이자로 참여하기도 하고, 기본생활습관을 지도하기도 하고, 유아를 관찰하기도 한다.

(5) 정리·정돈하기

유아들은 자신이 놀이를 하고 난 이후 정리 · 정돈을 하게 된다. 놀이 후 정리를 통해 유아는 기본생활습관을 기를 수 있다. 교사는 유아가 놀이를 하고 난 이후 정리 · 정돈을 잘 할 수 있도록 준비해 주어야 한다. 예를 들면, 교구장에 교구 사진이나 교구의 그림자 그림을 붙이거나, 그림과 글씨가 쓰여진 카드를 붙여 놓아서 유아가 쉽게 정리할 수 있도록 돕는다.

(6) 간식 및 점심

유아에게 필요한 영양소를 공급하기 위해 간식과 식사가 적절히 제공되어야 한다. 유아의 위는 성인보다 작으므로 간식의 양은 연령별로 적정량을 제공한다. 간식시간은 필요한 영양분을 공급받는 것 외에 손 씻기, 자신에게 알맞은 양만큼 가져오기, 자신의 그릇 정리하기 등의 일상생활습관 활동이 이루어지는 시간이므로 이에 대한 지도와 지원도 필요하다.

출처: 팔복어린이집.

(7) 이야기 나누기

어린이집에서 이야기 나누기는 다양한 형태로 이루어진다. 유아의 연령이 높아질수록 이야기 나누기를 자주 해야 하는 활동 중의 하나로 구분하기도 한다. 전조작기의 유아는 구체적인 사물을 직접 다루는 것이 효과적이다. 따라서 이야기 나누기 시간에도 구체물을 가지고 상호작용할 수 있도록 계획하는 것이 필요하다.

출처: 팔복어린이집.

(8) 실외 자유선택활동

유아기에는 실외 자유선택활동인 바깥놀이가 반드시 필요하다. 누리과정에서는 반드시 하루 1시간 이상 바깥놀이를 하여야 한다고 강조한다. 이때 유아의 대근육활동, 동식물과 자연에 관련된 활동이 이루어질 수 있다. 실외 놀이영역도 실내 자유선택활동처럼 다양하게 이루어져야 하며, 주제에 따른 계획이 필요하다. 바깥 날씨와 기온에 따라 활동시간을 조절하고, 안전에 주의를 기울여야 한다.

출처: 팔복어린이집.

(9) 대·소집단활동

유아반 교사는 하루 중 약 2회 이상의 대·소집단활동을 계획하고 수행하게 된다. 유아의 연령 및 흥미도를 고려하여 모이는 시간과 장소를 조절한다. 노래 부르기, 동작, 게임, 동화 듣기, 동극, 동시 감상 등의 활동이 대·소집단으로 이루어진다. 유아의 발달 특성을 고려하여 대집단활동이 연속되지 않도록 한다. 집단활동 계획 시에는 실내/실외, 대집단/소집단/개별활동, 동적인 활동/정적인 활동 등의 균형을 고려하고, 모여 앉는 시간이 한 번에 길어지지 않도록 계획한다.

출처: 팔복어린이집.

(10) 평가 및 귀가지도

유아들이 하루 일과를 마치고 집으로 돌아가기 전 모여 앉아 하루 중 일어났던 일에 대해 평가하는 시간이다. 어떤 활동이 즐거웠는지, 기분이 좋지 않았던 일은 무엇인지, 더 재미있게 놀이하기 위해 지켜야 하는 약속은 없는지 등에 관해 이야기하고 해결방안을 찾아볼 수 있다. 유아가 귀가하기 전에 교사는 유아가 오전에 가지고 왔던 가방이나 물건 등을 잘 챙길 수 있도록 하고, 기관에서 각 가정에 보내는 유인물들을 전달한다. 일반 수업을 마치고 통합반으로 이동하는 유아들을 안전하게 인수·인계하며 통합반 교사에게 그날 있었던 특이 사항이나 유아의 기분 등을 안내해 주는 것이 필요하다.

(11) 다음 날 수업준비 및 사무관리

일일계획안 등은 한 주 전에 미리 계획이 되어 있는 경우가 많다. 계획안에 맞추어 필요한 수업자료 및 교구 등을 준비하고 다음 날 수업이 진행되는 데 어려움이 없도록 한다. 수업준비 외에 그날 있었던 일과 관련하여 학부모와 전화상담하거나 필요한 서류를 마무리하는 등의 사무관리의 업무가 있다.

3) 유아반 교사의 어려움

(1) 수업준비

유아반의 경우 영아반에 비하여 대·소집단 및 이야기 나누기 활동 등과 관련한 준비가 많다. 영아반의 경우 돌봄의 역할을 교사에게 많이 요구하지만, 유아반 교사에 대해서는 발달에 적합한 수업 수행에 대한 요구가 많다. 그러므로 많은 유아반 교사가 유아의 발달에 적합하면서도 주제와 통합되고 유아가 흥미를 가질 만한 활동을 준비하여 수업을 수행하는 것에 대해 어려움을 느끼고 있다.

(2) 안전사고

유아반은 영아반에 비하여 한 반의 인원이 많고 활동이 활발하며 소음도 많은 편이다. 또한, 유아의 활동량이나 움직임이 크므로 안전과 관련한 사고 발생도 많다. 어린이집의 경우 안전은 매우 예민한 부분이며 학부모 역시 가장 많이 고려한다. 유아에게 안전사고가 일어날 경우 교사의 대처방안 및 해당 유아의 학부모에 대한 적절한 안내와 상담이 어려움으로 제시되기도 한다.

(3) 서류

유아반은 한 학급당 속해 있는 유아의 수가 많으므로 처리해야 하는 개인별 서류도 많다. 관찰기록 및 평가, 면담일지 등에 대해 개인별로 기록해야 하므로 서류 작성의 분량이 많고, 대부분 내용을 세분화하고 심화하여 작성한다.

(4) 학부모들의 높은 기대

유아반의 경우 어린이집의 행사가 있을 때 영아반과는 달리 결과물에 대한 기대가 높은 편이다. 초등학교 입학을 앞두고 있는 유아반의 경우 학부모들이 학습에 대해 요구하기도 한다. 학부모의 요구를 수용하여 교육과정을 운영하는 것이 필요하지만, 부모의 요구사항이 교육적으로 적절하지 않을 때는 유아들에게 교육적으로 적절한 내용이 무엇인지 부모들에게 안내하는 것이 필요하다. 교사는 이를 적절히 구분하여야 한다. 부모의 요구를 수용하되 교육적인 내용에 위배되지 않아야 한다.

2 영아반 교사의 역할과 직무

만 2세 이하의 영아는 성인의 돌봄이 절대적으로 필요하다. 따라서 보육과정의 운영의 많은 부분이 '돌봄'과 관련이 되어 있다. 교사의 주된 역할이 돌봄에 치중하게 되기도 하고 요구도 많이 받으면서 교사로서의 정체감에 어려움을 겪기도 한다. 영아반 교사는 자신의 '돌봄'이 교사로서 어떤 전문적인 역할을 하는가에 대해 고민하고 지원하는 것이 중요하다. 또한, 영아의 기본적인 욕구 충족을 넘어서서 그들의 발달을 최대한으로 지원해 줄 수 있어야 한다.

1) 영아반 교사의 역할과 직무

(1) 영아의 발달적 특성 이해와 지원

영아기는 인생에서 중요한 발달이 이루어지는 시기이다. 기고 걸으면서 몸을 이동하고 주변과 상호작용하게 된다. 대소변을 가리고 언어 능력이 급속히 발달한다. 영아기는 월령에 따른 발달의 변화가 급격하다. 12개월의 영아에게 적합한 활동이 18개월 영아에게는 흥미가 없을 수 있다. 그러므로 교사는 영아의 발달 수준을 이해하고 그에 적합한 교육과 돌봄을 제공하는 것이 필요하다. 같은 월령의 영아라도 개인에 따라 차이가 클 수 있으므로 주의 깊게 관찰하여 발달의 개인차를 파악하는 것 역시 영아반 교사의 중요한 역할 중 하나이다. 일과 운영도 영아의 생리적 시간을 고려하여 개별 요구에 부합하도록 작성하는 것이 중요하다.

(2) 안정된 애착 제공

영아기는 심리적으로 안정된 애착이 형성되는 시기이다. 주변의 성인과 안정된 애착을 형성한 영아는 정서적 안정감과 자신감을 느끼고 자신의 주변을 적극적으로 탐색할 수 있게 된다. 대체로 영아는 부모와 애착을 형성한다. 최근 나이가 어린 영아도 기관에서 보내는 시간이 많아지면서 교사와의 애착 역시 중요해졌다. 부모를 떠나 낯선 환경에서 생활하게 되는 영아가 정서적으로 안정되고 교사와의 관계를 잘 형성하는 것은 매우 중요하다. 영아와 교사의 관계는 영아의 정서 발달에 매우 중요한 영향을 주는데, 정서적 지원은 별도의 활동을 통해 이루어지기보다 하루 생활 속에서 이루어지게 하는 것이 좋다(삼성복지재단, 2006).

(3) 영아의 기질적 특성 존중

영아는 같은 상황에도 서로 다르게 반응하는 것을 볼 수 있다. 낯선 물건이나 환경에 호기심을 가지고 수용하며 잘 적응하는 영아도 있고, 예민하고 까다로운 영아도 있다. 그런가 하면 겁을 내며 머뭇거리는 영아도 있다. 이처럼 같은 상황에 각기 다르게 반응하는 것은 영아가 가진 기질적인 특성으로부터 오는 차이 때문이다. 기질은 개인 차이를 가져오는 영아의 특성이고 행동방식이기도 하다. 교사가 각 영아의 기질을 파악하면 영아에게 적합한 양육방식을 적용할 수 있게 되므로 교사에게 필수적인 부분이라고 할 수 있다. 새로운 환경에 대한 적응이 느리고 겁이 많은 영아에게는 친근한 장소에서 친근한 놀잇감을 통해 친숙해질 수 있도록 시간을 충분히 주는 것이 필요하다. 새로운 상황에 적응이 빠른 영아들 역시 개인에게 관심을 가지고 표현해 주며 지원해 주는 것이 좋다. 활동량이 많은 영아는 하루 중 언제든지 활동적인 놀이를 할 수 있는 공간을 마련해 주는 것이 좋다.

(4) 놀이의 준비와 참여자

영아들은 놀이를 통해 성장해 나간다. 놀이는 영아가 전인적인 발달을 이룰 수 있게 하는 중요한 매개가 된다. 교사는 영아에게 적합한 놀이를 준비해 주는 역할을 감당해야 한다. 즉, 놀이가 편안한 상태에서 이루어질 수 있도록 공간적인 준비를 하고, 질 높은 놀이를 위한 놀잇감이 마련되어야 한다. 이 놀잇감은 영아가 호기심을 가지고 탐색할 수 있으며 발달 수준에 맞고 안전하고 매력적이어야 하며 청결하게 관리되어야 한다. 더불어 충분한 놀이가 이루어질 수 있도록 시간을 주는 것이 필요하다(삼성복지재단, 2006). 영아가 놀이에 참여하게 되면 교사는 주의 깊게 관찰하여 놀이에 적절한 개입을 하는 것이 좋다. 놀이와 관련하여 교사는 영아의 놀이 상황과 흥미, 발달을 관찰하여 개별 유아에게 적합한 놀이계획을 세우고 지원하는 것이 중요하다. 더불어 영아의 필요에 민감하게 반응하고 지원해 주거나 함께 놀잇감을 가지고 놀면서 활동에 참여하고 사고의 촉진을 돕는 질문을 통해 풍부한 언어적 자극을 제공하는 역할을 해야 한다.

(5) 일상생활의 지원자

영아기는 대소변 가리기와 스스로 식사하기 등의 일상생활 기술을 습득하게 되는 시기이다. 이 시기에 경험한 배변훈련이나 위생 및 수면습관은 성인이 될 때까지 영향을 미친다. 일상생활과 관련된 활동에 참여할 때 영아가 자발적으로 해 볼 수 있도록 지원하는 것이 중요하다. 시간이 오래 걸리더라도 영아 스스로 옷을 입고 화장실을 사용하며 음식을 먹는 과제 등을 해 보게 하여 영아가 자신감을 가지도록 격려하고 기다려 주는 것이 필요하다. 각 영아의 개별적인 차이를 인정하고 지원하되 심리적, 정서적으로 무리가 가지 않도록 한다. 영아의 연령별 발달 특성에 적합하게 일상생활의 습관을 들일 수 있도록 지원하고, 영아의 다양한 문제행동에 대해 적절한 대처방안을 생각하는 것이 필요하다. 일상생활의 습관 형성을 위해 영아가 흥미를 가지고 참여할 수 있도록 다양한 놀이를 제시하는 것이 효과적이다. 이와 더불어 가정과 연계를 이루어 함께 지원하는 것이 일관성 있는 교육을 시행하는 가장 좋은 방법이다.

2) 영아반 교사의 일과

영아반 교사의 일반적인 하루 일과는 다음과 같다.

〈표 9-2〉 영아반 교사의 일과

시간	일과 내용
07:30 ~ 09:00	영아 맞이할 준비, 오전 통합보육
09:00 ~	등원 및 실내 자유선택활동
10:20 ~	정리 · 정돈, 화장실 가기
10:40 ~	간식
11:00 ~	일과 소개
11:10 ~	대 · 소그룹활동
11:50 ~	화장실 가기
12:00 ~	점심, 양치하기
13:00 ~	실외 놀이
14:00 ~	화장실 가기
14:10 ~	낮잠 및 휴식
15:30 ~	화장실 가기
15:40 ~	오후 간식 및 실내 자유선택활동
17:30 ~	평가 및 귀가지도
17:50 ~	통합보육
18:00 ~	다음 날 수업준비 및 사무관리, 퇴근

영아반 교사의 중요한 일과는 영아가 간식, 식사, 화장실 가기, 휴식 등과 같은 일상을 안정적으로 수행할 수 있도록 지원하는 것이다. 일상생활 활동의 규칙적인 수행을 통하여 영아가 안정적인 상태로 생활습관을 잘 들일 수 있도록 지원한다.

3) 영아반 교사의 어려움

(1) 비언어적 의사소통

영아는 자신의 의사를 언어로 표현하는 것에 서툴다. 낯설고 불편한 상황에서는 울음으로 의사표현을 하는 경우가 많아, 영아의 다양한 자신만의 비언어적 언어표현을 교사가 알아차리고 지원하는 것이 중요하다. 이를 위해 영아와 친숙한 관계를 형성하고 각 영아의 비언어적 의사소통을 잘 이해하는 것이 필요하다.

(2) 학기 초 적응

영아는 시설을 처음 경험하는 경우가 많다. 대부분의 영아가 부모님과 떨어질 때 많이 울고, 기관에 적응하는 데 시간이 걸린다. 때로는 한 명이 울기 시작하면 한꺼번에 반 전체 영아가 따라 울기도 한다. 학기 초에는 대소변 실수도 많이 하고 놀이하는 동안 갈등도 많이 생기므로 적응시기에 영아반 교사가 가지는 어려움이 크다. 어려운 초기 적응시기가 지나가도 며칠 또는 몇 달 뒤 혹은 영아 자신의 몸이 좋지 않은 상황이 생기면 적응 초기로 돌아가는 경우가 많다. 영아의 오랜 적응기간이 교사를 가장 어렵게 하는 부분이기도 하다.

(3) 부모와 매일 의사소통하기

영아반 학부모 대부분이 아이를 교육기관에 보내는 것을 처음 경험한다. 따라서 기관에 대한 관심도 더 많고 영아가 어떻게 지내는지 매우 궁금해한다. 더불어 요구사항도 많다. 자녀가 어떻게 지내는지 세밀한 부분까지 궁금해하고 예민하게 반응하는 편이다. 따라서 영아반은 한 학급의 영아 숫자가 적기는 하지만 학부모와 매일 의사소통하는 경우가 많다. 신입교사의 경우 이 부분에 대해 더 많은 어려움을 느끼기도 한다.

(4) 체력소모

영아를 지원하고 놀이하는 것에 교사의 체력적인 지원이 필수적이다. 영아는 교사가 지원해 주어야 하는 활동이 많다. 개별 영아에 대한 관심과 지원이 이루어져야 하고 신체 접촉이 더 많이 이루어진다. 또한, 기본생활습관에 대한 교사의 도움이 더 많이 필요하다. 이처럼 체력소모가 큰 것에 대해 교사는 어려움을 느낀다.

(5) 교사로서의 정체감

유아반에 비해 영아반은 일상적인 돌봄 활동이 매우 중요한 부분을 차지한다. 교사는 자신의 반을 구성하고 교육과정을 운영해 나가는 것을 중요하게 여기는 경향이 있다. 그러나 일상적인 생활을 지원해 주는 것이 많은 부분을 차지하는 영아반 교사의 경우 자신의 교실에서의 행동에 대한 정체감에 혼란이 생기기도 한다.

학습실천과제

1 유아반 교사의 역할과 직무 중 자신이 가장 어렵게 느껴지는 부분이 무엇인지 논의해 본다.

2 영아반 교사의 역할에서 '돌봄'의 전문성을 어떻게 수립해야 할지 논의해 본다.

제10장 장애통합, 시간연장, 다문화 학급 교사의 역할과 직무

1. 장애통합반 교사의 역할과 직무
2. 시간연장반 교사의 역할과 직무
3. 다문화 학급 교사의 역할과 직무

장애통합이나 시간연장, 다문화 학급의 교사의 역할에 대한 논의는 '취약보육프로그램'과 연결하여 생각하는 것이 필요하다. 우리나라에서 취약보육에 대한 논의가 이루어진 배경을 살펴보면 다음과 같다.

전 세계의 흐름에 따라 우리나라도 점차 국제화·다원화되고 있다. 그러므로 영유아기부터 편견 없는 사고와 태도 및 행동을 기르는 교육이 요구된다. 2016년 통계에 따르면, 우리나라는 다문화 인구는 200만 명을 넘어섰다. 2020년에는 전체 인구의 5%를 넘길 전망이라고 한다(통계청, 2017).

먼저, 다문화 영유아의 경우 영유아기부터 형성되는 편견을 극복하고 대한민국 국민의 일원으로서 잘 살아갈 수 있도록 지원하여야 한다. 또한, 취약한 환경과 특별한 요구가 있는 영유아에게도 권리를 충족할 수 있는 보육프로그램이 필요하다. 이에 대한 보육교사의 적극적인 지원과 역할이 강조되는 상황이다.

맞벌이 부부의 증가와 부모의 근무시간의 다양화, 한부모가족 등 가족 형태의 다양화로 인하여 영유아의 일일 보육시간이 증가하는 추세에 따라 연장보육프로그램에 대한 요구가 증가하고 있다. 일상적인 보육프로그램과 연장보육프로그램이 요구하는 교사의 역할과 직무에는 각각 차이가 있으므로 연장보육프로그램에 대한 교사의 역할 인식 및 수행이 필요하다.

취약보육의 필요성 증가와 이에 따른 교사의 직무에 대한 인식이 필요하고 직무에 따른 역할에 대한 논의가 이루어져야 한다. 이러한 논의는 다음과 같은 효과를 가져올 수 있다.

첫째, 보육교사 자신의 기존 편견과 행동을 돌이켜보는 반성적 사고를 가능하게 한다. 교사는 교사가 되기 전부터 교육신념을 형성하는 직업이다. 유아기부터 성인이 되어 교사가 되기까지 다양한 교사를 만나면서 교사에 대한 이미지를 형성하며, 자신의 개인적 특성과 합하여져 자신만의 교육신념을 형성하게 된다. 따라서 취약계층의 교사 역할과 직무를 살펴보는 것은 교사 자신이 기존에 가진 여러 사고에 대한 반성적 사고의 기초가 될 것이다.

둘째, 교사의 역할에 대한 인식과 이에 대한 신념의 중요성을 인식하게 해 준다. 취약계층의 영유아들은 교사와 많은 시간을 보내면서 영향을 받게 된다. 영유아들은 교사가 가진 역할 인식에 의해 활동이 이루어지고 상호작용하며 프로그램에 참여한다. 따라서 교사 자신의 역할의 중요성에 대해 교사가 인식하고 발전시킬 수 있도록 도움을 줄 수 있다.

셋째, 가정과의 연계를 통하여 부모참여를 높이고 보육의 질을 높이는 프로그램을 실시할 수 있다. 보육의 성패는 결국 가정에서 부모의 역할 강화를 위해 이루어지는 가정과 효율적으로 연계된 보육이라고 할 수 있다. 따라서 취약계층 영유아의 부모에 대한 지원과 이를 위한 교사의 역할 인식과 수행을 통하여 질적으로 높은 보육프로그램을 제공하게 될 수 있을 것이다.

1 장애통합반 교사의 역할과 직무

장애아동와 일반아동을 통합하는 것과 관련해서, 선진국에서는 1960년대부터 통합보육에 대한 논의가 진행되었다. 그리고 지금은 일반 기관에서의 완전 통합을 지향하고 있는 추세이다.

이와 관련한 우리나라의 상황을 살펴보면, 2004년 「영유아보육법」에 따라 만 0~5세 장애영유아의 무상보육에 대한 법적 근거가 마련되었다. 그후 2007년 제정된 「장애인 등에 대한 특수교육법」에 의해 평가인증을 받은 어린이집에서는 장애아동에 대한 의무보육을 실시하도록 되어 있다. 2011년 8월 「장애아동복지지원법」이 제정되어 2012년 8월부터 시행되고 있는데, 이 법은 저소득층 위주의 선별적 복지를 지양한다는 것을 골자로 한다. 복지지원 전달체계와 연계협력체계를 보완하고 장애아동과 그 가족에 대한 종합적인 지원대책 수립이 주요 내용이다. 이와 같이 통합보육의 법체계는 갖추어 가고 있으나 보육현장에서 교사와 영유아, 학부모는 어려움이 있는 것으로 나타난다. 왜냐하면, 우리나라 장애영유아 통합보육은 동일한 학급에 속해 있는 정도의 단순한 물리적 통합에 그치고 있는 경우가 많기 때문이다.

2004년 「영유아보육법」	0~5세 장애영유아 무상보육 법적 근거 마련
⇩	
2007년 「장애인 등에 대한 특수교육법」	장애아동에 대한 의무보육 실시
⇩	
2011년 8월 「장애아동복지지원법」	장애아동과 가족의 종합적인 지원대책 수립

[그림 10-1] 장애영유아의 무상보육 관련 법안의 흐름

장애영유아를 위한 보육교사와 관련된 내용은 「장애아동복지지원법 시행령」 제6조에 나타나 있다.

「장애아동복지지원법 시행령」 제6조

① 장애영유아를 위한 어린이집에 배치하는 특수교사 및 장애영유아를 위한 보육교사의 수는 장애영유아 수의 3분의 1 이상이어야 한다. 이 경우 배치된 특수교사 및 장애영유아를 위한 보육교사 2명당 1명 이상은 특수교사이어야 한다.
② 제1항에도 불구하고 장애영유아 수가 2명 이하인 경우에는 특수교사 및 장애영유아를 위한 보육교사를 배치하지 아니할 수 있다.
③ 제1항 및 제2항에 따른 배치는 다음 각호의 기준에 따라 순차적으로 실시한다.
1. 만 5세 이상의 장애영유아 : 2016년 3월 1일부터
2. 만 4세 이상의 장애영유아 : 2017년 3월 1일부터
3. 만 3세 이상의 장애영유아 : 2018년 3월 1일부터

앞의 법령에서는 장애영유아가 3명 이상일 경우 특수교사 및 장애영유아를 위한 보육교사를 배치하는 것을 골자로 한다. 그리고 육아정책연구소에서 2013년 8월에 발간한 「육아정책 Brief」를 살펴보면 학부모는 장애영유아와 일반영유아의 완전한 통합보육을 희망하는 반면 질 높은 통합보육을 할 수 있는 여건이 마련되어 있지 않아 현실적으로 어려움이 있는 것으로 나타난다. 이 어려움은 크게 장애영유아의 배치 측면과 인적 환경 측면에서의 어려움으로 나타난다. 우선, 장애영유아 배치 시에 장애 유형과 그 정도가 고려되지 않아 교육의 질 저하, 업무 과중, 영유아의 개인차로 인한 프로그램 진행의 어려움 등이 나타난다고 보고되고 있다. 민간어린이집의 경우 재원 장애영유아가 2명 이하인 경우가 대부분이어서 이에 대한 인건비 지원이 이루어지지 않고 있다. 그러나 보육교사의 입장에서 한 학급에 장애영유아가 2명만 되어도 자신의 보육업무를 수행하는 데 심한 어려움을 겪는 것으로 나타난다. 그러므로 교사들은 장애영유아가 2명이더라도 3명인 경우와 같이 지원해 주거나 보조 인력에 대한 지원이 필요하다고 말한다. 이에 대한 보완

이 이루어져야 할 것이다. 장애통합반에서 보육을 담당하는 교사의 역할과 그 직무를 살펴보면 다음과 같다.

1) 장애통합반 교사의 역할과 직무

(1) 보육과정의 수행자

장애통합반 교사의 경우에도 가장 우선시되어야 하는 역할은 보육과정의 수행이다. 기본적으로 일반 어린이집에서 가장 중요하게 여겨야 할 부분은 양질의 보육과정을 바람직하게 이루는 것이다. 이것은 장애통합반에서 근무하는 교사에게도 동일하게 적용되는 부분이다. 즉, 장애통합반 교사 역시 표준보육과정 또는 누리과정에서 요구하는 바람직한 보육 일과를 진행하며, 주제와 유아의 발달 수준에 적합하게 보육과정을 수행하여야 한다.

(2) 통합교육에 대한 실천적 전문지식 습득

장애통합보육 지원 교사는 두 가지로 분류될 수 있다. 특수학교 유치원 정교사 자격증을 가진 특수교사와 보건복지부령이 정하는 특수교육 또는 재활 관련 24학점을 취득한 보육교사 2급 자격을 갖추고 있는 장애영유아 보육교사이다. 기존의 일반 보육시설에서 장애통합보육이 이루어지는 경우, 장애영유아 보육 관련 특별 직무교육을 받고 통합지원 교사가 되는 경우가 더 많다. 기본적으로 통합보육 지원 교사의 경우 교사의 역할을 수행하지만 통합교실 내에서 일반영유아와 장애영유아 사이에서 중심적인 역할을 수행하게 된다. 따라서 일반영유아의 보육뿐 아니라 장애영유아의 통합에 대한 전문적인 지식 수행이 매우 중요한 요인이 된다. 이는 통합보육 지원 교사뿐 아니라 통합교육을 수행하는 보육교사 역시 필요한 지식이다. 보육과 관련된 지식은 교실 내에서 이루어질 때 그 힘을 가진다. 이러한 지식을 실천적인 지식이라고 한다. 통합보육이 이루어지는 교실은 일반영유아만으로 구성된 교실과는 그 상황이 다르다. 교실 내에서의 맥락을 잘 이해하고, 장애영유아를 지원하면서 구체적인 교육과정을 수행할 수 있는 전문적이면서 실천적 지식이 요청된다. 즉, 장애통합보육 지원 교사나 보육교사 모두에게 발달에 어려움이 있는 장애영유아에 대해 체계적이면서도 객관적인 지식이 필요하며 조기개입을 위한 교사의 실천적이고 전문적 지식은 반드시 갖추어야 할 요건이라고 할 수 있다(이정림 · 김은영 · 엄지원 · 강경숙, 2012).

(3) 장애영유아를 위한 개별 프로그램 시행

장애영유아 통합 프로그램을 운영할 때 장애전담 교사의 경우 장애아의 진단 및 개별화 프로그램을 수립하여 시행하는 것이 필요하다. 장애아의 특별한 학습 및 행동문제의 교정을 위한 직접적인 중재가 그 역할이라고 할 수 있다. 교사는 장애아를 평가하고, 장애아 부모와 상담하며 가정 연계를 통하여 가족 지원을 한다. 또한, 장애영유아가 일과에 참여할 수 있도록 수정계획 및 자료를 준비하는 것이 필요하다. 장애아의 특성 및 지도방법에 대해서도 함께 근무하는 보육교사에게 자문을 구하고 보육과정 개발과 학습환경 계획에 적극적으로 참여한다.

(4) 장애영유아 활동의 해석자

장애가 있는 영유아의 경우 의사소통에 있어 적절한 해석이 이루어져야 한다. 일반영유아의 장애영유아에 대한 이해는 함께 생활하는 동안 점차 확장될 수 있다. 그러나 기본적으로 교사가 장애영유아의 의사 및 필요에 대한 이해가 필수적이며, 이에 대해 적절한 해석을 할 수 있는 능력이 요구된다. 따라서 김미경과 백청강(2017)의 연구에서 제시하고 있는 것처럼 일반영유아에게 있어 장애영유아는 아픈 친구가 아닌 '생각 주머니가 다른 친구'로 이해되고 서로의 마음을 알아갈 수 있도록 하는 과정이 이루어질 수 있게 지원해야 한다. 교사가 다양한 교실 상황에서 장애영유아 및 일반영유아의 놀이와 활동을 해석하고 지원하는 역할은 통합교실을 운영하기 위한 중요한 기초 능력이 될 것이다.

(5) 놀이를 통한 매개자

유아교육에서 '놀이'는 보육과정을 수행하는 데 가장 중요한 도구이다. 장애영유아와 일반영유아가 같은 반에서 상호작용할 때 교사는 영유아 사이에서 사회적 상호작용이 일어날 수 있도록 매개자 역할을 해야 한다. 누리과정에서도 교육활동이 놀이를 통해 수행될 것을 강조하는데, 놀이를 통한 통합적인 활동이 발달을 가장 잘 이루어지게 하기 때문이다. 따라서 장애영유아와 일반영유아가 놀이를 통해 상호작용이 이루어질 수 있도록 놀이를 계획하고 상호작용을 지원하는 것이 필요하다. 장애영유아와 일반영유아가 서로를 알아가는 소통의 과정이 일어나야 하며, 교사는 영유아들이 쌍방향적인 상호작용을 통해 또래관계망을 형성할 수 있도록 역할을 해야 한다. 이를 위해 놀이는 중요한 의사소통과 상호작용의 도구로서 역할을 할 수 있고 놀이의 매개자로서 교사의 역할수행이 요청된다.

2) 장애통합반 교사의 어려움

장애통합반 교사는 일반 보육과정의 수행과 장애영유아에 대한 지원 및 교육에 대한 부담과 어려움을 가지고 있다.

(1) 보육과정 수행

장애영유아가 통합된 교실에서 보육과정을 수행하는 교사의 경우 일반보육과정을 수행하는 것에 더하여 장애영유아에 대한 고려가 필수적이다. 또한, 이와 관련한 학습 자료가 일반보육과정 자료에 비해 다양하게 보급된 편은 아니므로 보육과정을 수행하는 것에 대한 어려움과 고려되어야 할 점이 많다.

(2) 교사 간 역할 분담

장애아 통합교실의 경우 통합보육 지원 교사가 함께하게 된다. 이러한 교실 상황에서 보육과정을 수행하면서 통합보육을 지원하는 교사와의 사이에서 오는 어려움이 발생할 수 있다. 교사가 함께 보육과정을 수행하면서 오는 다양성과 고려가 장점이 되기도 하지만 교사의 철학이 다르거나 보육과정을 수행하는 태도가 다른 경우 갈등이 발생하기도 하고, 이는 영유아를 대하는 태도 등에서의 차이로 나타나기도 한다. 이러한 경우 정확한 역할 분담이 되어 있지 않으면 교사의 경력이나 나이, 성격 등의 요인에 따라 교사의 업무가 과중하게 되거나 갈등이 발생할 수 있으므로 각자 정해진 역할을 수행할 수 있도록 역할 분담을 하는 것이 필요하다.

장애전담 교사는 보육교사가 수업을 진행하는 동안 수업 참여에 어려움을 보이는 일반영유아를 지원할 수 있다. 보육교사는 수업시간에 장애영유아에게 참여 기회를 주고 직접 지도할 수 있다. 소집단 형태의 수업을 계획하였을 때에도 장애전담 교사와 보육교사가 각각의 집단을 맡거나, 서로 다른 활동을 진행하여 영유아들이 교대로 참여하도록 도울 수도 있다. 장애전담 교사는 장애아의 근처에서만 지원하고 보육교사는 수업을 진행하는 역할로 고정하는 것이 아니라, 다양한 형태의 수업을 통해 교사의 역할이 적절히 조정되도록 서로 협력하는 것이 중요하다.

(3) 부모와의 상호작용

일반 어린이집에서도 교사의 가장 중요한 업무이면서 어려움을 느끼는 부분이 부모와의 상호작용이다. 아이를 기관에 처음 보내는 부모의 다양한 요구사항에 교사가 응대하는 것에서 어려움이 발생한다. 특별히 장애가 있는 영유아의 학부모는 자녀가 배려를 받아야 하는 상황에 대해 예민하며, 요구가 수용되지 않을 경우 불만족도 높게 나타난다. 교사는 학부모들이 보육의 지원자로서 함께할 수 있도록 그들과 상호작용하고 교육을 통해 지원해야 한다. 따라서 부모와의 상담을 적절하게 할 수 있는 지식과 기술을 습득하는 것이 중요한 일이라고 할 수 있다.

다음의 내용은 한국보육진흥원(2010)에서 제시하고 있는 장애아 통합보육을 실시하는 데 교사 스스로 자신의 태도 및 준비를 점검해 볼 수 있는 체크리스트이다.

〈표 10-1〉 장애유아보육과정 운영의 자기점검표

문항	내용	표시
1	표준보육과정을 토대로 한 보육계획(연간, 월간/주간, 일일)을 수립하고 있다.	
2	일일 보육계획을 수립할 때 여섯 가지 기본원칙(일관성, 균형성 등)을 지키고 있다.	
3	보육과정 평가와 보육대상인 영유아에 대한 평가가 이루어지고 있다.	
4	장애아 보육을 위한 보육시설의 준비사항(학급구성, 환경구성, 프로그램)을 이해하고 있다.	
5	입소 대기를 원하는 장애아들의 관리와 상담이 이루어지고 있다.	
6	신입 장애아 부모를 위한 오리엔테이션이 실시되고 있다.	
7	장애아 입소 전·후 적응 프로그램이 마련되어 있다.	
8	일반유아를 대상으로 하는 장애 이해 교육이 준비되어 있다.	
9	일반유아 부모를 대상으로 하는 장애 이해 교육이 준비되어 있다.	
10	시설장 및 교사를 대상으로 하는 장애 이해 교육이 준비되어 있다.	
11	시설장, 보육교사, 장애전담 교사는 각각 자신의 역할을 파악하고 있다.	
12	보육교사와 장애전담 교사는 학급에서의 업무(역할)를 분담하고 있다.	
13	개별화교육 프로그램 작성 후 보육교사와 장애전담 교사는 그 내용을 공유하고 있다.	
14	보육교사와 장애전담 교사는 수업시간에 다양한 형태의 집단을 구성하여 교사의 역할을 조정하고 있다.	
15	치료사가 학급을 지원하는 경우 교사와의 협력을 위한 회의가 이루어지고 있다.	

☞ 모든 항목에 체크가 되셨나요?
그렇다면 양질의 보육과정을 기반으로 한 장애아 보육과정을 운영하실 수 있습니다.

출처: 한국보육진흥원(2010).

2 시간연장반 교사의 역할과 직무

2017년 통계청의 지역별 고용조사에 의하면 맞벌이가정은 전체 가정의 44.9%에 달하는 것으로 나타나고 있다. 맞벌이 가구의 비율은 60세 이상의 연령대를 제외하고는 모든 연령대에서 증가되는 것으로 보고되고 있다. 이러한 사회 현상과 맞물려 보육기관에서의 시간연장 보육에 대한 필요성이 점점 증가되고 있다.

시간연장 보육이란 기준보육시간(7:30~19:30)을 경과하여 최대 24시까지 시간을 연장하여 보육하는 것이다. 24시간 보육(19:00~익일 7:30)까지 시행하거나, 일요일 또는 공휴일에 이루어지는 휴일보육, 부모들의 요구에 의해 이루어지는 시간제 보육이 시간연장형 보육의 범주에 든다. 2016년 보육통계로 전국에 8,296여 개의 보육시설에서 약 41만 명의 영유아가 시간연장 보육을 이용하고 있는 것으로 나타났다. 시간연장반을 운영하는 보육교사의 경우 일반 어린이집 교사와는 다른 환경에 놓인다.

1) 시간연장반 교사의 역할과 직무

(1) 혼합연령반의 학급 운영

시간연장반의 경우 일반 보육을 마치고 각 가정의 필요에 의해 추가되는 보육을 받는 학급을 말한다. 일반적으로 시간연장반을 운영하는 어린이집의 경우 일반 보육이 끝나고 난 뒤 시간연장 보육을 신청한 영유아들이 한 반으로 모이게 된다. 이러한 경우 다양한 연령대의 영유아가 시간연장반에 모이는 것이 일반적이다. 따라서 특정 연령대의 영아나 유아로 이루어진 학급을 운영하는 것과는 상황이 다르다. 즉, 혼합연령 학급 보육을 운영하는 교사로서의 역할과 직무가 요청되는 경우가 많다.

일반적으로 혼합연령으로 구성된 시간연장반의 경우 교사는 중간 연령대의 유아 연령에 맞추어 보육과정을 운영하거나 인원수가 가장 많은 연령대에 맞추게 되는 경우가 많다(배지희 · 김은혜, 2012). 낮은 연령의 유아나 높은 연령의 유아에 대한 배려에서 교사로서는 애매한 입장에 놓이게 된다. 그러므로 혼합연령 학급을 담당하게 되는 시간연장반 교사는 다양한 연령대 영유아의 발달 특성을 파악하는 것이 중요하다. 혼합연령대의 영유아가 모인 학급에서 갈등 상황이 생길 때 주로 연령이 높은 영유아에게 물건 나누기나 순서 지키기에서 양보를 강요하는 경우가 많다. 그러나 이들 역시 돌봄을 받아야 하는 영유아라는 것을 인식하여야 하며, 교사에게는 각 연령대 영유아의 발달 특성 지원과 더불어 다양한 연령의 영유아가 함께 지낼 수 있도록 학급을 운영하는 기술이 요구된다.

(2) 영유아 일과에 대한 인지 및 활용

시간연장반 교사는 보육시설에 오후에 출근하여 학급 운영에 필요한 준비를 하고 19시 30분 이후에는 수업에 임하게 된다. 시간연장반에 모이는 영유아들은 하루 일과를 각 연령대의 학급에서 지내고 오는 경우가 많다. 시간연장반에 모인 영유아의 심리적, 신체적 상태는 그날의 일과를 어떻게 지냈는지와 매우 밀접하게 연관되어 있다. 더불어 오전과 오후에 이루어졌던 활동과 연계성 있게 시간연장반의 일과를 운영하는 것은 유아교육의 통합의 원리에도 부합된다. 따라서 시간연장반에 오는 영유아가 보낸 하루 일과 내용과 특이한 상황에 관해 주간 교사 또는 부모로부터 이야기를 전달받는 것이 매우 중요하며, 이때 교사의 민감한 의사소통 능력이 요구된다. 보건복지부(2014)에서 시간연장형 보육교사를 위하여 점검해야 하는 상황을 다음과 같이 제시한다.

〈표 10-2〉 시간연장반 운영을 위한 보육교사의 자기점검표

문항	내용	비고
1	시간연장형 보육 유아의 건강, 심리 상태는 어떠한가?	
2	주간 보육교사로부터 특별한 전달사항은 있었는가?	
3	시간연장형 보육 유아의 일일보고서(부모 요구사항, 귀가시간, 투약 등)을 확인하였는가?	
4	보육실 내에 유아에게 위험한 놀잇감이나 물건이 있는지 확인하였는가?	
5	주제에 따른 시간연장형 보육환경이 구성되어 있는가?	
6	보육실에 자연 채광이 충분하고, 조명시설이 적절하며 제대로 작동되는가?	

출처: 보건복지부(2014). 취약보육시간연장형 보육프로그램 매뉴얼. 서울: 경성문화사.

(3) 일상생활을 통한 보육활동 수행

오전부터 온종일 보육시설에서 지내는 영유아들은 심리적, 신체적으로 지치게 된다. 따라서 시간연장반의 보육프로그램은 영유아들이 가정에서와 같이 편안한 상태에서 이루어지는 것이 필요하다. 시간연장반에서는 일상생활 가운데 교육이 이루어질 수 있도록 해야 한다. 누리과정에서는 유아들의 일상생활에서의 기본생활습관을 형성하는 것을 중요한 교육의 목표로 삼고 있다. 바람직한 기본생활습관이란 매일의 생활을 통해 형성되기 때문이다(보건복지부, 2014). 따라서 시간연장반 보육은 오전에 이루어진 주제와 연관이 되면서도 각 연령대의 유아가 습득해야 하는 바람직한 생활습관이 일상생활 가운데 이루어질 수 있도록 지원하는 것이 필요하다. 더불어 이러한 기본생활습관은 상황적으로 필요가 발생하는 경우가 많다. 그래서 시간연장반의 교육과정을 상황적 교육과정이라고도 할 수 있다. 일상생활 가운데 발생할 수 있는 다양한 상황을 보육과정 내에 수용하여 영유아의 바람직한 기본생활습관을 형성하는 것은 시간연장반 교사의 중요한 역할이 될 것이다.

2) 시간연장반 교사의 어려움

(1) 다양한 연령대 유아의 요구 수용

혼합연령반으로 주로 구성되는 시간연장반에서 교사가 가장 많이 언급하는 어려움은 연령대의 다양함으로 인해 발생하는 상황에 대한 것이다. 영유아기는 연령별로, 같은 연령이라도 개인별로 발달 특성의 차이가 크다. 더불어 영유아교육은 각 영유아의 특성을 지원하는 상호작용을 매우 중요하게 여긴다. 따라서 만 0세부터 5세까지의 다양한 연령으로 구성되는 시간연장반 영유아를 대상으로 보육프로그램을 구성하고 지원하는 것에 교사들은 많은 어려움을 느낀다. 학부모도 시간연장반에 다양한 연령대의 영유아가 모이는 것에 대해 우려한다. 핵가족화로 형제자매의 관계가 많지 않은 영유아가 다양한 연령대를 경험하게 되는 것에 대한 장점을 이야기하는 경우도 있지만, 다른 연령대의 영유아가 모임으로써 혹시 연령이 낮은 자신의 아이가 나이가 많은 아이들 사이에서 신체적, 정신적으로 어려움을 겪지 않을까 하는 걱정을 한다. 반대로 연령이 높은 유아의 부모는 아이가 '형님다움'을 강요받거나 '양보'를 요구당하지 않을까 하는 걱정이 있다. 시간연장반에서 높은 연령이더라도, 일반적인 기준에서는 그 유아들 역시 보호받고 지원받아야 하는 아이이다. 교사는 이를 고려하여 학급을 운영할 필요가 있다.

(2) 1인 교사체제의 어려움

다양한 연령대의 영유아를 대상으로 하는 시간연장반의 경우 대체로 교사 1명으로 운영되는 경우가 많다. 영유아의 수가 많지 않은 경우 대부분 교사 1명이 보육과정 전반을 운영하기 때문이다. 1인 교사체제에 있는 시간연장반에서 교사는 어린 영유아를 세심하게 돌보지 못하는 어려움을 호소한다(배지희 · 김은혜, 2012).

(3) 야간시간대의 보육 운영

시간연장 보육의 경우 17시 30분 이후에 이루어진다. 야간에 진행되는 경우가 대부분이다. 시간연장 보육을 운영하는 교사 역시 생활인으로서 자기 가족과의 저녁시간이 필요하다. 긴 시간 보육을 필요로 하는 부모의 요구를 수용하기 위하여 시간연장 보육이 이루어지지만 교사 자신의 가정에 대한 돌봄이 어려워지기도 한다. 주간에 이루어지는 보육은 교사 자신 이외에도 긴급 상황에 도움을 받을 수 있는 다양한 지원체제가 있다. 그러나 야간에 영유아에게 응급 상황이 발생하거나 교사 자신에게 어려움이 발생하였을 경우 해결하는 데 어려움이 있다고 호소한다.

(4) 정체성의 혼란

일반적으로 시간연장반은 교실이 별도로 있는 경우가 많지 않다. 주간에 활동이 이루어진 보육실 중 하나를 연장하여 사용하는 경우가 많다. 교사들은 자신의 보육실을 주제와 연령에 맞게, 그리고 필요한 보육프로그램에 맞게 환경구성과 교구를 배치한다. 그러나 시간연장반은 오전에 이루어진 보육실의 교재·교구를 그대로 사용하는 경우가 대부분이다. 교사로서 자신의 교실환경을 적절하게 구성하지 못하기도 하지만, 가르치는 역할보다는 돌보는 역할에 치중하게 되어 교사로서 정체성에 어려움을 갖게 되기도 한다.

(5) 기관 변경으로 인한 보육의 연계성

주간에 보육을 담당하였던 어린이집에서 시간연장이 이루어지는 경우 외에 시간연장 보육이나 야간 보육을 위하여 다른 보육시설로 이동하는 영유아도 있다. 이런 경우 오전에 이루어졌던 보육과 연계성을 유지하고 그날의 영유아 상태를 파악하고 지원하는 데 어려움이 발생하기도 한다.

3 다문화 학급 교사의 역할과 직무

우리나라 총 인구 5100만 명 정도인 가운데 외국인 주민은 약 170만 명을 넘는다. 현재 국내에 거주하는 외국인은 전체 인구의 3.4%이지만 2017년 보육통계(통계청, 2017)에 따르면 정부는 향후 10%까지 이를 것으로 전망하고 있다. 2016년 11월까지의 통계에서 만 18세 이하 다문화 가정 자녀는 201,333명이고 그중 만 6세 이하가 113,506명으로 약 56.4%에 이른다. 이들 중 18,821명은 어린이집에 재원하는 것으로 나타났다. 육아정책연구소(2014)의 '유아교육연차보고서'에 의하면 다문화 가정 재원아동의 수는 2014년 통계로 14,263명이다. 전국에서는 서울, 경기, 인천, 경남, 경북, 전남이 다문화 가정 자녀가 많은 지역으로 나타나고 있다. 다문화 가정 자녀 유형도 다양해지고 있으며 인종도 다양화되는 것으로 보고되고 있다.

다문화 교육이란 사회 내에 다양한 문화가 존재하며, 이들이 서로 다른 문화적 가치를 갖고 있다는 것을 인정하고 존중하여 언어, 종교적 신념, 생활양식, 문화, 민족, 성, 장애, 사회적 배경의 차이에 관계없이 상호 존립할 수 있도록 하는 교육을 말한다(서정아 · 엄정애, 2011). 우리나라 역시 다문화 국가에 돌입하였으며 다문화 아동에 대한 교육이 필요하고 다문화 학급을 운영하는 교사의 역할이 점점 중요해지고 있다.

1) 다문화 학급 교사의 역할과 직무

(1) 다문화 교육과 관련된 교사 자신의 교육신념의 점검

영유아기는 자신과 다른 사람에 대한 편견이 세워져 가는 시기이다. 이 시기 교육을 담당하는 보육교사의 신념은 영유아에게 매우 중요한 작용을 한다. 교사는 자신이 가진 편견이나 선입관을 점검해 보아야 한다. 실제 모든 교사는 나름의 교육신념을 가지고 있으며, 겉으로 드러나지 않지만 교육이나 대상 유아에 대한 편견을 가지고 있다. 박은혜(2017)는 교사 자신이 편견이 있음에 대한 겸손한 자기 인식이 필요하다고 언급하고 있다. 이러한 인식의 바탕 위에 교사 자신의 편견으로 인해 다문화 학급의 영유아에게 어려움이 생기지 않도록 살펴보아야 한다. 다문화 학급 운영을 위한 교사 자신을 점검하는 내용을 살펴보면 〈표 10-3〉과 같다.

〈표 10-3〉 다문화 교육 자가점검표

문항	내 용	비고
1	나는 다른 나라에 관한 최근 정보와 책을 즐겨 읽는가?	
2	나는 다른 나라의 사진이나 그림에 관심이 있는가?	
3	나는 다른 나라의 고유한 풍습이나 전통을 어느 정도 알고 있는가?	
4	나는 유아가 세계시민으로 자라야 한다고 생각하는가?	
5	나는 유아가 지속적으로 협력하고 의견을 나누도록 격려하는가?	
6	나는 다양성과 차이를 인정할 수 있는 따뜻하고 수용적인 분위기를 만들고 있는가?	
7	나는 유아가 다양한 문화나 문화의 차이에 대해 질문하고 사고하도록 격려하는가?	

출처: 보건복지부(2014). 취약보육시간연장형 보육프로그램 매뉴얼. 서울: 경성문화사.

(2) 양질의 통합된 보육과정 운영

영유아기는 전조작기 시기로 각기 분절된 지식을 이해하는 데 어려움이 있다. 따라서 이들을 대상으로 하는 유아교육에서는 활동 간, 내용 간, 영역 간의 통합된 교육과정 운영을 중요하게 여긴다. 다문화 학급의 영유아들 역시 우리나라 보육과정에서 제시하는 누리과정의 목적인 '심신의 건강과 조화로운 발달을 이루어 민주시민의 기초를 형성'을 위해 보육이 이루어져야 한다. 다문화 영유아들의 심리적,

신체적 건강을 지원하기 위한 보육프로그램이 제시되어야 하며, 이들의 신체운동 건강, 의사소통, 사회관계, 예술경험, 자연탐구의 전 영역에서 통합적인 보육프로그램이 제시되어야 한다. 특별히 다문화 가정의 영유아를 대상으로 하는 보육프로그램에서는 교사가 언어적인 지원을 민감하게 하는 것이 더 많이 요구된다.

(3) 다문화 가정 부모 지원

영유아교육은 다른 교육 분야보다 부모와의 협력이 중요하다. 영유아교육은 가정과 연계되어 교육이 이루어질 때 가장 효과적이기 때문이다. 다문화 가정의 부모는 자녀양육에 있어 많은 어려움을 겪는다. 특히 언어로 인한 어려움이 가장 큰 것으로 나타난다. 다문화 가정의 부모는 어린이집에서 매주 가정에 보내는 계획안의 용어와 전달사항을 이해하는 데 시간이 많이 걸린다. 대부분의 계획안은 한글로 제공되고, 간략한 표에 함축적으로 내용이 기재되므로 이해가 더 어렵다. 다문화 가정의 경우 60% 이상이 어머니가 외국인인 것으로 나타난다. 다문화 가정의 한국인 아버지는 어머니에 비해 10살 이상 연령이 높은 경우가 많고, 대부분 농업에 종사하므로(통계청, 2017) 자녀와 언어적인 상호작용을 할 수 있는 시간이 부족하다. 농촌지역을 포함하여 다문화 가정 어머니의 경우 가정 내에서 한국어로 상호작용할 수 있는 가족이 거의 없으므로 영유아 자녀에 대해 언어적으로 지원해 주는 것에도 어려움을 느끼는 것으로 나타난다.

따라서 자녀교육과 관련된 내용을 다문화 가정 부모가 잘 이해할 수 있도록 적극적으로 지원해 주는 것이 필요하다. 계획안이나 안내문의 중요 내용을 해당 지역에서 가장 많이 거주하는 나라 언어를 함께 적거나, 영어 등을 함께 기재하거나, 그림을 함께 제시하여 내용이 전달될 수 있도록 하는 것도 하나의 방법이다. 다문화 언어로의 번역 및 통역은 지역마다 있는 다문화가정지원센터의 인력을 활용할 수 있다.

2) 다문화 학급 교사의 어려움

(1) 언어와 문화의 차이

다문화 학급 교사가 가지는 가장 큰 어려움은 다양한 국적의 학부모들과 자녀들에 대한 이해이다. 학부모와 자녀에 대한 이해는 언어를 기반으로 한다. 언어는 그 나라의 생활습관 및 문화를 기반으로 하는데, 영유아들의 경우 부모로부터 전수받는 언어 및 문화의 영향을 크게 받는다(임미선 · 박정아, 2011). 따라서 부모들의 언어와 각 나라의 문화 차이로 인하여 교사는 어려움을 겪는다. 교사에 대한 인식 차이는 물론, 보육기관에서 제공되는 정보를 잘 이해하지 못하여 생기는 교육과정 운영상의 어려움도 존재한다. 다문화 학급이 운영되는 경우 교사는 자신의 반에 속한 부모의 국가와 그 나라의 언어, 문화에 대해 적극적으로 수용하고 존중하는 태도를 가지는 것이 매우 중요하다(심성경 · 변길희 · 박주희, 2008).

(2) 학부모 상담

보육기관은 입소 전, 학기별 학부모 상담이 이루어진다. 대체적으로 입소 전 상담은 영유아의 특성을 파악하기 위하여 이루어진다. 학기 초에는 학급 전체 부모를 대상으로 한 오리엔테이션 또는 집단상담이 이루어지고, 학기가 지나가면서 개인상담이 이루어지는 것이 일반적이다. 어린이집의 경우 전화 또는 면대면의 일상적인 상담, 일일노트를 통한 연락 등으로 학부모와 상담한다. 그러나 다문화 가정 학부모의 경우 언어적인 제한으로 인하여 상담에 소극적인 경우가 많다. 상담이 이루어지더라도 언어적인 어려움으로 충분히 이해되지 않는 경우가 많아 교사가 어려움을 느낀다. 각 지역 다문화가정지원센터에서 통 · 번역 도움을 제공하는 서비스를 활용하여 학부모를 적극적으로 지원하는 자세가 요청된다.

(3) 다문화 영유아를 통합한 보육프로그램 운영

대학 또는 보육교사 양성기관에서는 대부분 일반영유아를 교육하는 내용으로 예비교사들을 지도하는 경우가 많다. 유아 발달, 교수·학습 방법 및 각 교과교육에 해당되는 내용은 물론, 학부모 상담과 관련하여서도 일반적인 한국인 가정과 평균의 영유아를 대상으로 하는 수업이 이루어진다. 수업시간에 다문화 교육의 중요성이나 시행방법을 배우기는 하지만 다문화 교육의 정의나 일반화된 내용에 그치게 된다. 그래서 취업하여 교실에서 다문화 가정의 영유아를 만나 통합된 보육과정을 운영하게 될 때 교사는 막막해지거나 여행자처럼 겉핥기에 그치는 다문화 교육을 수행하게 되는 경우가 많다.

(4) 교사교육의 부족

다문화 가정의 영유아를 보육하는 교사가 느끼는 어려움으로 가장 많이 제시되는 것 중 하나는 이들 교사를 위한 교사교육이 적절히 이루어지지 않는 것에 있다. 해마다 보육시설에 입학하는 다문화 가정의 영유아 수가 증가하는데, 이들 영유아를 위하여 효율적으로 보육과정을 운영하는 것에 대한 현직교사 교육은 활발하게 이루어지지 않고 있다. 따라서 각 시·도 육아종합지원센터에서는 해당 지역의 다문화 가정의 특성을 파악하여 교사들을 위한 적절한 교육과 지원을 제공할 필요가 있다.

학습실천과제

1 장애아에 대해 자신이 가진 편견이 무엇인지 논의해 본다.

2 신입교사로 시간연장반을 담당하게 된다면 가지게 될 어려움과 해결방안에 대해 논의해 본다.

3 다문화 가정의 영유아를 지원할 수 있는 자신만의 교수·학습 방법에는 무엇이 있을지 논의해 본다.

제5부

보육교사의 성장

모든 기회에는 어려움이 있으며, 모든 어려움에는 기회가 있다. 실패를 맛본 사람만이 차별성, 개성, 영혼의 성장을 경험한다.

— 마티아스 호르크스(Matthias Horx).

전문성을 갖춘 보육교사로 성장하기 위해서는 먼저 보육교사의 발달단계를 이해하여야 한다. 보육교사로서 전문성을 위해 전공지식을 습득함은 물론이며, 경험을 통해 알게 되는 실천적 지식도 요구된다. 또한, 흥미중심이나 개별화 보육, 통합보육과 같은 보육의 특성에 따른 폭넓은 교양지식에 대해 알아보고 현장 경험을 통해 얻을 수 있는 전문성 개발에 대해 살펴보고자 한다.

CONTENTS

제11장 보육교사의 발달

보육교사에 대한 발달적 관점은, 인간이 태어나고 성장하고 늙어가는 것처럼 교사도 양성과정에 입문하여 자격을 취득하고, 보육현장에 첫발을 내딛고, 성장하고 발달하고, 퇴보의 과정을 거치게 된다. 이와 같이 보육교사의 발달을 이해하는 것은 보육교사로서의 성장과 발달을 위해 꼭 필요한 것으로 보고, 본 장에서는 보육교사 발달의 개념, 보육교사의 발달단계, 보육교사의 주기별 발달 특성 및 성공적 적응을 중심으로 살펴보고자 한다.

1 보육교사 발달의 개념

'발달'이란 일반적으로 보편적이고 일반적인 패턴을 따라 점진적으로 진보해 가는 긍정적이고 이상적인 변화나 발전을 말한다. 발달이론은 모든 생물체가 성숙을 향해 나름대로의 발달적 단계를 거친다는 가정에 기초를 두고, 교사가 교직생활을 통해 성장과 변화의 과정을 거치게 된다는 관점을 가지고 있다.

교사 발달의 개념은 학자들의 관심 영역에 따라 다르게 규정되고 있는데, 이는 과학적이고 종합적인 연구로서 교사 발달을 연구하게 된 기간이 얼마 되지 않았으며, 교사 발달이라는 개념이 가지고 있는 포괄성과 다양성에 그 원인이 있다고 볼 수 있다. 신인숙(1991)과 이윤식(1999)에 의하면 교사 발달은 교사가 교직생활의 전체 기간을 통하여 교직과 관련된 제반 영역에서의 가치관, 신념, 태도, 지식, 기능, 행동에서 보이는 양적 · 질적인 변화를 의미한다.

교사 발달이 시작되는 시점은 신입교사로서 교직생활을 시작하는 순간부터라 할 수 있으나, 넓게 보면 교사 양성교육을 받는 대학교육 시기로 볼 수 있다. 예비교사들은 완전하지는 않더라도 나름대로의 교직에 관한 가치를 가지고 양성과정에 들어온다. 이러한 가치나 교직에 대한 태도는 양성교육을 받으면서 수정 · 보완 및 발전되며 예비교사들은 점차 교직에 필요한 지식과 기술 및 행동을 배워 가게 된다. 이러한 과정은 교사 입문시기는 물론 교사가 교직을 떠날 때까지 계속된다(조부경 · 백은주 · 서소영, 2001).

2 보육교사 발달단계

교사 발달단계는 시대에 따라서 일정한 주기를 따르기보다는 개인적, 사회적 환경에 따라 발달 순서가 다를 가능성이 크다. 즉, 교사의 발달단계는 교사의 개인적 환경이 변화하는 만큼, 교사의 발달에 있어서도 복합적, 역동적으로 변화하는 발달과정을 거치게 된다.

유아교사의 관심사에 따라 생존기, 강화기, 갱신기, 성숙기로 나누어 교사 발달 이론을 유아에게 적용한 카트(Kat, 1972, 1985)와 입문 · 수용 단계, 능력 구축 단계, 열중 성장 단계, 안일 · 안주 단계로 구분하여 교사 발달단계의 특징을 설명한 이창숙(2007)의 이론을 바탕으로 하여 정리한 교사의 각 단계에 따른 내용 및 특징은 다음과 같다.

첫째, 생존기(survival stage)는 교직생활 초기 1년간의 시기로 처음 입문하여 여러 가지를 수용하는 단계로 유아와 동료교사들에게 인정받기 위해 노력하고, 능력은 부족하지만 항상 배운다는 자세로 적극적으로 교직생활을 하는 특성을 갖고 있다. 지원과 격려, 이해, 확신, 위로 등의 심리적 안정과 교실현장에서 즉각적으로 대처할 수 있는 구체적이고 기술적인 도움이 필요한 시기이다. 그러므로 수업현장에서 겪게 되는 순간순간의 문제에 대한 대처는 현장에서의 기술적 지원 등을 통해 이루어져야 한다.

둘째, 강화기(consolidation stage)는 교직경력 1년 말쯤부터 3년 정도의 시기로 능력 구축 단계이다. 즉, 보육교사로서 자신의 학습지도 기술과 능력을 향상시키고자 노력하는 시기로 새로운 교수자료, 교수방법, 수업전략을 추구하고 전문성 향상에 노력한다. 어느 정도 안정감과 자신감을 갖게 되고 다른 업무나 기술을 숙달하고 문제유아의 개별적인 상황에 초점을 맞추고 문제해결 방안을 찾기 시작하는 시기이므로 수업현장과 관련된 도움뿐만 아니라 전문가나 동료교사로부터 구체적인 도움이 필요한 시기이다.

셋째, 갱신기(renewal satge)는 약 2년에서 5년의 경력교사로서 보육교사로 높은 수준의 단계에 도달하지만 여전히 발전을 위해 노력하는 열중 성장 단계이다. 교사로서의 열정과 애정이 많고 협조적이다. 다양한 프로그램에 대한 정보와 도움을 얻고자 새로운 것을 시도하는 시기로 동료와의 교류, 지역별 모임이나 워크숍 참석, 전문단체 모임, 시범 프로그램 기관의 방문, 견학 등 새로운 것을 시도해서 발전적인 단계로 나갈 수 있는 시기이다.

넷째, 성숙기(maturity stage)인 5년 이상이 되면 교사는 완전한 자신감과 경험을 갖추게 되며 교사로서 자신을 인정하고, 자아 갱신을 위한 전략과 관습을 개발하며 영유아의 성장과 발달에 관해 교사로서 갖추어야 할 철학 등 나름대로 안목과 관점을 갖게 된다. 이 시기의 교사는 더욱 진보된 성장과 교직에 대한 안목을 갖기를 원하므로 세미나, 교육기관, 학위과정, 책, 저널협회 참여 등을 통해 더욱 전문적인 전공교육으로 성장·발전하고 교직에 대한 안목을 기를 수 있다. 한편, 이 시기는 안일·안주 단계로 위험한 시기일 수도 있다. 교사가 보육교사에게 기대되는 직무는 수행하나 자발적이지 못하고 수동적이며, 직무회의감을 가질 수도 있기 때문이다. 이 시기를 어떻게 보내느냐에 따라 보육교사로 확실한 철학과 신념을 가지고 장기 근무할 수 있게 된다.

카트(Kat)는 각 단계의 시기에는 개인에 따라 차이가 있고, 2단계의 교사들에게 유익한 현직교육의 내용과 방법이 4단계의 교사들에게는 지루한 것이 될 수 있으며, 그 역도 가능하여 교사의 발달단계에 따라 관심 분야와 현직교육의 요구가 상이함을 지적하였다(Kat, 1977/1992). 이러한 카트의 이론은 유아교사의 발달 상황에 맞추어 단계를 나누고 있으며 유아교사 경력이 많아지면서 성숙·발달해 나가는 것으로 보고 있다. 카트(1972, 1985)와 이창숙(2007)의 교사의 발달단계와 특성을 통해 교사는 현재 자신의 위치에서 유아의 발달 특징에 대해서만 전문지식을 쌓을 것이 아니라, 교사 자신의 발달 특징에 대해 알아보아야 하며, 그것을 통해 부족한 부분이 무엇인지, 유아를 보육할 때 상시 발생할 수 있는 문제점은 어떻게 대처해야 할지 생각해야 한다. 또한, 교사 자신이 혼자 습득하거나 외부 교육 등을 통해 스스로 전문성 향상을 위해 기여할 수 있도록 해야 한다. 보육교사는 열악한 근무환경으로 인한 심리적 갈등 및 직업적 변화가 다양하므로 앞서 살펴본 교사 발달단계를 통해 자신에 대한 이해를 도모하는 것이 반드시 필요하다.

3 보육교사의 주기별 발달 특성 및 성공적 적응

1) 보육교사의 주기별 발달 특성

신입교사의 성장과정과 각 과정을 극복하기 위한 방법을 알아보면 다음과 같다(임승렬 외, 2014, 재인용).

첫 번째 단계로 교직에 대한 기대를 갖게 되는 시기이다. 양성과정에서 배운 내용을 열정을 가지고 실천하면서 이상적이고 바람직한 교사상을 꿈꾼다. 보육현장에 대한 통찰력 부족으로 발생하는 다양한 문제 상황을 경력교사나 온라인의 교사 지원시스템 등을 통해 도움을 받을 수 있는 네트워크를 형성한다. 저널 쓰기, 아이디어 노트 등을 통해 실행해 본다.

두 번째 단계로 하루살이와 같은 생존의 시기이다. 이 시기의 신입교사들은 예상치 못한 문제가 매일 발생하면서 정신없이 하루하루를 보내게 되는데도 경력을 가진 교사에게서 나타나는 직무 능력을 동일하게 기대한다. 따라서 다른 동료교사로부터 구체적인 아이디어나 지혜를 얻어야 한다. 특히 경력이 많은 교사의 지원과 격려로 교수활동, 학습자료 사용 등 교수실행의 어려움을 의논하고 도움을 받아야 한다. 즉, 일상적인 교실 상황에서의 생존 여부에 관심이 있으므로 교사는 이 시기에 나만의 멘토를 만들어서 좋은 관계를 유지하며 학습계획, 여가활동의 지원을 받는 것이 중요하다.

세 번째 단계로 현실과의 괴리를 경험하는 환멸감의 시기이다. 신입교사는 근무한 지 1~2개월이 지나면 양성과정에서 습득한 전공영역의 이론이 실제와 거리가 있음을 깨달으며 이에 대한 상심으로 좌절을 느끼고 교사직에 대한 절망과 환멸을 가지게 된다. 이로 인해 스트레스, 좌절, 질병, 과도한 책임의식에 빠져 이직을 생각하기도 한다. 따라서 교사는 어려운 문제를 잘 견디고 해결하기 위하여 경험과 노력을 통해 역량을 키우고 강하고 담대한 마음을 가지도록 노력해야 한다. 이 과정에서 가족, 친구, 동료교사의 이해와 격려를 받는 것이 중요하다.

네 번째 단계로 자신을 되돌아보고 재충전하는 반성과 회복의 시기이다. 바쁘게 학기가 지나고 휴가를 보내고 오거나 주변 사람들로부터 지지를 받아 원기를 회복하면 교사로서 자신의 생활을 되돌아보는 마음의 여유가 조금 생긴다. 이 시기에 교수활동에 대한 반성과 더 나은 학습운영이나 수업계획에 진전을 보이려고 방법을 찾아보게 된다. 따라서 다음 학기를 위한 재충전이 필요하고 다른 기관 교사와 교류할 수 있는 학술대회나 전문가 모임에 적극적으로 참여하는 등 성공적인 교사가 되기 위한 자신의 비전을 점검하는 것이 필요하다.

2) 신입보육교사를 위한 발달적 노력

1년 중 가장 바쁘고 업무량도 많은 새 학기는 신입교사에게 있어 모든 것이 낯선 상태에서의 첫 업무이기 때문에 매우 힘든 시기라 할 수 있다. 첫 근무지에서 업무 적응기간을 단축시킬 수 있는 방법은 근무지의 구조 및 체계를 빨리 익히는 것이다. 탐정놀이를 하듯이 보육시설의 물건이 어느 장소에 놓여 있는지 확인하고 부지런히 기억해 놓는 것이 중요하다.

교재 · 교구실 : 영유아들에게 매일 또는 매주 제시되는 교재 · 교구가 어떠한 방법에 의해 정리 · 보관되어 있는지 파악하여야 한다. 주제별, 영역별, 연령별로 구분되어 있는지, 자유선택활동 자료, 이야기 나누기 자료, 동화 자료, 동시 자료, 대근육활동 자료, 물 · 모래 놀이 등의 실외 놀이 자료 등으로 나누어져 있는지 살펴보고, 각 자료의 목록대장이 어디에 어떤 방법으로 되어 있는지 파악하여야 한다.

자료실 : 대부분의 보육시설에서는 자료실과 교재 · 교구실을 분리하고, 자료실에는 주로 소모품을 보관한다. 즉, 수업에 필요한 자료를 만들기 위한 도구나 영유아에게 수업 준비물로 주는 종이류, 그리기 도구, 미술활동 자료, 폐품, 환경구성 자료 등이 준비되어 있는 곳이다.

원무실 : 교무실이라고도 하며, 어린이집의 중요한 서류들이 준비 · 보관되어 있는 곳이다. 원무실에는 어떠한 문서가 있는지, 무엇을 위해 어떻게 사용하는 것인지 파악하여야 하며, 교사에게 공개되는 문서와 공개되지 않는 문서가 있을 수도 있으므로 사전에 허락을 받고 서류를 살펴보아야 한다.

창고 : 어린이집마다 창고로 사용하는 용도가 다르므로 창고 안에 지난 행사 자료가 있는지, 폐품이나 재활용 자료가 있는지 잘 파악해 두고 용도에 맞게 사용하면 된다.

담당교실 : 교실 안은 1년 동안 내가 주인이 되어 사용할 공간이므로 교실 안에 있는 모든 물건의 용도 및 위치 등을 살펴보고 다시 위치를 바꿀 것인지, 파손된 것은 없는지, 청결상태가 좋지 않은 것은 없는지 등을 확인한다. 가장 중요한 영역 구성 또한 기존에 배치된 영역을 잘 살펴보고 연령에 맞는지 확인한 다음 재구성할 것인지를 결정한다. 각 영역 안에 있는 작은 것도 어느 곳에 있는지 잘 기억하여 적절하게 활용할 수 있어야 한다. 새롭게 영역을 구성한다면 영유아들을 위해 필요한 것이 무엇인지, 만들어야 할 것은 무엇인지에 대한 목록을 작성한다. 목록 작성 후 구입해야 할 것과 만들어야 할 것을 구분해 본다.

다음은 신입교사가 새 학기 준비를 위해 계획한 하나의 사례이다. 이를 참고로 준비를 하면 신입교사에게 많은 도움이 될 것이다.

〈표 11-1〉 업무계획표

번호	업무 목록	내용	시작일	완료일	순위
1	영역구성 및 비품	교실에 구성할 영역의 내용(소꿉영역, 미술영역, 쌓기영역, 언어영역, 수학영역, 과학영역, 음률영역 등)을 결정한 다음, 책상 00개(높은/낮은), 의자 00개, 상자나 바구니 00개를 놓을 것인지 결정하고 출입문과 화장실, 창문 등을 고려하여 영역을 구성한다.	월 일	월 일	1
2	영역판	영역이 구성되면 유아 스스로 자유롭게 영역을 선택하여 자유선택활동을 할 수 있도록 영역판을 붙여 놓는다. - 영역의 입구 또는 천장에 매달아 놓을 것인지, 영역장 입구에 부착할 것인지, 영역장 위에 놓을 것인지에 따라 크기와 방법을 결정하고, 영역을 의미하는 그림이나 사진을 넣은 후 영역의 수에 맞는 영역판을 만든다. 유아들이 적응된 후에는 유아들이 만든 영역판으로 바꾸어 유아들에게 더 의미 있는 영역이 되게 한다.			
3	교실영역의 개인 이름 카드	유아가 자유선택활동 시간에 영역을 선택할 때 활용하는 개인 이름 카드로, 영역의 입구에 붙여 놓는다. 유아당 1개의 이름 카드가 필요하다.			
4	하루 일과 계획판	하루 일과 시작 전 모두 모이는 시간에 등원 여부를 확인하고 유아들의 안부에 대해 관심을 갖는다. 활동이 끝날 때마다 다음 활동이 무엇인지 궁금하여 교사에게 물어보는 유아가 많이 있으므로, 하루 일과 계획판을 만들어 오늘의 일과 순서가 어떻게 이루어지는지에 대해 안내한다. 하루 일과가 유아들에게 익숙해질 때까지는 일과 순서를 알려 주기도 하지만, 어느 정도 익숙해지면 유아와 협의하여 순서를 조정 및 첨삭할 수도 있다.			
5	날짜판	매일 일과 시작 전 다 함께 모여 인사를 나누는 시간에 날짜판을 만들어 그날의 날짜(월, 일)와 요일에 대한 이야기가 이루어진다. 초기에는 교사가 월, 일, 요일에 대해 이야기하면서 활동이 이루어지기도 하지만, 익숙해지면 유아에게 당번을 정하도록 하여 운영하는 것도 의미 있다.			
6	생일 축하 판	유아들의 생일을 달별로 분류하여 매달 해당되는 유아의 이름이나 사진을 생일 축하 판에 게시하여 생일 축하 대상자를 서로 알 수 있게 한다.			

번호	업무 목록	내용	시작일	완료일	순위
7	환영하는 간단한 메시지	학기 초에 처음 방문한 반에 오는 유아를 환영하는 의미로 유아 각각의 이름을 넣은 문구를 만들어 교실에 자연스럽게 구성할 수 있다.			3
8	환경판 구성	유아들의 사진, 활동 결과물을 이용하여 구성하는 환경판은 학기 초에는 대부분 유아의 결과물이 없기 때문에 교사가 제작한다.			2
9	출석 이름카드	하루 일과를 시작하기 위해 다 함께 모이는 시간에 유아들이 모두 출석했는지, 왜 결석했는지를 다른 친구들에게 알려 주고 반 구성원들에게 관심을 가지게 하기 위해 출석카드를 이용하여 출석을 부른다. 출석카드는 유아의 이름과 사진 등이 포함된다. 초기에는 교사가 출석카드를 보여 주며 이름을 부른다. 서로 이름이 익숙해지거나 집중이 떨어질 때 즈음에는 교사가 이름을 부르지 않고 출석카드만 유아들에게 보여 준다. 사진이 있으면 다시 집중하여 대답을 하게 된다.			
10	신발장 라벨링	신발장은 같은 모양의 칸이 중복되어 있으므로 영유아가 자기 신발장의 위치를 못 찾는 경우가 있다. 영아는 사진으로, 유아의 경우 이름 또는 이름과 사진이 함께 들어가게 이름표를 만들 수 있다. 신발 모양을 오려 신발장 바닥에 붙여 놓으면 자연스럽게 신발 정리를 할 수 있게 된다.			
11	개인사물함 라벨링	사물함은 유아들의 가방, 모자, 겉옷, 실내화, 기타 준비물을 보관하는 곳이다. 유아들이 쉽게 자신의 사물함 칸을 찾을 수 있도록 이름 또는 이름과 사진이 들어가게 이름표를 만들어 붙여 놓는다.			
12	교실영역에 교재·교구 넣기	소꿉영역, 미술영역, 쌓기영역, 언어영역, 수학영역, 과학영역, 음율영역에 영유아의 연령을 고려하여 기본교구와 생활주제에 적합한 교구로 나누어 넣어 둔다.			
13	놀이 계획표	놀이계획표는 유아가 자유선택활동을 하기 전에 어느 영역에서 놀이할 것인지를 계획한 다음, 놀이가 끝난 후 놀이에 대한 평가를 기록하는 것이다. 개인별로 1장씩 만들어 편하게 계획하고 평가할 수 있도록 하며, 하루에 1장씩 할 수도 있지만 일주일의 활동이 1장에 들어갈 수 있도록 만들 수도 있다. 연령에 따라 어린 유아들은 각 영역의 표시와 평가의 내용을 쉽게 이해할 수 있도록 그림으로 만들도록 한다.			

다음은 예비유아교사가 신입교사가 되어 자주 저지른 실수의 내용을 교육연극을 통해 문제 해결하는 사례이다.

[사례] 실수투성이 신입교사

등장인물 버스기사, 신입교사, 원장선생님, 주임교사, 학부모, 유아 1·2·3·4·5·6·7·8, 관객 1·2·3·4·5·6·7·8, 음향 담당자 2명, 배경 담당자 5명
준 비 물 고리가 달린 수첩과 볼펜, 휴대전화, 카세트
배 경 어린이집 버스 그림, 어린이집 그림
배경음악 '넌 할 수 있어(강산애)', 동요 '노란 자동차'

배경 1 (어린이집 버스 안의 등원시간)

신입교사: (따르릉 – 따르릉 –) 여보세요. 네, 현진이 어머님 안녕하세요?
학 부 모: 네, 선생님. 오늘은 제가 집안에 일이 있어서 그러는데요. 우리 현진이를 우체국 앞에서 내려 주지 마시고 효자동 홈프러스 앞에서 내려 주세요. 거기서 기다리고 있을게요.
신입교사: 네, 어머님, 잘 알겠습니다. 오후에 뵙겠습니다.
얘들아! 안전벨트 다 매었니?
유아 1·2·3·4·5: 네, 선생님!
신입교사: 기사님, 출발해 주세요.
얘들아, 우리 '노란 자동차' 노래 부르면서 갈까?

(노래를 부른다.) 노란 자동차가 붕붕붕붕 어린이집에 가야 해요 붕붕붕붕붕

버스기사: 급정차! (끼 – 익)
유아 1·2·3·4·5: (앞으로 쏠리며 머리를 부딪친다.) 아악 – .
신입교사: 얘들아, 괜찮니? (급한 목소리로) 안전벨트 안 매고 있었니?
버스기사: 선생님! 아이들이 안전벨트 안 매고 있었어요?
(황당한 목소리로) 선생님이 매어 주고 확인하셔야 해요.

신입교사: 아, 네 기사님 제가 깜박 잊어버렸어요. 잘 알겠습니다. (죄송한 목소리)
큰일 날 뻔했네.
얘들아, 안전벨트 매자. 어서, 어서. 힘든 친구는 선생님이 도와줄게.
신입교사: 어, 어린이집에 다 도착했네.
얘들아, 어린이집에 도착했어. 어서 내리세요.
(애들이 한꺼번에 일어서면서 비틀비틀 넘어지려 하고, 신입교사는 문 앞 쪽으로 가고 있고, 기사님은 운전하고 있다.)
버스기사: 선생님! (급한 목소리로)
차가 완전히 멈추고 안전벨트 모두 풀고 일어서도록 해야 해요.
신입교사: 아, 네. 제가 또 마음이 급하다 보니 죄송합니다. (고개를 숙이며)
얘들아, 안전벨트 풀고 앞 친구부터 선생님 손 잡고 내리도록 하자.
(선생님 손을 잡고 아이들이 내린다.)
신입교사: 얘들아, 교실로 들어가자. (일부 아이들만 데리고 교실로 들어간다.)
유 아 1: (교사가 보지 못한 사이에 유아 1명은 놀이터로 뛰어간다.)

배경 2 (유치원 앞)

원장선생님: 선생님, 성일이가 가방도 안 내려놓고 놀이터에서 혼자 놀고 있네요.
왜 혼자만 여기 있죠?
신입교사: 어머! 얘가 왜 여기 혼자 있지? 아까 다 들어갔는데….
원장선생님: 버스에서 내린 후 아이들이 다 내렸는지 확인하고 함께 교실로 들어 갔어야죠.
신입교사: 아-. 네, 원장님. 주의하겠습니다.
주임교사: (앞치마를 하고 수업 준비물을 손에 들고) 선생님.
오늘 별님반 친구들 요리활동 준비물인 앞치마 다 준비시켰죠?
신입교사: 네? 내일 아닌가요? 앞치마 없는데요?
주임교사: (한숨을 쉬며) 휴-. 잘 좀 들으세요.
선생님, 만날 자꾸 잊어버리면 어떻게 해요.
신입교사: 아-. 네, 주임선생님. 다음부터는 절대 잊지 않겠습니다.

주임교사: 어제도 그랬으면서…. 휴-.

배경 3 (어린이집 버스)

신입교사: 얘들아, 이제 집에 돌아갈 시간이 되었어요.
선생님 손을 잡고 계단 잘 보면서 타 보자.
안전벨트도 다 매어 볼까? 다 앉았니?
기사님 출발해 주세요.

(노래를 부른다.) 노란 자동차가 붕붕붕붕 우리 집에 가야 해요 붕붕붕붕

학 부 모: (신입교사에게 전화한다.)
신입교사: (따르릉- 따르릉-) 여보세요!
학 부 모: 선생님, 우리 애가 홈프러스 앞에서 안 내리고 그냥 가 버리네요.
신입교사: 네? 아! 오늘은 우체국 앞이 아니고 홈프러스 앞이라고 했죠?
죄송해요. 어머니, 정말 죄송해요.
제가 택시 타고 집으로 현진이 데리고 가겠습니다.
학 부 모: 저 집 아니에요. 휴-.
4시에 현진이랑, 시부모님이랑 식당에서 보기로 해서 지금 가야 하는데….
선생님, 제가 아침에 분명 말씀드렸는데 잊어버리시면 어떻게 해요?

(등장인물 모두 정지한다.)

신입교사: (바닥에 주저앉아 버린다.) 여러분 난 왜 이렇게 잘 잊어버릴까요?
난 선생님을 잘할 수 있을까요?
여러분, 제가 무엇을 어떻게 해야 교사로서 잘 적응하면서 근무할 수 있을까요?
관 객 1: 신입교사들은 다 저러면서 배우며 적응하지 않나요?
관 객 2: 원장님들이 신입교사들은 어느 정도 이해해 주지 않나요?
관 객 3: 옛날에는 교사 구하기가 어려워서 참고 넘어가기도 했지만, 요즘은 평가도 받아야 하고 그래서 ….
관 객 4: 저렇게 자꾸 실수를 하면 원장님이 결단을 내릴 수도 있지 않을까요?

관 객 5: 선생님. 누군가 수시로 지시를 했을 때 메모할 준비가 되어 있나요?
오늘 해야 할 일과 내일 해야 할 일, 등·하원 시 해야 할 일들로 영역을 나누어서 목에 거는 수첩이나 메모지에 즉시 메모를 하면 어떨까요?

관 객 3: 오늘 해야 할 일을 순서대로 적으면 어떨까요?
항상 메모하는 습관과 메모지를 보는 습관을 갖는 것이 어떨까요?

관객 모두: 그렇게 하면서 노력해 보면 실수가 점점 줄어들 것 같아요.

신입교사: 아! 그래요. 끈 달린 수첩과 볼펜이 나에게 없는 것도 아닌데 그 생각을 못했네요.
지시사항이 있을 때마다 바로 적고 잘 점검하겠습니다. 명심하겠습니다!
나는 할 수 있다! 파이팅!

('넌 할 수 있어' 배경음악)

출처: J대학 교내 교육연극대회 대상 원고.

〈표 11-2〉 교육연극을 통한 신입교사의 성찰

배운 점	느낀 점	실천할 점

학습실천과제

1 보육교사의 성장과 발달을 위해 신입교사에게 꼭 필요한 것은 무엇이라고 생각하며, 그 이유는 무엇인지 이야기해 본다.

2 보육현장에서 교사로서 가장 힘들 것이라 생각되는 것은 어떤 부분이라고 생각하며, 그 이유는 무엇인지 이야기해 본다.

제12장 보육교사의 전문성 개발

단순 양육 서비스 제공자로 보는 시각에서 벗어나 지속적 자기 성장과 발전이 요구되는 전문가로 인식되고 있는 보육교사의 전문성 개발에 대해 알아보고자 한다. 먼저, 이론적인 보육교사의 전문성 지식 함양을 위해 전공지식, 실천적 지식, 교양지식에 대해 알아보고, 현장에서 직접적인 경험을 통해 습득할 수 있는 저널 쓰기, 멘토링, 장학과 관련한 교사의 전문성 개발에 대해 살펴보고자 한다.

1 보육교사의 전문성

1) 전문성의 개념

'전문'이란 용어는 일반적으로 '어떤 분야에 상당한 지식과 경험을 가지고 오직 그 분야만 연구하거나 맡음'이라고 정의한다. 즉, 전문직은 하나의 직업으로서 특정한 분야의 지식을 소유하며 그것에 기초하여 타인에게 영향을 미치거나 일을 수행하는 직업을 지칭한다고 볼 수 있다.

스포덱과 사라초(Spodeck & Saracho, 1992)는 전문직을 비교적 장기간의 준비 기간을 거쳐서 얻어지는 고도의 지식이나 기술이 요구되는 직종이며, 이에 종사하는 전문가는 오랜 기간의 훈련과정을 통해 얻어진 전문지식이나 기술을 가지고 있어 자기 분야의 일에 관한 책임 있는 결정들을 내리는 역할을 하는 사람으로 정의하고 있다. 또한, 정병호(1993)에 의하면 전문직은 전문성 성장을 계속할 의욕, 능력과 체계적이고 과학적인 지식과 기술을 가지고 계속적인 성장을 지향하는 특성을 갖고 있는 직업이라고 했다.

일반적으로 전문직으로 인정받기 위해서는 다음과 같은 특성을 가지고 있어야 한다(신은수 외, 2013).

- 직업과 관련된 연구소가 설립되고, 관련된 봉사를 제공한다.
- 사회에 필요한 부분이면서 기능 분야와 관련이 있다.
- 일반인이 가지고 있지 못하는 지식과 기술을 가지고 있다.
- 전문가의 결정은 이를 뒷받침해 주는 이론에 기초하여 이루어진다.
- 전문가는 자율권을 가지고 있는 연합체로 조직되어 있다.
- 전문가로 승인받기 위한 기준이 있다.
- 전문가가 되기 위한 대학에서의 준비과정이 매우 길다.
- 전문가는 자신의 일에 전념하고, 봉사에 대한 동기도 가지고 있다.
- 고객이 권위를 인정하며, 전문성에 대한 책무성을 가지고 있다.
- 전문성을 통하여 자신의 행동에 책임질 수 있어야 한다.
- 일정한 윤리강령이 마련되어 있고, 윤리적 실천이 이루어진다.

2) 보육교사의 전문성 개념

보육교사는 전문직에 종사하는 전문가로서, 준전문가와 다른 자격과 자질을 갖추고 있어야 한다. 전문직의 개념은 다양하고 시대와 기준에 따라 다르기 때문에 전문직을 한마디로 정의하기는 쉽지 않으며 보육교사에게 있어서도 전문직의 기준은 다양하다.

영유아기는 일반적으로 감수성과 모방성이 강해서 환경의 영향과 물적 영향보다는 인적 환경의 영향을 받기 쉬우며, 영유아의 생활에 보육교사의 인격이 중요한 영향을 미치기 때문에, 보육교사의 인격에서 비롯된 영향이 교육의 전반에 걸쳐 90%를 차지하여, 보육시설은 다른 어떤 기관보다도 더욱더 전문적인 능력을 갖춘 보육교사가 필요하다고 하였다(표갑수, 1993).

우리 사회 안에서 보육교사들이 전문성을 가지고 일을 해야 하는 이유로 영유아기는 아이들에게 가장 중요한 시기이므로 보육교사의 불안정한 고용상태, 잦은 이직률로 양육자가 자주 바뀌는 상황은 아동의 발달과 심리적 안정을 해치는 가장 큰 요인이 될 수 있기 때문이라고 하였다(정병호, 1993). 더욱이 보육교사가 아동의 보호뿐만 아니라 교육 및 사회적 서비스까지 포괄적으로 수행하고 수준 있는 보육서비스를 제공하기 위해서는 보육교사로서의 전문성이 필수적으로 요구된다(윤용희, 2000)고 하였다.

따라서 보육교사는 교육자, 보호자, 관찰자, 자극 촉진자로 사회적 필요성, 이타성, 자율성, 책임성 등 전문성 기준에 부합되는 보육교사로서의 전문성을 갖추도록 노력해야 한다.

2 보육교사의 전문성 지식

1) 전공지식

브레덱캠프와 위르(Bredekamp & Wilr, 1992)는 보육교사로서의 역할을 성공적으로 수행하기 위해 요구되는 전문적인 지식 기반의 핵심적인 구성요소를 다음과 같이 제시하였다. 영유아 발달에 대한 기본적인 이해, 영유아의 안전과 건강한 발달을 도모하는 환경의 조성 및 유지 기능, 영유아의 전인적 발달 및 학습에 적합한 활동의 계획과 실행에 관한 지식, 영유아의 발달에 적합한 행동지도 기술, 영유아의 가족관계에 대한 이해, 문화적 및 개별적인 다양성에 대한 이해, 영유아교사의 전문성에 대한 인식이라고 하였다. 또한, 미국유아교육협회(NAEYC, 2011)에서는 교사가 갖추어야 할 전문적인 지식을 아동발달과 학습에 관한 지식, 교육과정 개발과 이행에 관한 지식, 가족과 지역사회와의 관계에 관한 지식, 평가에 대한 지식, 영유아교사의 전문성에 대한 지식, 현장 실습을 통해 얻은 지식 등이 영유아교사에게 반드시 필요하다고 하였다.

맥카티(McCarty, 1990) 또한 교사가 교과영역들 내에서 주요 개념에 대한 충분한 지식을 얻지 못한 상태에서는 교과내용을 통합할 수 없게 된다고 하였다. 그는 교사가 개별 교과영역에서의 중요한 핵심 개념에 대한 이해 없이 통합적 교과과정을 운영할 때, 교사의 통합적 접근은 통합을 위한 통합에 그치는 잘못을 범하게 되어 오히려 영유아들의 개념적 이해를 심화시키고 확장시키기 위한 학습의 기회를 제공할 수 없게 된다고 하였다.

특히 신입교사는 진행 중인 주제와 관련된 기본적인 사전 지식이 부족할 뿐 아니라, 주제 관련 지식에 대해서도 잘 인식하지 못하고 있는 경우가 많다. 따라서 신입교사에게는 교사가 미리 갖추어야 하는 주제 관련 지식과 효과적인 지식검색

방법, 주제와 관련된 개념이 포함된 질문을 작성하는 것에 대한 도움이 필요하다(곽현주, 2004)고 하였으며, 자신에게 부족한 교과 관련 지식을 습득하기 위한 노력을 꾸준히 경주해야 하고, 특정 주제에 대해 자신이 가지고 있는 지식의 구조를 파악하고 지식의 오류를 찾아 이를 수정할 수 있어야 한다고 하였다. 실제로 영유아교사가 일을 수행하는 데 있어서 영유아교사만큼 지적, 사회적, 정서적, 신체적인 부분 등 모든 면에서 완벽하기를 요구받는 직업도 없다. 통합교육이라는 유아교육의 특성 때문이라고 할 수 있겠지만, 신체적인 면에서는 영유아가 호감을 가질 수 있는 외모를 갖추고 표정을 해야 하며, 정서적인 면에서는 항상 밝고 옳고 깨끗한 이미지를 보여 줄 수 있는 원만함을 갖추어야 한다. 지적인 면에서도 가르치는 내용을 잘 알고 있어야 할 뿐 아니라 영유아에게 잘 전달할 수 있어야 한다.

영유아교사는 영유아라는 존재론적 특성에 대한 것보다는 지식적인 측면부터 그 지식을 영유아에게 어떻게 전달하는가 하는 교수법과 관련된 것까지 영유아를 가르치면서 '항상 더 많이 알아야겠다'라는 생각을 하게 된다. 또한, 교사는 영유아와 생활하면서 영유아의 질문에 잘 대답할 수 없는 자신을 발견하고 당황해한다. 그러면서 수업시간에 예기치 않게 튀어나오는 영유아의 질문에 잘 대답해 주어야 하고, 가르치는 내용을 영유아가 알아들을 수 있도록 하는 것이 어렵다는 것을 깨닫게 된다.

양옥승 외(1997)의 유아교사 양성과정 평가 시 교육과정 관련 평가기준을 제시하면서 유아교사에게 요구되는 지식을 보육교사가 알아야 할 지식으로 수정 · 보완하여 제시하면 다음과 같다.

(1) 영유아 이해에 대한 지식

○ 각 발달 영역(신체, 사회성, 정서, 언어, 인지)에 대한 지식
○ 0~5세 연령에 따른 발달 특성에 대한 지식

ㅇ 특수아(발달지체아, 영재아)의 발달 특성에 대한 지식
ㅇ 영유아 평가방법에 대한 지식과 활용
ㅇ 사회 · 문화적 상황(지역, 성, 가족형태, 사회 · 문화 · 경제적 배경)에 따른 영유아에 대한 이해

(2) 보육과정 이해에 대한 지식

ㅇ 표준보육과정에 대한 이해 및 적용
ㅇ 새로운 이론 및 활동의 적용
ㅇ 영유아 및 가족을 위한 복지서비스의 계획 및 수행
ㅇ 영유아 보육과정의 특수성에 대한 이해
ㅇ 학습환경(물리적, 인적)에 대한 이해
ㅇ 적절한 보육과정의 계획 및 실행
- 교육목표, 개별 영유아, 가족, 지역사회의 특성에 적합한 교육계획 수립
- 각 교과영역의 내용에 대한 이해
- 각 교과영역의 통합적 적용
- 연령별, 능력별, 개별, 소집단, 대집단 구성방법에 대한 이해

ㅇ 교재 · 교구의 제작 및 활용 기술
ㅇ 학급 운영 및 관리에 대한 이해
ㅇ 보육과정의 평가 내용 및 방법에 대한 이해와 적용
ㅇ 놀이에 대한 전반적 이해

(3) 보육 및 사회현상 이해에 대한 지식

ㅇ 사회적 맥락 및 지역적 특성에 대한 이해
ㅇ 가족의 다양한 구조, 역동성, 역할 및 관계에 대한 지식의 적용
ㅇ 역사에 대한 이해

- 철학에 대한 이해
- 미래 지향적(세계화, 정보화, 국제호, 통일 등) 사고 형성을 위한 기초 지식
- 인간과 문화에 대한 이해
- 전통 및 민족의식에 대한 지식과 이해

(4) 보육현장 이해와 적용에 대한 지식

- 다양한 연령을 대상으로 하는 보육기관의 관찰 및 참여
- 다양한 유형의 기관에서의 실제적인 경험
- 질적 수준이 우수한 기관에서의 실제적인 경험 및 분석 평가
- 사전, 정규, 사후 실습을 통한 보육의 이론적 적용
- 실습 지도교사, 교수, 실습생의 상호 보조 체제를 통한 이론의 적용

(5) 보육교사의 전문성에 대한 지식

- 보육 및 교육에 대한 기초 지식 이해
- 보육에 대한 사명감과 보육교사로서의 자신감 형성
- 보육교사의 역할에 대한 이해
- 윤리강령의 필요성에 대한 이해
- 보육교사의 전문성에 대한 이해
- 영유아와 가족에게 영향을 미치는 정책에 대한 이해

(6) 의사소통 기술에 대한 지식

- 영유아의 의사소통 기술
- 부모와의 원만한 인간관계 형성 기술
- 동료 및 상급자와의 효율적인 의사소통 기술
- 지역사회 인적 자원과의 의사소통 기술

(7) 연구 능력에 대한 지식

- 현장 연구가로서의 연구방법에 대한 이해와 적용
- 반성적 사고 및 실천적 지식의 형성

2) 실천적 지식

기술자(technician)가 다른 사람이 가르쳐 주는 대로 또는 지시하는 대로 일을 잘 수행하는 사람이라고 한다면, 전문가(professor)는 자신이 배운 지식이나 기술을 토대로 응용하거나 종합 · 정리하여 매 상황에 적절한 해결책을 찾아내어 일을 하는 사람이라 할 수 있다.

보육교사는 전문가이어야 한다. 보육교사가 하는 일은 교사 양성과정에서 배운 내용을 그대로 적용하여 해결할 수 없는 일들이다. 전문가로서의 보육교사는 많은 지식을 받아들이는 것도 중요하지만 받아들인 지식을 상황에 맞게 응용하고 종합하는 창의적인 능력도 가지고 있어야 한다. 그 창의적 능력이 바로 실천적 지식을 형성하는 능력이다(이은화 외, 2001).

실천적 지식은 제3자에게 배울 수 있는 것이 아니라 교사가 현장에서 문제를 해결하거나 결정을 내려야 하는 경우 그 상황에 맞도록 교사 스스로가 창조한 전문가적인 견해를 의미한다. 즉, 교사 개인이 그가 가지고 있는 지식을 관계하고 있는 실제 상황에 맞도록 그 자신의 가치관이나 신념을 바탕으로 종합하고 재구성한 지식이라 할 수 있다.

프로그램을 계획하고 수행할 때 교사들은 교육자료를 선택하고, 프로그램의 내용을 특정한 집단의 영유아들에게 맞게 적용시키며, 부족함을 메꾸기 위해 다른 자료들을 서로 보충해 가며 사용하는 등의 노력을 하게 된다. 교육자료는 흔히 그 자료를 사용하는 영유아의 반응 또는 그가 누구인가에 따라 개개인의 요구를 충족시키기 위해 교사가 수정하여 사용하여야 한다. 사전에 잘 계획된 프로그램이라도 그때그때의 예기치 못한 상황이나 영유아의 일시적인 요구나 흥미를 만족시키기 위해 버려야 하는 경우도 있다. 이처럼 교사가 교실에서 판단하고 결정해야 하는 것이 실천적 지식으로, 그가 이미 가지고 있거나 새로 형성하는 다양한 경험에서 비롯된다.

실천적 지식의 형성과정과 실천적 지식의 형성에 영향을 주는 요인, 실천적 지식 함양을 위한 방안에 대해 알아보면 다음과 같다.

(1) 적절한 방안을 모색하는 실천적 지식의 형성과정

- 문제에 관계되는 영유아와 상황에 대한 바른 이해
- 문제와 관계되는 이론과 지식, 교수기술 등에 대한 참고
- 교사 자신과 사회의 가치관 고려
- 교사 자신의 직접 · 간접적인 현장 경험의 참고

(2) 실천적 지식의 형성에 영향을 주는 요인

- 문제에 관련된 영유아와 상황을 바르게 이해하고 다각도에서 문제해결을 시도하는 능력
- 풍부한 이론적 배경
- 여러 가지의 문제 상황에 대한 실천적 지식을 형성해 본 경험

(3) 실천적 지식 함양을 위한 방안

- 일반적 지식의 형성을 위한 노력
- 사회적 역량, 의사소통 능력과 같은 기능을 습득하기 위한 노력
- 논리적 사고 및 초인지 기술과 같은 사고의 형성을 위한 노력

○ 바람직한 성향을 기르기 위한 노력
- 무엇이든지 궁금한 것이 있으면 찾아보거나 알아보는 도전적인 성향
- 어떤 것이든 또 다른 무엇은 없을까 하고 창의적으로 생각해 보는 성향
- 동료교사 및 직·간접적으로 도움을 줄 수 있는 사람과 만나는 것을 좋아하는 성향
- 무엇이든지 배우는 것을 좋아하는 성향
- 어떤 것이든 경험하거나 느낀 것을 기록하는 성향
- 계획한 것을 끝까지 해 보는 끈질긴 성향

○ 긍정적인 느낌의 발달을 위한 노력
- 스스로가 괜찮은 교사임을 느끼는 경험
- 감성을 계발할 수 있는 경험
- 자기 감정을 솔직하게 표현해 보는 경험

실천적 지식이란 교사가 교육현장에서의 직접적인 교수경험을 통해 얻게 된 지식을 의미한다. 가장 두려웠던 교수활동은 어떤 활동이었는지, 가장 큰 실패감과 성공감을 느꼈던 교수활동은 어떤 활동이었는지, 가장 많은 시간과 노력을 들여 계획했던 교수활동은 어떤 활동이었는지, 실행과정에서 예측하지 못한 상황이 가장 많이 일어났던 교수활동은 어떤 활동이었는지에 대해 분석하고 토의하고 연구하는 등, 여러 경험이 누적되면서 교수·학습 활동을 통해 수많은 시행착오와 배움의 기쁨을 함께한 교사 자신과 그 학급의 영유아들 안에서 알게 된 지식을 말한다. 이러한 교사의 실천적 지식은 단순히 경험을 쌓는다고 만들어지는 것은 아니다. 자신이 실행했던 교수활동에 대해 '왜 이 활동을 하려고 했는가?', '이 활동의 문제는 무엇이었고, 그 해결책은 무엇인가?', '이 활동을 영유아가 선호하였던 이유는 무엇이었고, 저 활동에 영유아가 소극적이었던 이유는 무엇인가?', '왜 이전에는 효과가 있었던 이 방법이 이번에는 적용되지 않았는가?'라고 끊임없이 질문하며 생각하고 해답을 찾으려고 노력하는 과정 속에서 만들어지게 되는 것이다.

3) 교양지식

교과별로 각각 다른 교사가 다른 과목을 다루는 초·중·고등학교 교사와는 달리, 보육교사는 영유아의 발달 특성을 고려하여 여러 교과영역을 통합하여 혼자 수업을 진행한다. 표준보육과정이나 누리과정은 영유아의 생활과 밀접한 생활주제로 이루어져 있어 영유아가 자신과 주변 세계에 대해 다양하게 경험할 수 있도록 해 준다. 이에 따라 교사는 여러 분야에 걸쳐 정확하고 폭넓은 지식을 가져야 한다.

염지숙 외(2015)는 보육교사에게 다음과 같은 분야에서의 지식이 유용하다고 하였다.

- 인문학적 지식 : 인간과 인간의 문화에 관심을 갖는 학문 분야에 대한 관심과 이해
- 시사적 지식 : 우리나라와 세계에서 일어나고 있는 다양한 사건과 현상에 대한 관심과 이해
- 사회적 지식 : 우리가 살고 있는 사회와 사회문제 해결에 대한 관심과 이해
- 예술적 지식 : 음악, 미술, 무용, 드라마 등에 대한 관심과 이해
- 환경 지식 : 환경 문제에 대한 관심과 이해

3 전문적 보육교사 양성을 위한 제도적 변화

보육교사의 전문성을 확보하기 위해서는 보육교사의 노력과 함께 제도적인 변화가 이루어졌을 때 그 효과가 더욱더 클 것이다.

보육교사의 전문성 확보를 위한 제도적인 방안을 살펴보면 다음과 같다(신은수 외, 2013).

첫째, 보육교사의 전문성 확보를 위한 중요한 단계는 전문적 태도, 전문적 지식 및 전문적 기술을 습득하는 사전교육이 이루어지는 보육교사 양성과정이라고 할 수 있다. 우리나라의 보육교사 사전교육은 대학교와 보육교사 교육원에서 이루어지고 있는데, 양성과정에 대한 수업 연관과 교육과정 등이 다양하고 편차가 크다.

유치원 교사의 경우 전문대학 및 대학교의 유아교육과에서 배출되고 있으며, 유아교육 관련 학과에서도 정원의 10~30%에서 유치원 2급 정교사 자격증을 주어 유치원 교사를 배출하고 있다. 이에 반해 보육교사의 경우 전문대학 및 대학교 외에 매우 다양한 경로를 통해 양성되고 있어 보육교사의 전문성 수준에 문제가 제기되고 있다.

보육교사의 전문성이 확보되려면 무엇보다도 예비보육교사 교육기간이 일반적으로 전문가라고 인정받는 수준으로 길어야 한다. 전문가들은 유치원 및 보육교사로서의 준비기간에 대해 초·중등교사처럼 적어도 4년의 준비과정이 가장 바람직하다고 제안하고 있다. 그러나 현실적으로 전문대학의 보육교사 양성을 제한할 수 없는 상황이므로 전문대학에서 배출하는 보육교사의 자격기준을 강화하는 방안이 마련되어야 할 것이다.

둘째, 보육교사의 사회경제적 지위 향상을 위한 노력이 지속적으로 이루어져야 한다. 사회적으로 중요하고 힘든 일을 하고 있는 보육교사는 전문성을 높이기 위해 더욱더 노력하고, 이에 상응하는 적당한 보수와 사회적 인정을 받아야 한다. 현재 보육교사의 봉급 수준은 다른 전문직에 종사하는 전문가의 수준에 비해 매우 낮다. 비록 각 지자체에서 처우개선비가 지급되고 있지만 아직도 보육교사의 보수와 근무여건은 열악하며, 결국 이는 보육의 질 저하를 초래한다. 따라서 무엇보다도 시급히 보육교사의 근무여건을 개선하는 방안을 다각도로 모색해야 진정한 의미의 전문가로서 인정받을 수 있는 여건이 조성될 수 있을 것이다.

셋째, 보육교사라는 직업이 더욱 전문화되기 위해서는 전문가적인 자질을 갖출 수 있도록 돕는 교사의 재교육과정이 강화되어야 한다. 재교육과정은 보육교사가 획득한 전문성을 유지하고, 승급교육 및 다양한 연수에 적극적으로 참여하고 워크숍 등을 통해 새로운 기술을 익히며 정보를 교환하는 과정으로 보육교사가 참여할 수 있는 지속적인 재교육 여건을 마련하여 의무화해야 한다.

넷째, 보육의 사회적 기여도를 입증하는 연구활동이 꾸준히 이루어져야 한다. 대부분 전문성을 가진 직업은 직업과 관련된 연구소가 설립되어 있고, 관련된 전문가들은 활발한 연구 및 봉사활동을 제고한다. 보육에 관련된 연구가 점차 증가하고 있는 추세이나 보육교사의 전문성 강화를 위해 다양한 영역에서 좀 더 활발한 연구활동이 이루어져야 할 것이다.

4 보육교사의 전문성 개발

1) 보육교사의 전문성 개발과 반성적 사고

반성적 사고란 교수 상황에서 발생하는 문제를 인지하고 재구성하여 가설을 세우고 검토하고, 기존의 지식이나 경험에 비추어 검토하여 문제를 해결해 나가는 과정으로, 반성적 사고를 통해 자신의 행동이나 사고의 변화를 가져올 수 있다는 것을 의미한다.

보육교사가 성장하고 적응하기 위해서는 외부적 중재조건뿐만 아니라 자신에 대해 성찰할 기회를 갖는 반성적 사고가 필요하다(원계선, 2013). 특히 신입교사는 경험과 교실에서의 사건 해석을 통해 교수실제와 자신의 지식구조를 연결시켜 이해하는 실천적인 전문지식을 만들어 가야 한다. 이러한 실천적 지식은 경험 자체에 의해 얻어지는 것이 아니라 경험에 대한 반성적 사고를 통해 얻어지게 된다. 특히 보육교사의 반성적 사고 경험은 교사로 하여금 교육활동을 할 때보다 신중하고 계획적인 방법을 사용하게 하며, 알고 있는 지식을 단순히 적용하는 수준을 넘어서 그들에게 필요한 실천적 지식을 구성하는 것을 도울 뿐만 아니라 교사들이 부딪치는 문제나 갈등 속에서 그 원인을 분석하고 해결하기 위한 방법을 찾고 연구하도록 돕는다(서혜성, 2010).

신입교사의 수업에 대한 반성적 사고는 교사가 자신의 신념이나 교수실제를 변화시키고 이후의 수업을 계획 · 실행 · 평가하는 교수행동에 많은 영향을 준다는 점에서 매우 필수적인 과정이라고 할 수 있다(황혜경 외, 2017).

(1) 저널 쓰기

교사의 반성적 사고를 위한 전략방법으로는 저널 쓰기, 녹화된 교수행위를 통한 자기 수업, 장학, 동료장학, 전문가와의 대화와 같은 정기협의회 등 다양한 방법이 있다. 특히 저널 쓰기는 반성적 사고를 기르기에 매우 효율적인 방법으로 현장에서 많은 교사가 교사의 발전을 위해 사용하고 있다. 저널 쓰기는 시간과 비용, 방법에 있어서 교사의 반성적 사고 능력을 쉽게 향상시킬 수 있으며, 자신이 생각하고 들은 것을 기술하면서, 자신이 가지고 있는 부정적인 느낌을 효율적인 수단으로 전환할 수 있도록 하며, 자신의 반성적 사고를 촉진하게 하는 역할을 한다고 키자르(Kyzar, 1994)는 말한다.

저널 쓰기는 교사로서 전문적인 견해를 기록한다는 점에서는 일기 쓰기와 차이가 있지만, 자신의 개인적인 생각을 적는다는 점에서는 일기 쓰기와는 유사하다. 저널 쓰기는 교사들이 신념을 가지고 자신의 지식을 명확하게 하고, 감정과 사고 사이의 내적인 대화를 가능하게 해 주기 때문에 교사의 전문적인 발달을 향상시킬 수 있는 방법이라고 하였으며(Surbeck & Han, 1992), 반성적 저널의 활용방법에서 교사의 자기평가가 교사들에 의해 가장 바람직한 평가방법으로 인식되는 것으로, 자신의 강·약점을 인식하여 스스로의 수행을 발전시킬 수 있고, 그 결과를 다음 교육계획에 반영시킴으로써 교육과정의 운영이 보다 효율적으로 이루어지도록 할 수 있다고 하였다(황해익, 2004).

저널의 분석기준이 되는 반성적 사고 수준은 0~7수준으로 나누어져 있으며, 0~2수준은 낮은 반성적 사고 수준이고, 3~5수준은 중간 정도의 반성적 사고 수준, 6~7수준은 높은 반성적 사고 수준으로 구분된다고 하였다(한수란, 2006). 반성적 사고 수준의 분석기준을 살펴보면 다음과 같다.

〈표 12-1〉 수준별 반성적 사고 수준 내용

수준	반성적 사고 수준
0	• 교육학적 기술이나 개념에 대해 전혀 언급하지 않고 단순히 자신의 의견과 느낌을 바탕으로 언급을 하는 수준 예) 며칠 전부터 우리 반 친구들과 함께하는 마지막이라는 생각이 들어서 아주 슬프고 섭섭했다. 그동안 있었던 일들을 생각하면 웃음이 나오기도 하고 얼굴을 찌푸리기도 하였다. 우리 반 귀염둥이 친구들, 항상 어리게만 생각했던 우리 반 친구들, 며칠 전부터 졸업 이야기를 하면 그 마음을 아는지 슬픈 모습을 보이는 친구들이 있었다.
1	• 교수행위나 수행에 근거하여 결과를 예측하거나 분석하지 않고, 단지 개인적인 경험으로 교수적/비교수적 사건을 설명하는 수준 예) 나에게 새로운 과제가 주어졌다. 당장 편식을 고치기는 어렵겠지만 5세반으로 진급하기 전에 조금이라도 변화된 모습을 보여야 하는데 걱정이다. 내일 점심시간에 어떻게 해야 할지 모르겠다.
2	• 교수 수행이나 그 뒤에 숨겨진 이론적 내용을 분석하지 않고, 단지 기술적인 방식으로 교수적/비교수적 사건을 평범하게 묘사하는 수준 예) 아직은 어려서 자기 성격과 잘 맞는 친구가 있고 잘 맞지 않는 친구가 있어 가끔 다투기도 한다. 놀이 시간에 보면 잘 통하는 친구들끼리 어울려 지내는 모습을 볼 수 있다. 하지만 친구를 배려하지 못하는 본인의 행동이 다른 친구에게 상처가 될 수도 있다는 생각을 했으면 좋겠다.

수준	반성적 사고 수준
3	• 교사의 행동에만 초점을 두고 결과에 도달하려는 수준 예) 이틀째 처음 만지던 교구만 가지고 놀았는데 오늘은 다른 교구에도 조금씩 관심을 보이기 시작했다. 내일은 동요를 자주 들려주고, 다른 교구들도 관심을 가질 수 있도록 ○○에게 가져다주어야 하겠다. 또한, 같이 해 보는 기회도 가져야 할 것 같다는 생각이 들었다. ○○가 조금씩 변화되는 것 같아 기쁘기도 하지만 계속해서 반복될까 봐 걱정되기도 한다.
4	• 유아들의 학습결과에 미친 영향과 행위를 어떻게 설명하는지를 유아들의 관점 한 가지로 교수행위를 평가하는 수준 예) 큰 목소리로 말하는 유아들에게는 친구들과 선생님의 박수를 받게 하였더니 박수를 받는 아이들이 행복해하고 손뼉 치는 유아들도 즐거워하였다. 네모 모양의 자리에 나란히 앉았을 때의 분위기와는 달리 동그라미 모양으로 앉을 때는 모든 아이가 경청하고 다른 행동을 하지 않고 놀이에 참여하였다. 때때로 유아들과 동그란 모양으로 앉아서 수업도 해 보아야겠다.
5	• 교수적/비교수적 시간에 교사의 관점으로 교수행위를 상세히 분석하는 수준 • 효율적인/비효율적인 교수를 구별하는 수준 • 교사가 자기만의 방식으로 바람직하지 않은 행동을 어떻게 해결하고 유사한 상황에 어떻게 적용했는지를 분석하는 수준 예) 막대 인형이 유아들에게 효과가 있었다. 모든 유아에게 어떤 친구를 좋아하는지 한 명씩 물어보고 유아들의 성격을 파악하였다. 유아들이 직접 이야기해 보는 형태의 수업을 자주 해야 할 것 같다. 처음에는 교사가 주도하고 나중에는 유아 스스로가 물어보고 이야기하는 것도 좋은 방법인 것 같다.
6	• 교수활동이 수업의 목표와 학생들의 특성에 근거한 것이고, 다양한 교수전략은 학생들의 학습방식에 맞추어 사용된다는 것을 인식하는 수준 • 학생들의 발달에 맞는 교수행위와 교수, 학생의 특성과 가르치는 방법과의 관계를 분석하는 수준 예) 수업을 계획할 때 조금 더 환경적인 요인과 유아들의 반응을 미리 짐작해 보고, 문제 상황을 고려해 보았더라면 내가 생각한 의도대로 유아들은 칭찬을 받으며 스티커를 붙이고 칭찬에 대한 효과를 볼 수 있었을 것이다. 그런데 이번 장학을 하면서 수업 계획할 때 주위의 여러 가지 상황이나 유아의 반응에 대해 생각하는 시간이 필요하다는 생각이 들었다. 또한, 동료장학 활동을 통해 내가 미처 생각하지 못했던 부분들을 동료교사로부터 듣게 되어서 많은 도움이 되었다.

수준	반성적 사고 수준
7	• 복합적 관점으로 교수적/비교수적 사건을 평가하는 수준 • 학습의 특수한 상황과 맥락의 영향을 인식하여 평가하는 수준 • 만일, 그때, 왜냐하면 등을 활용하여 향상과 더 나은 수행을 위해 제안하고 제시하는 수준 예) 노란색 개나리와 민들레, 여러 색의 튤립, 분홍색 진달래가 있었다. 이야기 나누기 수업을 하기 전에 봄꽃을 생각하면서 색을 말해 주어야 할 것인지, 유아들이 색칠하고 싶은 색으로 칠하도록 할 것인지, 그렇게 하면 유아들의 창의력을 발휘할 기회를 빼앗는 것 아닌지 등등 여러 생각이 들었지만 봄꽃에 대하여 깊이 있는 이야기를 하기 위해서는 그 꽃이 어떤 꽃이며 어떻게 생겼는지 알아야 하기 때문에 색을 가르쳐 주어야겠다고 생각했다. 어떤 꽃인지 경험하지 못한 유아도 많아서인지, 이해력이 떨어져서인지 유아 몇 명이 색을 바르게 칠하지 못하였다. 다음에는 밖에 나가서 어린이집 주위에 있는 꽃을 직접 보여 주거나 견학을 하러 가서 봄꽃을 함께 직접 관찰하여야겠다고 생각했다.

출처: 한수란(2006).

[사례] 2수준의 반성적 사고

○ 사례 1

'내가 장애인에 대해 할 수 있는 일'에 대해 함께 이야기 나누기도 해 보고, 그림도 그려 보는 시간을 가졌다. '장애인'이라는 이야기에 아이들은 그런 사람들도 있구나! 하는 표정으로 이야기 나누기를 하였다. 완성된 유아들의 그림이 잘 이해되지 않아 물어봤더니 "같이 놀아 주고 축구도 해요."라고 이야기하였다. 활동지 내용은 '다리 아픈 친구를 위해 할 수 있는 일'이었는데, 놀아 주고 축구도 하는 것은 할 수 없는 일인데…. 직접 경험하지 못하고 그림과 이야기를 통해 보고 들어서인지 진정으로 이해하지 못했던 같다. 내일은 좀 더 깊이 있고 재미있게 이야기를 나누어야 하겠다.

○ **사례 2**

ㅇㅇ가 『안에 든 거인』이라는 그림책을 가져왔다. ㅇㅇ는 그림책을 종종 가져와 아이들과 함께 듣는 그림책 읽는 시간을 좋아한다. 오늘 들고 온 그림책은 그림이 조금은 난해하기도 하고 깔끔하지는 않았지만 주인공이 '거인'이라는 이유 하나만으로 유아들은 신기하게 생각했던 것 같다. 이야기 내용이 재미있어서 더욱 신나 성대모사도 섞어 가며 들려주었다. 여기저기서 유아들의 웃음소리가 들리더니 나중에는 모든 유아의 표정이 신기한 모습과 함께 재미있어서인지 미소를 지으며 밝은 모습을 하고 있었다. 그런 모습을 보니 더욱 신이 난 나는 더욱 재미있고 흥미롭게 그림책을 들려주었지만 시간이 끝나고 나니 힘이 쏙 빠졌다. 그리고 유아들은 "와! 진짜 재미있다. 웃기다." 하며 즐거워했다. 그리고 유아들이 서로 약속이라도 한 듯 "ㅇㅇ야! 동화 잘 들었어."라고 말하는 것이었다. 아마도 유아들은 너무 재미있어서 ㅇㅇ에게 그런 말을 한 것 같다. 오늘 그림책을 들려줌으로써 유아들도 행복했고, 그런 모습을 지켜보던 나도 행복했고, 그림책 한 권을 들고 와서 친구들이 좋아했던 ㅇㅇ도 행복한 하루였던 것 같다. 다음엔 나도 서점에 들러서 재미있는 그림책 한 권을 사와야겠다.

유아교사의 반성적 사고경험 전의 저널을 살펴보면 유아와의 교수 상황이나 감정의 묘사는 하고 있으나 이후의 교수적 행동에 대한 제시나 이론적 분석은 하지 않았다.

[사례] 3수준의 반성적 사고

ㅇㅇ가 놀이한 블록영역은 아직도 몇몇 친구가 정리하고 있었다. 그래서 "ㅇㅇ야, 쌓기영역에서 활동했지? 블록영역 정리 다 안 했는데?"라고 말하자, ㅇㅇ는 "내가 놀이한 것은 다 정리했어요."라고 대답하였다. "하지만 아직 블록영역과 소꿉놀이 영역은 정리가 다 되지 않았잖아."라고 되묻자, "저번에 ㅁㅁ선생님이 자기가 놀이한 것만 정리하면 된다고 했어요."라며 대답했다. 순간 ㅇㅇ의 똑 부러진 대답에 놀랐고, ㅇㅇ의

말처럼 자기가 놀이한 것만 정리하는 것이 맞는가? 아니면 나의 의도처럼 같은 영역에서 놀이한 것은 다 같이 도우면서 정리하는 것이 맞는가? 하는 생각이 들어 당황스러웠다. 그러나 내 생각대로 "○○가 얘기한 것처럼 ○○가 놀이한 것만 정리하는 것도 맞지만, 아직 블록영역이 정리가 되지 않는 것이 보이면 ○○가 친구를 도와준다는 생각으로 같이 정리해 줬으면 좋겠는데."라고 말했다. 그러면서 "친구도 ○○의 도움이 필요한 것처럼 ○○도 혹시 친구의 도움이 필요할 때가 있을 수도 있으니까 서로 도우면서 지냈으면 좋겠다."라는 말도 덧붙였다.

[사례] 4수준의 반성적 사고

유아들이 하원하는 차 안에서 일어난 일들이라 ○○반 선생님과 내가 조심을 해야 했고 우리가 잘못한 일이었다. 하지만 학부모의 말로 인해 기분이 상하니 정말 힘이 쭉 빠져 버린 날이었다. 학부모님들이 교사의 실수를 말씀하실 때는 겸허히 받아들이고 다시는 그럼 실수를 하지 않기 위하여 노력할 텐데, 학부모님들도 교사들에게 예의를 지켜 주었으면 좋겠다. 오늘 같은 일로 인해 나를 다시 한번 돌아보게 되는 건, 정말 씁쓸하지 않을 수 없다. 다시는 그런 일들이 없었으면 하고, 또 유아들에게 눈길 한 번을 더 주고 위험은 어디에도 도사리고 있으니 무엇이든 조심해야 할 것 같았다.

교사의 반성적 저널을 살펴보면, 반성적 사고경험 전의 반성적 저널에서 나타난 교수적 사건을 평범하게 묘사하던 수준을 넘어서서 유아와의 일어난 문제 상황에서 고민하고 있는 것을 알 수 있다. 그러나 유아의 입장을 고려하여 문제 상황을 어떻게 해결할 것인지에 대한 사고는 나타나지 않았다.

[사례] 6수준의 반성적 사고

0월 0일에 했던 수업의 녹화 동영상을 보았다. 영상을 보는 내내 '왜 이렇게 표정이 밝지 못할까?', '아이들에게 잔소리하듯 말을 하는구나!', '아빠 다리 하라는 말을 왜 이렇게 많이 했지?' 하는 생각이 들면서 유아가 수업에 집중하지 못한 이유를 유아 탓으로 돌리고 있었던 나를 알게 되었다. 내가 우리 반 유아의 수준보다 어렵게 수업을 해서 유아들이 집중을 못 한 것 같다. 도입 시 목소리 조절판을 내가 조작하기보다는 유아들이 조작하게 했더라면 더 좋았겠고, 포괄적으로 질문하기보다는 구체적으로 해야겠다. 그리고 수업 시 바르게 앉아 있지 못하는 유아에게 좀 더 긍정적으로 말을 함으로써 행동이 변할 수 있게 했더라면 좋았을 것이다. 아빠 다리를 하라는 말보다는 '멋지게 앉아 보자.', '○○도 바르게 앉아서 선생님 이야기를 들어 주었으면 좋겠어.' 라고 했으면 더 좋았을 텐데. 전체적으로 분위기가 산만할 때 도입 시 했던 노래를 불러 아이들을 집중시킨 후 수업을 진행했으면 좋았을 것이다. 질문 시에는 목소리에 변화를 주어 유아들이 집중해서 들을 수 있게 해야겠고 나도 모르게 사투리가 나왔는데 앞으로는 수업시간에 표준어를 쓰도록 노력해야겠다. 내가 말할 부분을 한번 적어 보거나 말을 하기 전에 좀 더 생각하여 무의식적으로 나오는 사투리를 안 쓰고 표준어를 쓰도록 해야겠다. 글을 모르는 유아들에게 이해를 돕기 위해 그림을 이용해서 수업해야겠다.

교사는 수업 동영상을 보면서 교사 자신의 언어 사용에 대한 교수행동을 분석을 하고 있다. 또한, 유아들이 집중하지 못하는 원인을 유아의 연령에 맞지 않는 교수행동이라고 분석하고 있으며, 그에 따른 효율적인 교수를 위한 목표를 세우고 교수행동을 제시하고 있다. 하지만 학습의 특수한 상황과 맥락의 영향을 인식하거나 복합적 관점으로 교수적 사건을 평가하지는 않았다.

[사례] 6수준의 반성적 사고

오늘은 '개구리'를 주제로 수업을 했다. 개구리 소리를 들어 본 뒤 개구리 손 인형이 나와서 같이 책을 보며 개구리에 대해 알아보기로 했다. 수업에 손 인형을 사용해서 그런지 유아들이 재미있게 집중을 잘하였다. 개구리가 이야기하듯이 유아들에게 질문하고, 개구리가 자기 이야기를 하듯 개구리에 관해 이야기를 나누어서 그런지 유아들이 즐겁고 적극적으로 수업에 참여하였다. 상상 놀이를 좋아하는 3살이어서인지 손 인형을 매우 좋아했다. 유아들이 즐겁게 듣고 있는 모습을 보니 나도 신이 났다. 개구리의 성장과정이 담긴 사진이 있었지만, 너무 작아서 디지털카메라로 찍어 A/V 케이블로 연결하여 TV로 보여 주니 크고 선명하게 잘 볼 수 있어서 유아들이 설명에 더 집중했던 것 같다. 노래 부르는 유아들의 모습을 찍어 TV로 보여 주었는데 종종 하였던 것이지만 역시 할 때마다 유아들은 자기 모습이 TV에 나온다는 것을 매우 좋아하고 즐거워했다. 그런 유아들의 모습을 지켜보니 나도 너무 좋았다. 5세반을 하다가 3세 반을 새로이 맡으면서 걱정이 되기도 했는데 이제는 3세 유아들의 연령에 맞는 수업에도 자신감이 생겼다. 유아들에게 학습에 관한 관심을 일으키기 위해서는 매력적이고 재미있는 교수매체를 적절히 사용해야겠다고 생각했다.

교사는 자신의 교수행동과 유아의 반응을 서로 연관을 지어서 유아들의 특성과 연령에 맞추어 교수전략을 사용하여야 함을 인식하고 있다. 따라서 교수매체도 연령을 고려한 준비와 함께 효율적인 수업으로 이끌고 있으며, 유아들의 반응에서 성취감을 느끼고 있다.

[사례] 7수준의 반성적 사고

평소에는 네 줄씩 앉아서 이야기 나누기를 하였는데, 오늘은 네모 모양으로 앉아서 수업하였다. 사실은 종이에 적는 시간의 어수선함을 줄이려고 생각한 의도였지만, 수업하고 보니 유아들끼리도 서로 부딪히는 공간이 없어서 그런지 이야기 나누기 시간이 길었음에도 끝까지 집중하며 수업에 잘 참여했다. 유아들의 다양한 생각을 알아보기 위해서는 개수를 정해 주지 않았더라면 하는 아쉬움이 남았다. 오히려 다양한 의견이 나왔으면 다른 친구들도 미처 생각지 못한 약속이 나와서 한 번 더 생각해 보았을 텐데! 하는 생각이 들었다. 또 항상 교사가 잘 이끌어 주지 못해서인지 유아들이 자기 생각을 좀 더 정확하고 자신감 있게 발표하는 친구들이 별로 없었다. 계속 발표하는 친구만 손을 들고 발표를 하는 것 같아서 수업시간에는 여러 친구에게 발표할 수 있도록 기회를 주어야겠다는 생각도 들었다.

교사는 수업하기 전의 교수 의도와 그 이후의 유아 반응에 대하여 서로 연관을 지어, 수업이 왜 효과적인 수업이 되었는지에 대해 분석하고 있다. 또한, 자신의 비효율적인 교수를 평가하고 그에 대한 더 나은 교수행동을 위해 방법을 제시하고 있다.

(2) 멘토링

① 멘토링의 개념

멘토링(mentoring)이란 한 사람이 다른 사람과 일정한 관계를 맺음으로써 장·단기적으로 혹은 정기적·비정기적으로 주어진 시간을 통해 격려하고 돌보고 교육하고 지도하며 아이디어를 공유함으로써 개인적인 영향을 끼치는 모든 과정을 의미한다. 영유아교육현장에서 멘토링이란 경력 있고 능숙한 사람(멘토: mento)이 기술적 측면에서 지원이 필요한 사람(멘티: mentee)에게 전문적이고 개인적인 발달을 위해 시범적인 역할을 보여 주고 격려하는 장학의 과정을 의미한다(조부경 외, 2001).

멘토링은 상호작용을 통하여 멘티가 느끼는 어려움을 도와 유능한 사람이 되는 것을 돕기 위해 맺어진 관계로서 다른 사람과 지식을 공유하는 것 이상의 의미를 내포하며 장·단기적으로 혹은 공식적·비공식적으로 개인적 영향을 미치는 모든 과정을 의미한다.

멘토링의 개념은 심리, 경영, 종교 분야에서 널리 사용되었으며, 교사교육에서의 멘토링 프로그램은 미국의 경우 교육의 문제점에 대한 자성의 목소리가 커지면서 1970년대 교육개혁 운동이 일어났고 이 운동의 일환으로 신입교사가 교직을 계속하게 할 목적으로 1980년대부터 번성하게 되었다(Holloway, 2001). 멘토링 프로그램은 이때부터 교육현장에서 폭넓은 신뢰를 얻기 시작하였으며, 교사교육과 교수를 개선하기 위한 도구로 인식되었고(Feiman-Nemser, 1996), 현장의 경력교사가 교사 교육자의 역할을 담당하는 멘토링 프로그램이 광범위하게 논의되고 실행되기 시작했다(홍은경, 2003).

② 멘토링 프로그램의 목표

멘토링 프로그램의 목표는 다음과 같이 설명할 수 있다.

첫째, 멘토를 위한 목표는 자신의 지도기술에 대해 인식하는 것, 의사소통과 성인교육 기술을 발달시킬 기회를 제공하는 것과 자신들이 어떻게 그들의 조직과 사회에 공헌하는가에 대한 것이다. 또한, 현장 경험 및 전문적 지식과 기술이 있는 교사들로 하여금 멘토로서의 활동을 통해 성취감을 얻고 기관에 애착을 갖게 하는 것 역시 또 다른 목표라 할 수 있다.

둘째, 멘티를 위한 목표는 현장에서 새로운 지식을 얻고, 실천하는 능력을 향상시킬 기회를 증진시키는 것이다. 멘티를 위한 적절한 지원체계가 없을 경우 반복되는 시행착오를 경험해야 하며, 바람직하지 못한 기술에 의존하는 경우도 생기게 된다. 이는 결국 교수법과 교육의 질에 좋지 못한 영향을 미치게 되어 교육의 질적 수준을 저하시키게 된다. 따라서 멘티 교사의 성공적 교육 실천을 위해서는 그들의 요구에 근거한 지속적인 전문가의 안내 및 지원이 필요하다(김선희, 2010).

③ 멘토링 프로그램의 내용

멘토링의 교육내용은 전문적인 지원의 측면과 정서적인 지원의 측면으로 나누어 설명할 수 있다. 전문적인 지원은 교수활동을 실행하는 데 필요한 호기심과 동기유발 방법, 환경구성, 영유아 지도·평가방법 등 효과적인 학급 운영 및 교수전략 방법에 대한 내용이 포함된다. 정서적 지원은 격려와 지지를 위한 내용으로, 이는 신입 또는 저경력교사를 정서적으로 지원하고 격려할 수 있는 자기이해를 통한 자기 신뢰 증진, 직업적 갈등 해소, 스트레스의 해소를 위한 교육내용을 포함한다(Stroot, 1999).

④ 멘토링 프로그램의 방법

멘토링 프로그램의 방법은 다양하지만 대부분 1명의 멘토는 1명의 교사와 짝이 된다. 멘토링은 1대1의 관계이나 1명의 멘토가 다수의 멘티와 각각 멘토링 관계를 가질 수도 있고 1명의 멘티가 다수의 멘토를 가질 수도 있다(Biehl, 1996). 또한, 일정 기간이나 목표를 정해 놓고 멘토링할 수도 있고 인생 전반에 걸쳐 비형식적인 멘토링이 이루어질 수도 있다(홍은경, 2003, 재인용).

교육부(2001)에서는 유치원 신입교사를 위한 멘토링 방법으로 수업 사례의 분석, 자신의 수업 평가하기, 수업장학 실행해 보기, 역할놀이, 체크리스트를 이용하여 평가하기 등을 제시하였다. 임승렬(1999)은 신입교사를 위한 입문교육의 내용과 방법으로 효과적인 지도와 정보를 제공하고 충고가 이루어질 수 있는 협의회, 반성적 사고를 촉진할 수 있는 저널 쓰기, 신입교사의 수업관찰, 교육계획안 지도 등을 들었는데, 이는 멘토링에서 주로 사용되고 있는 방법이다.

⑤ 멘토의 자질과 역할

멘토링 프로그램의 구성 요소 중에서 멘토는 가장 중요한 요소로서 현명함, 지도력, 조언, 격려, 역할 모델, 지식과 기술을 가진 사람을 의미한다(홍은경, 2003). '멘토(mentor)'라는 말은 고대 그리스 시인 호메로스(Homeros)의 대서사시 『오디세이(*Odyssey*)』에 나오는 인물에서 유래된 말로, 오디세우스(Odysseus)가 트로이 전쟁에 나가면서 가장 친한 친구 멘토(Mentor)에게 자신의 아들 텔레마코스(Telemachos)의 교육을 맡기게 되었다. 오디세우스가 전쟁에서 돌아오기까지 10

여 년 동안 텔레마코스를 지도하고 조언하고 격려하여 아버지 오디세우스 못지않게 훌륭하게 키운 멘토는 트로이 전쟁 후 오디세우스의 신임을 얻게 되었다는 신화에서 유래한다. 멘토라는 용어의 유래에서 알 수 있듯이, 멘토는 돌보아 주면서 성장 · 발달을 지원하는 사람이라고 볼 수 있다.

멘토의 역할은 멘티를 정서적으로 지원하고 교수능력 향상을 위해서 전문적로 지원하는 것이다. 첫째, 정서적 지원의 역할은 어려움에 처해 있는 멘티가 의지할 수 있도록 지원과 격려를 제공하고, 발전할 수 있다는 의지를 갖도록 도와주는 것이다. 이는 멘티를 지지하고 협력자로 존중하며 문제를 함께 해결하는 태도를 통해 친밀하고 믿을 만한 관계를 형성해야 한다는 것이다. 정서적 지원은 멘티 교사에 대한 지지의 기반이 되며, 멘토링 프로그램의 성공 여부를 결정한다. 둘째, 멘토는 정서적인 지원뿐 아니라 멘티가 교수활동을 수행하는 데 필요한 여러 가지 전문적인 지원을 제공해야 한다. 전문적인 지원을 위해서 멘토는 새로운 교수전략과 기술의 발달, 실천에 대한 반성적 사고의 증진을 위해서 멘티에게 규칙적이고 지속적인 정보와 피드백을 제공해야 한다.

⑥ 멘토링 프로그램의 효과

교사의 전문성 발달과 관련된 연구들은 멘토링 프로그램이 신입교사의 전문성 증진에 영향을 미치며, 동시에 경력 있는 교사에게도 재교육과 직업의식을 일깨우는 기회를 제공한다고 하였다. 멘토링은 배움을 위한 관계로, 모든 수준의 유아교육 종사자들의 훈련과 장학을 위한 적절하고 실제적인 방법이다. 멘토링은 교사의 시각을 변화시키고, 성장에 대한 기회를 제공한다(Fletcher, 2000; 이영미, 2006, 재인용).

또한, 신입교사에 대한 멘토링을 통해 그들이 교사로서 계속 머무르게 하고, 더 효과적인 교수실제를 수행하였으며, 교사의 태도에 영향을 미친다(Scott, 1999). 카스틸로(Castillo, 2004)의 아동보육센터 원장들 간의 멘토링 경험에 대한 연구에서 멘토링에 참여한 멘티는 인가기준, 절차, 질 높은 아동보육에 대한 지식과 관심에 대해 성공적으로 이해하고 있다는 결과를 제시하고 있다. 멘토링 프로그램의 효과에 대한 국내의 연구(홍은경, 2003)에서는 멘토링이 신입교사의 입문과 전문성 신장에 도움이 되었으며, 교사로서의 효능감과 교수능력 및 교수행동의 향상에 긍정적인 영향을 미쳤음을 보고하고 있다.

협력적 멘토링에 참여하는 교사는 협력적 멘토링을 통하여 자신의 발전된 모습을 기대한다. 신입교사는 경력교사에게 조언을 받고 싶은 내용이나 자신의 어려움, 협력적 멘토링 과정 후의 변화 등을 기록한다. 멘토링 일지의 사례를 보면 다음과 같다(이가은, 2005).

[사례] 일지를 통한 멘토링

대학에서 유아교육과를 전공하였고, 보육 경력 8개월로 원에서 나이와 경력 모두 막내다. ○○어린이집이 첫 직장이며, 담당 학급은 만 3·4·5세 혼합연령반으로 유아가 28명이 있다. 대학전공을 살려 교사가 되었지만 힘들 때면 '전공을 살리지 말걸' 후회한 적도 있었다. 하지만 힘든 만큼 자신에게 얻어지는 보람과 경험을 소중히 생각하며 일하고 있다고 한다. ○○○ 교사는 웃음이 많은 밝은 성격이지만 자신의 고민과 어려움을 좀처럼 다른 사람에게 말하지 않는 내성적인 성격이라고 한다. 이 일을 시작했을 때 적응하는 과정에서 □□□ 주임교사로부터 가장 큰 도움을 받았다고 말하며, 그래도 주임교사와 함께하는 시간이 많아 원에서 의지하며 지내고 있다고 한다. 현재 신입교사로서 학부모를 대할 때 어떻게 대해야 하는지가 가장 두렵고 어려운 부분이라고 하며, 멘토링하고 싶은 부분 역시 학부모와의 대화방법, 행사 준비, 유아들 통제 부분이라 말한다(멘토와 신입교사).

[사례] 멘토링 과정의 사례

신입교사: 우리 반 정희요, 가족사항이 엄마, 아빠, 삼 남매예요. 정희는 둘째이고요. 언니가 초등학생이고, 정희가 중간에서 많이 치여서 그런지 예민하고 자기

뜻대로 안 되면 경기를 일으키는 스타일이에요. 정희 어머니는 제가 보기에는 차가운 면이 있어요. 정희가 아침에 이유 없이 어린이집에 오기 싫어하기도 해요. 막상 오면 잘 지내는데 말이죠. 정희는 자기를 예뻐해 주기를 원하는데, 둘째이다 보니 중간에서 치이고 정신적인 스트레스가 많은가 봐요. 어린이집에 오는 걸 힘들어해서 10월부터 제가 직접 데리고 등원을 했는데, 정희는 아침에 자기를 데리러 오는 그 자체를 너무 좋아하는 거예요. 왜냐하면 정희에게 관심을 갖고 있는 사람이 있으니까요. 그런데 정희 어머니께서 선생님 힘드시니까 앞으로는 그만 오라고 말씀하셨어요. 그 후 정희가 하루 종일 기분이 안 좋은 거예요. 정희한테 왜 그러냐고 했더니 울먹거리면서 눈시울이 빨개지더니 "내일부터 선생님 안 오시잖아요."라고 이야기를 하더라고요. 제가 같이 등원한 것이 잘못된 건지…. 그동안 좋긴 했는데요. 지금까지 정희가 어린이집에서 밥 먹는 것도 힘들게 한 적은 없었는데 오늘은 밥을 먹지 않겠다고 했어요.

경력교사: 어머니가 아이에게 직접 '선생님 그만 오시게 하자.' 하고 말한 것도 아니고, 일방적으로 그만 오라고 했으니, 아이는 지금까지 좋았는데 다시 실망한 것 같아요.

신입교사: 어머니와 좀 더 이야기를 해 봐야겠네요.

경력교사: 우선은 정희에게 너뿐만 아니라 다른 반 친구들도 있어서 선생님이 힘들다고 이해할 수 있도록 먼저 설명해 주었다면, 아이가 받아들일 수 있었을 거예요. 조금 실망할 수는 있어도 정희가 6살이니 무슨 뜻인지 알아듣고 이해는 할 수 있었을 텐데요.

신입교사: '선생님 너무 힘드시겠어요. 내일부터 나오지 마세요.' 이렇게 말씀하시는데 당황했어요.

경력교사: 부모와 교사 둘만의 문제가 아니라 아이와도 관련이 있기 때문에, 정희 의견도 들어줘야 하는 게 중요하죠.

출처: 이가은(2005).

경력교사는 신입교사의 복잡하고, 불안정하며, 불확실하고, 갈등적인 교육실제의 문제점을 발견하도록 돕고 문제해결을 촉진하고 있다.

(3) 장학

우리나라에서 장학이라는 개념은 상부 사람으로부터 평가받는 것 혹은 하나의 결과로 인식하기 때문에 보육교사들에게는 다소 부담스럽고 불편한 과정으로 여겨지기도 하지만, 장학이란 교육활동의 개선을 위해 기관의 구성원들이 노력하는 과정으로, 보육교사에 대한 평가가 아니라 보육교사에게 도움을 주어 교수를 개선하고 보육교사의 발전을 위하여 함께 참여하는 것이다(조부경 외, 2001). 즉, 장학은 학교교육에서 교사와 학생 간의 교육을 한층 더 효과적으로 하기 위하여 지도·조언하는 전문적인 기술에 대한 장학(supervision)으로 교수·학습 상황의 개선과 향상을 위해 교사들을 조력하는 것이며, 주로 교수·학습 상황의 개선을 위한 보조활동 및 교육과정의 개선에 장학의 중점을 두고 있다.

① 현장 장학

원장이나 경력 많은 선임 보육교사 또는 보육컨설턴트, 관리자 등이 보육교사로서의 역할에 도움을 주기 위해 직접 보육교사의 모습을 관찰하며 현장에 참여하여 실시하는 것으로, 실습교사나 신입교사, 교수기술이 부족한 교사 또는 경력교사 중에서도 특정 분야의 교수기술을 향상시키고자 하는 경우 장학요원의 적극적인 개입을 통해 이루어지는 장학이라 할 수 있다. 직접적으로 이루어지는 현장 장학이란 장학에 대한 책임과 역할이 교사에 비해 상대적으로 장학요원에게 많이 부과되는 형태이지만, 직접적으로 정보를 주는 방법을 사용한다는 것은 장학요원이 권위적이거나 독단적으로 행동한다는 의미는 아니다. 모든 장학은 교사와 장학요원이 동등한 입장에서 함께 발전해 나아간다는 것을 기본 전제로 하고 있다.

② 동료 장학

관심 분야가 같은 교사들이 모임을 이루거나 또는 경력교사와 신입교사가 팀을 이루어 상호 간에 수업을 공개하고 관찰한 다음 이에 대한 의견을 교환함으로써 수업연구 과제를 해결하기 위해 협의하고 전문적, 개인적, 조직적 발달을 도모하는 장학활동의 한 형태이다(황용준, 1994). 동료관계는 기관장과의 수직적인 관계에서 오는 부담감이 없기 때문에 교사들은 동료 간의 협의과정을 통해 많은 것을 배울 수 있다. 같은 환경에 놓여 있는 동료들끼리 영유아와 보육교사 간의 상호작용 장면을 녹화한 동영상, 보육계획안, 교사-영유아와의 상호작용 계획안 등을 서로 분석해 보거나 구체적인 교수방법에 대해 협의할 기회는 교사의 교수법 향상에 많은 도움이 된다. 효과적인 동료 장학을 위해서는 장학을 실시하기 전에 장학의 내용을 구체적으로 결정하고 실시하여야 한다. 즉, 자유선택활동의 쌓기영역, 이야기 나누기, 게임활동, 실외 놀이활동, 평가 문항표, 보조 자료, 전문서적 등에 대해 교사들끼리 먼저 상의하면 동료 장학의 효과를 더욱 높일 수 있다.

③ 컨설팅 장학

외부전문가의 자문 · 지원 · 조언으로 이루어지는 컨설팅(consulting)은 일반적으로 기관의 목적을 달성하기 위해 전문성을 갖춘 전문가들이 의뢰인의 요청에 따라 제공하는 자문활동으로서, 여러 문제를 진단하고 분석한 후 대안을 마련하여 문제를 해결해 가는 과정을 지원하는 활동이다.

보육에서 컨설팅은 조력(mentor)과 장학(supervision)의 의미와 비슷한 개념으로 교사의 자발적인 의뢰를 바탕으로 교수 · 학습과 관련된 전문성을 개발하기 위해 교내 · 외 전문성을 갖춘 사람이 제공하는 조언활동을 말한다. 즉, 보육컨설팅은 전문성을 갖춘 보육컨설턴트들이 교사의 의뢰에 따라 그들이 직무수행상 필요로 하는 문제와 능력에 관해 진단하고, 그것의 해결과 개발을 위한 대안을 마련하며, 대안을 실행하는 과정에서 지원 또는 조언해 주는 활동이다(차언지, 2013).

보육컨설턴트는 보육 인증시설에 직접 방문하여 평가인증지표를 근거로 질적 수준을 점검하고 보육시설별로 가지고 있는 어려움이나 도움이 필요한 부분에 대한 맞춤 지원을 함으로써 보육교사의 교사효능감이 높아지고 질 높은 보육서비스를 영유아에게 제공할 것을 목적으로 하고 있다.

학습실천과제

1 보육교사의 전문성 개발을 위해 가장 필요하다고 생각되는 것은 무엇이며, 그 이유는 무엇인지 이야기해 본다.

2 보육교사가 가지고 있어야 하는 지식 중 가장 중요한 지식은 무엇이라고 생각하며, 그 이유는 무엇인지 이야기해 본다.

3 각자 신문기자의 입장에서 보육교사를 소개하는 기사를 작성해 본다.

부 록

인성교육진흥법

「인성교육진흥법」

[시행 2016.12.20.] [법률 제14396호, 2016.12.20., 일부개정]

제1조(목적) 이 법은 「대한민국 헌법」에 따른 인간으로서의 존엄과 가치를 보장하고 「교육기본법」에 따른 교육이념을 바탕으로 건전하고 올바른 인성(人性)을 갖춘 국민을 육성하여 국가사회의 발전에 이바지함을 목적으로 한다.

제2조(정의) 이 법에서 사용하는 용어의 뜻은 다음과 같다.

1. "인성교육"이란 자신의 내면을 바르고 건전하게 가꾸고 타인 · 공동체 · 자연과 더불어 살아가는 데 필요한 인간다운 성품과 역량을 기르는 것을 목적으로 하는 교육을 말한다.
2. "핵심 가치 · 덕목"이란 인성교육의 목표가 되는 것으로 예(禮), 효(孝), 정직, 책임, 존중, 배려, 소통, 협동 등의 마음가짐이나 사람됨과 관련되는 핵심적인 가치 또는 덕목을 말한다.
3. "핵심 역량"이란 핵심 가치 · 덕목을 적극적이고 능동적으로 실천 또는 실행하는 데 필요한 지식과 공감 · 소통하는 의사소통 능력이나 갈등해결 능력 등이 통합된 능력을 말한다.
4. "학교"란 「유아교육법」 제2조 제2호에 따른 유치원 및 「초 · 중등교육법」 제2조에 따른 학교를 말한다.

제3조(다른 법률과의 관계) 인성교육에 관하여 다른 법률에 특별한 규정이 있는 경우를 제외하고는 이 법에서 정하는 바에 따른다.

제4조(국가 등의 책무) ① 국가와 지방자치단체는 인성을 갖춘 국민을 육성하기 위하여 인성교육에 관한 장기적이고 체계적인 정책을 수립하여 시행하여야 한다.

② 국가와 지방자치단체는 학생의 발달단계 및 단위 학교의 상황과 여건에 적합한 인성교육진흥에 필요한 시책을 마련하여야 한다.

③ 국가와 지방자치단체는 학교를 중심으로 인성교육활동을 전개하고, 인성 친화적인 교육환경을 조성할 수 있도록 가정과 지역사회의 유기적인 연계망을 구

축하도록 노력하여야 한다.

④ 국가와 지방자치단체는 학교 인성교육의 진흥을 위하여 범국민적 참여의 필요성을 홍보하도록 노력하여야 한다.

⑤ 국민은 국가 및 지방자치단체가 추진하는 인성교육에 관한 정책에 적극적으로 협력하여야 한다.

제5조(인성교육의 기본방향) ① 인성교육은 가정 및 학교와 사회에서 모두 장려되어야 한다.

② 인성교육은 인간의 전인적 발달을 고려하면서 장기적 차원에서 계획되고 실시되어야 한다.

③ 인성교육은 학교와 가정, 지역사회의 참여와 연대하에 다양한 사회적 기반을 활용하여 전국적으로 실시되어야 한다.

제6조(인성교육종합계획의 수립 등) ① 교육부장관은 인성교육의 효율적인 추진을 위하여 대통령령으로 정하는 관계 중앙행정기관의 장과의 협의와 제9조에 따른 인성교육진흥위원회의 심의를 거쳐 인성교육종합계획(이하 "종합계획"이라 한다)을 5년마다 수립하여야 한다.

② 종합계획에는 다음 각호의 사항이 포함되어야 한다.

1. 인성교육의 추진 목표 및 계획
2. 인성교육의 홍보
3. 인성교육을 위한 재원조달 및 관리방안
4. 인성교육 핵심 가치 · 덕목 및 핵심 역량 선정에 관한 사항
5. 그 밖에 인성교육에 관하여 필요한 사항으로 대통령령으로 정하는 사항

③ 교육부장관은 종합계획의 중요사항을 변경하는 경우 제1항에 따른 관계 중앙행정기관의 장과의 협의와 제9조에 따른 인성교육진흥위원회의 심의를 거쳐야 한다. 다만, 법령의 개정이나 관계 중앙행정기관의 관련 사업계획 변경 등 경미한 사항을 변경하는 경우에는 그러하지 아니하다.

④ 교육부장관은 제1항 또는 제3항에 따라 종합계획을 수립하거나 변경하였을

때에는 지체 없이 이를 관계 중앙행정기관의 장에게 통보하여야 한다.

⑤ 특별시 · 광역시 · 특별자치시 · 도 및 특별자치도 교육감(이하 "교육감"이라 한다)은 종합계획에 따라 해당 지방자치단체의 연도별 인성교육시행계획(이하 "시행계획"이라 한다)을 수립 · 시행하여야 한다.

⑥ 교육감은 제5항에 따라 시행계획을 수립하거나 변경하였을 때에는 이를 지체 없이 교육부장관에게 통보하여야 한다.

⑦ 종합계획 및 시행계획의 수립 · 시행 등에 필요한 사항은 대통령령으로 정한다.

제7조(계획수립 등의 협조) ① 교육부장관과 교육감은 종합계획 또는 시행계획의 수립 · 시행 및 평가를 위하여 필요한 경우 관계 중앙행정기관의 장, 지방자치단체의 장 및 교육감 등에게 협조를 요청할 수 있다.

② 제1항에 따른 협조를 요청받은 자는 특별한 사유가 없으면 이에 따라야 한다.

제8조(공청회의 개최) ① 교육부장관과 교육감은 종합계획 및 시행계획을 수립하려는 때에는 공청회를 열어 국민 및 관계 전문가 등으로부터 의견을 청취하여야 하며, 공청회에서 제시된 의견이 타당하다고 인정되는 때에는 이를 종합계획 및 시행계획 수립에 반영하여야 한다.

② 제1항에 따른 공청회 개최에 필요한 사항은 대통령령으로 정한다.

제9조(인성교육진흥위원회) ① 인성교육에 관한 다음 각호의 사항을 심의하기 위하여 교육부장관 소속으로 인성교육진흥위원회(이하 "위원회"라 한다)를 둔다.

1. 인성교육정책의 목표와 추진방향에 관한 사항
2. 종합계획 수립에 관한 사항
3. 인성교육 추진실적 점검 및 평가에 관한 사항
4. 인성교육 지원의 협력 및 조정에 관한 사항
5. 그 밖에 인성교육 지원을 위하여 대통령령으로 정하는 사항

② 위원회는 위원장을 포함한 20명 이내의 위원으로 구성한다.

③ 위원회의 위원장은 위원 중에서 호선하되, 공무원이 아닌 사람으로 한다.

④ 위원회의 위원은 다음 각호의 어느 하나에 해당하는 사람 중에서 대통령령

으로 정하는 바에 따라 교육부장관이 임명 또는 위촉한다. 이 경우 위원은 공무원이 아닌 사람이 과반수가 되도록 한다.

1. 교육부차관, 문화체육관광부차관(문화체육관광부장관이 지명하는 차관), 보건복지부차관 및 여성가족부차관
2. 국회의장이 추천하는 사람 3명
3. 인성교육에 관한 학식과 경험이 풍부한 사람 중에서 대통령령으로 정하는 사람

⑤ 위원회가 심의한 사항을 집행하기 위하여 인성교육 진흥과 관련된 조직 · 인력 · 업무 등에 필요한 사항은 교육부령으로 정한다.

⑥ 그 밖에 위원회의 구성 · 운영에 필요한 사항은 대통령령으로 정한다.

제10조(학교의 인성교육 기준과 운영) ① 교육부장관은 대통령령으로 정하는 바에 따라 학교에 대한 인성교육 목표와 성취 기준을 정한다.

② 학교의 장은 제1항에 따른 인성교육의 목표 및 성취 기준과 교육대상의 연령 등을 고려하여 대통령령으로 정하는 바에 따라 매년 인성에 관한 교육계획을 수립하여 교육을 실시하여야 한다.

③ 학교의 장은 인성교육의 핵심 가치 · 덕목을 중심으로 학생의 인성 핵심 역량을 함양하는 학교 교육과정을 편성 · 운영하여야 한다.

④ 학교의 장은 인성교육 진흥을 위하여 학교 · 가정 · 지역사회와의 연계 방안을 강구하여야 한다.

제11조(인성교육 지원 등) ① 국가 및 지방자치단체는 가정, 학교 및 지역사회에서의 인성교육을 지원하기 위한 교육 프로그램(이하 "인성교육프로그램"이라 한다)을 개발하여 보급하여야 한다.

② 국가와 지방자치단체는 인성교육프로그램의 구성 및 운용 등을 전문단체 또는 전문가에게 위탁할 수 있다.

③ 교육감은 인성교육프로그램의 구성 및 운용 계획을 해당 학교 인터넷 홈페이지에 게시하는 등의 방법으로 학부모에게 알릴 수 있도록 하여야 한다.

④ 학부모는 국가, 지방자치단체 및 학교의 인성교육 진흥 시책에 협조하여야 하고, 인성교육을 위하여 필요한 사항을 해당 기관의 장에게 건의할 수 있다.

⑤ 그 밖에 가정, 학교 및 지역사회에서의 인성교육 진흥 등에 필요한 사항은 대통령령으로 정한다.

제12조(인성교육프로그램의 인증) ① 교육부장관은 인성교육 진흥을 위하여 인성교육프로그램을 개발·보급하거나 인성교육과정을 개설(開設)·운영하려는 자(이하 "인성교육프로그램개발자 등"이라 한다)에 대하여 인성교육프로그램과 인성교육과정의 인증(이하 "인증"이라 한다)을 할 수 있다.

② 인증을 받고자 하는 인성교육프로그램개발자 등은 교육부장관에게 신청하여야 한다.

③ 교육부장관은 제2항에 따라 인증을 신청한 인성교육프로그램 또는 인성교육과정이 교육내용·교육시간·교육과목·교육시설 등 교육부령으로 정하는 인증기준에 적합한 경우에는 이를 인증할 수 있다.

④ 제3항에 따른 인증을 받은 자는 해당 인성교육프로그램 또는 인성교육과정에 대하여 교육부령으로 정하는 바에 따라 인증표시를 할 수 있다.

⑤ 제3항에 따른 인증을 받지 아니한 인성교육프로그램 또는 인성교육과정에 대하여 제4항의 인증표시를 하거나 이와 유사한 표시를 하여서는 아니 된다.

⑥ 제1항부터 제3항까지에 따른 인증의 절차 및 방법 등에 필요한 사항은 교육부령으로 정한다.

⑦ 교육부장관은 제1항부터 제3항까지에 따른 인증 업무를 교육부령으로 정하는 바에 따라 전문기관 또는 단체 등에 위탁할 수 있다.

제13조(인증의 유효기간) ① 제12조 제3항에 따른 인증의 유효기간은 인증을 받은 날부터 3년으로 한다.

② 제1항에 따른 유효기간은 1회에 한하여 2년 이내에서 연장할 수 있다.

③ 제2항에 따른 인증의 연장신청, 그 밖에 필요한 사항은 교육부령으로 정한다.

제14조(인증의 취소) 교육부장관은 제12조 제3항에 따라 인증한 인성교육프로그

램 또는 인성교육과정이 다음 각호의 어느 하나에 해당하는 경우에는 그 인증을 취소할 수 있다. 다만, 제1호에 해당하는 경우에는 취소하여야 한다.

1. 거짓, 그 밖의 부정한 방법으로 인증받은 경우
2. 제12조 제3항에 따른 인증기준에 적합하지 아니하게 된 경우

제15조(인성교육 예산 지원) 국가 및 지방자치단체는 인성교육 지원, 인성교육프로그램 개발·보급 등 인성교육 진흥에 필요한 비용을 예산의 범위에서 지원하여야 한다.

제16조(인성교육의 추진성과 및 활동 평가) ① 교육부장관 및 교육감은 종합계획 및 시행계획에 따른 인성교육의 추진성과 및 활동에 관한 평가를 1년마다 실시하여야 한다.

② 교육부장관과 교육감은 제1항에 따른 평가 결과를 종합계획 및 시행계획에 반영할 수 있다. 〈개정 2016.12.20.〉

③ 그 밖에 인성교육의 추진성과 및 활동 평가에 필요한 사항은 대통령령으로 정한다.

[제목개정 2016.12.20.]

제17조(교원의 연수 등) ① 교육감은 학교의 교원(이하 "교원"이라 한다)이 대통령령으로 정하는 바에 따라 일정 시간 이상 인성교육 관련 연수를 이수하도록 하여야 한다.

② 「고등교육법」 제41조에 따른 교육대학·사범대학(교육과 및 교직과정을 포함한다) 등 이에 준하는 기관으로서 교육부령으로 정하는 교원 양성기관은 예비교원의 인성교육 지도 역량을 강화하기 위하여 관련 과목을 필수로 개설하여 운영하여야 한다.

제18조(학교의 인성교육 참여 장려) 학교의 장은 학생의 제11조 제1항에 따른 지역사회 등의 인성교육 참여를 권장하고 지도·관리하기 위하여 노력하여야 한다.

제19조(언론의 인성교육 지원) 국가 및 지방자치단체는 범국민적 차원에서 인성교육의 중요성에 대한 인식을 공유하고 이들의 참여의지를 촉진시키기 위하여 필

요한 경우 언론(「언론중재 및 피해구제 등에 관한 법률」 제2조에 따른 방송, 신문, 잡지 등 정기간행물, 뉴스통신 및 인터넷신문 등을 포함한다)을 이용하여 캠페인 활동을 전개하도록 노력하여야 한다.

제20조(전문인력의 양성) ① 국가 및 지방자치단체는 인성교육의 확대를 위하여 필요한 분야의 전문인력을 양성하여야 한다.

② 교육부장관 및 교육감은 제1항에 따른 전문인력을 양성하기 위하여 교육 관련 기관 또는 단체 등을 인성교육 전문인력 양성기관으로 지정하고, 해당 전문인력 양성기관에 대하여 필요한 경비의 전부 또는 일부를 지원할 수 있다.

③ 제2항에 따른 인성교육 전문인력 양성기관의 지정기준은 대통령령으로 정한다.

제21조(권한의 위임) 교육부장관은 이 법에 따른 권한의 일부를 대통령령으로 정하는 바에 따라 교육감에게 위임할 수 있다.

제22조(과태료) ① 다음 각호의 어느 하나에 해당하는 자에게는 500만 원 이하의 과태료를 부과한다.

1. 거짓이나 그 밖의 부정한 방법으로 제12조에 따른 인증을 받은 자
2. 제12조 제5항을 위반하여 인증표시를 한 자

② 제1항에 따른 과태료는 대통령령으로 정하는 바에 따라 교육부장관이 부과·징수한다.

부칙 〈제13004호, 2015.1.20.〉

이 법은 공포 후 6개월이 경과한 날부터 시행한다.

부칙 〈제14396호, 2016.12.20.〉

이 법은 공포한 날부터 시행한다.

참고 문헌

강유정 · 박진희 · 정동희 (2017). 영유아교사 인성교육의 이론과 실제. 서울: 동문사.

공인숙 · 권기남 · 권혜진 · 김영주 · 김진욱 · 민선영 · 민하영 · 박초아 · 이성옥 · 이완정 · 최지현 (2017). 보육교사 인성론. 서울: 학지사.

곽현주 (2004). 수업반성과정과 유치원 교사의 교수행동. 중앙대학교 대학원 박사학위논문.

교육과학기술부 (2009). 유아교육선진화추구계획. 서울: 교육과학기술부.

교육과학기술부 (2010). 유치원 기본과정 내실화를 위한 인성교육 프로그램. 서울: 교육과학기술부.

교육과학기술부 (2011). 교육과학기술부 6대 정책과제. 서울: 교육과학기술부.

권건일 · 김재환 · 최순자 (2007). 유아교육법과 영유아보육법의 통합을 위한 비교 분석. 한국유아교육학회, 27(6), 67-101.

권대도 · 김수영 · 김수향 · 임영심 · 정정희 (2015). 보육학 개론. 경기: 양서원.

권대희 (2003). 청소년기 자녀가 지각한 가족의 건강성과 자아존중감에 대한 연구. 경희대학교 대학원 석사학위논문.

권미연 (2007). 독일의 교원 양성 제도: 개혁과 전망. 교육개발, 160.

권은희 · 성영혜 (2012). 누리과정 담당교사의 직무능력 향상을 위한유아교사 양성체계의 문제점과 개선방안. 벤처창업연구, 7(4), 187-200.

권혁진 (1995). 보육시설 보육교사의 전문성에 관한 연구: 경인 지역에 위치한 국 · 공립 민간보육시설보육교사를 중심으로. 이화여자대학교 대학원 석사학위청구논문.

권혜경 (2016). 감정조절. 서울: 을유문화사.

김광병 · 김기화 (2015). 유치원교사와 보육교사의 법적 지위 비교 분석. 교육문화연구, 21(5), 203-227.

김광병 · 박소영 (2009). 사회복지사의 법적 지위에 관한 탐색적 연구. 한국사회복지행정학, 11(2), 103-127.

김명숙 (1998). 교원의 권리 의무에 관한 법의식 수준. 교육법학연구, 10(1), 155-186.

김명한 (1976). 학교경영의 현대화와 학교장의 역할(새교육지 Ⅱ). 서울: 대한교원연합회.

김미경 · 백청강 (2017). 또래통합 교육을 위한 장애통합보육교사의 역할인식 연구. 아동복지연구, 15(1), 21-41.

김병숙 (2007). 직업심리학. 서울: 시그마프레스.

김병진 (2008). 홀랜드식 검사에 의한 직업유형 일치정도와 직무만족 및 직무성취와의 관계. 충남

대학교 대학원 박사학위논문.

김보영 (2011). 보육교사의 권리와 의무에 관한 인식조사 연구. 유아교육·보육행정연구, 15(2), 7-24.

김서영 (2017). 프로이트의 편지. 대전: 아카넷.

김선희 (2010). 멘토링 활동이 유치원 교사의 전문성 발달에 미치는 영향. 한국교원대학교 대학원 석사학위논문.

김성규 (2011. 8. 4.). 교사 직업병에 대한 교육정책 필요. 한국교육신문, http://www.hangyo.com/news/article.html?no=63812에서 인출.

김영만 (2004). 교사발달단계와 교사의 직무능력 및 직무만족 간의 관계 연구. 인하대학교 대학원 박사학위논문.

김영애 (2002). 사티어 의사소통 훈련프로그램 연수교재. 서울: 김영애가족치료연구소.

김영옥 (2013). 유아 창의·인성 교육과 누리과정. 충청북도: 한국교원대학교 유아교육원.

김은설 (2016). 영유아교사의 인성 측정 및 인성 교육 개선 방안. 서울: 육아정책연구소.

김은설·김길숙·이민경 (2015). 영·유아교사 인성평가도구 개발 및 교육 강화방안. 서울: 육아정책연구소.

김은설·박수연 (2010). 보육시설장·교사 윤리강령 개발 연구. 서울: 한국보육시설연합회·육아정책연구소.

김은설·안재진·최윤경·김의향·양성은·김문정 (2009). 보육종사자의 전문성 제고방안 연구. 서울: 육아정책연구소.

김인중 (2005). 안산 동산고 이야기. 서울: 두란노.

김일옥·정규철 (2011). 가정보육시설 보육교사의 건강상태가 이직의도에 미치는 영향. 한국영유아보육학, 68, 149-169.

김재환·최진원·곽미정 (2018). 아동권리와 복지. 서울: 창지사.

김정신·박성미·최진원·이만수 (2017). 보육교사(인성)론. 서울: (사)한국보육교사교육연합회.

김정환 (2002). 교직 적성·인성검사 도구 개발. 충청북도: 한국교원대학교.

김정환 (2012). 교육·심리검사의 이론과 실제. 서울: 문음사.

김혜경 (2011). 보육교사 적성 요인구조 분석. 열린유아교육연구, 16(5), 141-162.

김혜성 (2001). 어린이집 보육교사의 소진경험과 직무만족 간의 상관성에 관한 연구. 부산대학교 대학원 석사학위논문.

김혜정 (2006). 보육교사가 인식하는 보육시설장과의 인간관계가 업무에 미치는 영향. 중앙대학교 사회개발대학원 석사학위논문.

김효은 (2014). 보육교사의 MBTI 성격유형에 따른 교사 신념과 자기 효능감. 한국방송통신대학교 대학원 유아교육학과.

김희원 (2018. 2. 1.). 우울증·스트레스 이기는 힘 '회복탄력성' 키우는 법. 세계일보, http://www.segye.com/newsView/20180128001934에서 재구성.

남궁달화 (2002). 인성교육론. 서울: 문음사.

남정걸 (1998). 교육행정 및 학교 경영. 서울: 교육과학사.

대구대학교 사회복지연구소 편 (1991). 사회복지사전. 서울: 경진사.

문무경 · 권미경 · 오유정 · 황지영 (2012). 유아교육과 보육의 협력 모델 적용 과정과 성과분석 연구(Ⅳ)-시범지역 확산에 따른 영차프로젝트 활성화 방안. 서울: 육아정책연구소.

문혁준 · 안효진 · 김경회 · 김영심 · 김정희 · 김혜연 · 배지희 · 서소정 · 이미정 · 이희경 · 정다운 · 조혜정 (2014). 보육교사론. 서울: 창지사.

박남일 (2002). 스피노자의 윤리의식 연구. 선각사.

박서영 (2014). 유아교사의 교직윤리의식과 직무스트레스에 관한 연구. 가천대학교 교육대학원 석사학위논문.

박선아 · 문승연 · 김춘희 · 이정아 · 최인숙 (2014). 보육교사론. 서울: 동문사.

박세정 · 박지영 · 석은조 · 오성숙 (2014). 보육교사론. 경기: 공동체.

박수경 (2013). 보육교사 적성과 보육교사 효능감 간의 관계에서 심리적 안녕감의 조절효과. 중앙대학교 대학원 사회복지학과 아동복지전공 석사학위논문.

박윤영 (2016). 자율장학을 통한 가정어린이집교사들의 교직윤리 실천 연구. 숙명여자대학교 대학원 석사학위논문.

박은혜 (2009). 유아교사론. 서울: 창지사.

박은혜 (2017). 유아교사론. 서울: 창지사.

박찬옥 · 전경화 · 구수연 · 곽현주 · 정연희 · 서의정 · 백영숙 · 이옥임 · 이예숙 (2017). 개정판 보육학개론. 경기: 정민사.

배소연 (1990). 교사의 전문성과 사전교육. 한국어린이교육협회 가을 세미나 논문집.

배지희 · 김은혜 (2012). 유아교육기관 혼합연령학급에서의 교수실제와 교사의 어려움. 생태유아교육연구, 11(2), 189-213.

백승선 (2010). '좋은 교사' 의 특성에 대한 보육교사의 인식. 중앙대학교 대학원 석사학위논문.

보건복지부 (2014). 취약보육 다문화보육프로그램. 서울: 경성문화사.

보건복지부 (2014). 취약보육 시간연장형 보육프로그램 매뉴얼. 서울: 경성문화사.

보건복지부 (2018). 2018년 보육사업안내. 서울: 보건복지부.

삼성복지재단 (2006). 삼성어린이집 영유아프로그램 총론. 서울: 다음세대.

서경혜 · 최진영 · 노선숙 · 김수진 · 이지영 · 현성혜 (2013). 예비교사 교직 인성 평가도구 개발 및 타당화. 이화여자대학교 교육과학연구소, 교육과학연구, 44(1), 147-176.

서영숙 · 서혜전 · 김영명 · 채혜선 · 김진숙 (2013). 보육학개론. 경기: 양서원.

서은희 (2001). 유치원 교사의 직무만족 조직헌신과 이직의도의 관계. 가톨릭대학교 교육대학원 석사학위논문.

서정아 · 엄정애 (2011). 유치원 교사의 다문화교육에 대한 생각. 한국교원교육연구, 28(2), 1-20.

서정화 (1995). 최신 교사론. 서울: 교육과학사.

서혜성 (2010). 표준보육과정 적용 그림책 활동에서 교사의 반성적 저널 쓰기 효과. 숙명여자대학교 대학원 박사학위논문.

서혜정 · 한애희 (2006). 신입교사로서의 첫 출발. 서울: 파란마음.

성숙진 (1998). 경제위기와 사회의 해체: 가족을 중심으로: IMF 구제금융 그 이후. 현장에서 미래를, 33, 37-52.

송영미 (2016). 영유아교사의 권리와 의무에 관한 유치원교사와 보육교사의 인식연구. 숙명여자대학교 교육대학원.

수춘리 (2005). 빌게이츠의 청소년에게: 성공을 만든 사람 (이지영 역). 플러스북스.

신극범 (1979). 교사의 자질과 교육의 성과, 교직의 위기와 교원의 자세. 교육개발, 2(79), 30-33.

신동로 (1991). 교육과정과 교육평가. 서울: 형설출판사.

신은수 · 유흥옥 · 안부금 · 안경숙 · 김은정 · 유영의 · 김소향 (2013). 유아교사론. 서울: 학지사.

신인숙 (1991). 교사의 발달과정과 역할 갈등 수준과의 관계 연구. 충북대학교 대학원 석사학위논문.

심성경 · 변길희 · 박주희 (2008). 다문화가정 유아교육에서 직면하는 어려움에 대한 유아교사의 인식. 한국교원교육연구, 25(2), 183-200.

심의보 (1995). 직업윤리. 서울: 백산출판사.

심정선 (2012). 보육교사의 전문성 증진을 위한 실천적 보육장학모형 개발과 적용. 중앙대학교 대학원 박사학위논문.

안라리 · 마지순 (2014). 보육교사의 직무환경이 교직지향성 및 교직지향 이유에 미치는 영향. 한국영유아보육학, 88, 1-20.

안정모 (1994). 교직특성에 따른 유치원 교사의 권리와 의무에 관한인식연구. 이화여자대학교 교육대학원 석사학위논문.

안창규 · 황해익 (1990). 교직 기초적성의 평가에 관한 연구. 교육연구, 1(1), 105-133.

양다경 (2011). 교권에 대한 유치원과 초등학교 교사의 인식비교. 경성대학교 교육대학원석사학위논문.

양옥승 · 임승렬 · 박은혜 · 조부경 (1997). 유아교사 양성대학 평가. 한국교사교육, 14(1), 30-56.

염지숙 · 이명순 · 조형숙 · 김현주 (2015). 유아교사론. 경기: 정민사.

오은순 · 이재숙 (2015). 보육학개론. 경기: 양서원.

요시모토 다카아키 (2003). 내 안의 행복 (김하경 역). 경기: 호박넝쿨.

원계선 (2013). 초임 보육교사의 경험과 조직 적응과정에 대한 근거이론. 한국보육지원학회지, 9(2), 23-46.

위미숙 (2005). 교원의 권리와 의무에 관한 분석적 연구. 교육행정학연구, 23(1), 209-237.

유치원교원 양성 임용제도 개선연구단(2010). 유치원교원 양성 및 임용체제 개선방안 연구. 교육과학기술부.

육아정책연구소 (2013). 장애영유아 통합보육의 질을 생각한다. 육아정책 Brief, 16. 서울: 육아정책연구소.

육아정책연구소 (2014). 유아교육연차보고서. 서울: 육아정책연구소.
윤기영 · 박상임 (2000). 유아교사와 학부모의 인간관계. 한국교원학회지, 17(1), 13-24.
윤용희 (2000). 보육교사의 전문성에 관한 소고. 혜전대학논집.
이가은 (2005). 경력-초임유아교사 간의 협력적 멘토링 과정 연구. 숙명여자대학교 대학원 석사학위논문.
이경민 · 엄은나 (2005). 유아교사 자질에 대한 유치원 1급 정교사 자격 연수 참여 교사의 기대와 자기평가. 유아교육학논집, 9(4), 133-152.
이경민 · 윤혜경 · 변소연 (2016). 유아행복연구 동향 분석. 한국유아교육협회, 유아교육연구, 36(2), 497-514.
이경민 · 최윤정 (2010). 유아교사의 교직만족에 영향을 주는 생활만족과 몰입경험의 관계분석 연구. 한국유아교육학회, 유아교육연구, 30(3), 195-214.
이기숙 (2009). 유아교육개론. 경기: 양서원.
이기숙 · 박경자 · 김영옥 (2007). 보육교사의 질적 특성과 유아의 인지 · 사회성 발달과의 관계. 육아정책연구, 1(1), 143-1683.
이나영 · 국지윤 · 김영옥 (2014). 보육교사의 심리적 소진과 교사-영유아 상호작용의 관계에서 정서노동의 매개효과. 한국영유아보육학, 89, 341-359.
이남희 (2008). 유아교사의 이직결정에 영향을 미치는 동료, 원장 및 학부모와의 인간관계 연구. 성균관대학교 생활과학대학원.
이병래 · 김진호 · 강정원 (2005). 영유아교사 양성을 위한 기준교육과정 구성 및 운영 방향 모색: 영유아교사의 덕목에 관한 현직교사의 인식과 평가를 중심으로. 한국영유아교원교육학회, 유아교육학논집, 9(1), 53-79.
이상금 (1993). 2000년을 향한 유아교육 장 · 단기 발전 방안.
이석순 · 박은미 (2014). 영아보육교사의 전문성 인식과 전문성 발달 수준에 관한 연구. 한국유아교육, 보육복지학회, 18(4), 437-460.
이성한 · 하연희 · 이귀숙 (2017). 아동권리와 복지. 서울: 창지사.
이성희 · 김현수 (2017). 영유아기 발달기에 있어서의 원가족지원. 한국아동가족복지학회, 2017년도 추계학술대회 발표, 20171117.
이성희 · 한희선 (2012). 결혼과 가족. 서울: 도서출판 파란마음.
이순형 · 권기남 · 김진욱 · 민미희 · 김정민 · 김은영 · 이성옥 · 정현심 · 심도현 · 안혜령 (2015). 보육교사론. 경기: 양서원.
이완정 (2005). 보육시설 영유아의 권리보호를 위한 각국의 보육종사자 윤리강령 연구. 아동권리학회.
이완정 (2015). 영유아 인성보육의 전망과 과제. 한국보육진흥원 제2회 인성보육포럼 자료집, 43-60.
이유정 (2013). 어린이집 교사의 적성과 행복감이 직무 스트레스에 미치는 영향. 중앙대학교 사회개발대학원 석사학위논문.

이윤경 (1998). 유치원교사의 직무만족도 및 근무환경과 조직 헌신성과의 관계연구. 아동교육학회, 18(1), 223-241.

이윤경 (1999). 유치원 교사의 갈등관리 유형과 직무만족도와의 관계. 한국교육학회, 교육학연구, 37(3), 356-383.

이윤식 (1999). 교사발달의 관점에서 본 장학. 한국교사교육, 16(2).

이은영 (2016). 어린이집 딜레마 상황에 대한 교사 간 짝토론 활동이 보육교사의 비판적 사고 성향에 미치는 효과. 총신대학교 교육대학원 석사학위논문.

이은화 (2002). 스토리텔링을 기반 유아핵심인성역량 프로그램 개발 및 효과. 경성대학교 대학원 박사학위논문.

이은화 · 배소연 · 조부경 (1995). 유아교사론. 서울: 양서원.

이은화 · 배소연 · 조부경 (2001). 유아교사론. 서울: 양서원.

이정림 · 김은영 · 엄지원 · 강경숙 (2012). 장애영유아 통합보육 · 교육 현황과 선진화 방안 (연구보고 2012-10). 서울: 육아정책연구소.

이진선 (2010). 유아교육기관의 유형과 교사의 창의성이 유아과학교육에 미치는 영향에 관한 연구. 가천대학교 대학원 석사학위논문.

이진화 (2014). 보육교사의 교육신념과 영유아권리 존중 · 보육실행과의 관계. 한양대학교 교육대학원.

이창숙 (2007). 유치원 교사의 발달단계별 직무능력과 직무만족도 간의 관계 연구. 공주대학교 교육대학원 석사학위논문.

이희승 편 (1994). 국어대사전. 서울: 민중서관.

임미선 · 박정아 (2011). 보육교사의 다문화 가정 인식에 관한 연구. 대한가정학회지, 49(7), 25-37.

임승렬 · 김연미 · 이은정 (2014). 영유아 보육교사를 위한 보육교사론. 경기: 파워북.

임종률 (2013). 노동법. 서울: 박영사.

장경미 (2008). 보육교사의 개인적 자질과 영유아 애착과의 관계. 평택대학교 상담대학원 석사학위논문.

장명림 · 이미화 · 최윤경 · 이혜민 (2012). 3-5세 연령별 누리과정 해설서 개발 연구. 서울: 육아정책연구소.

전남련 · 이은임 · 김기선 · 이효수 · 남궁기순 · 신미선 · 김연옥 · 이선영 · 권인양 · 박정희 · 조동구 (2015). 보육학개론. 경기: 정민사.

전재선 (2011). 유아교사 인성 자기평가도구 개발 및 타당화 연구. 성균관대학교 일반대학원 박사학위논문.

정경미 · 김정원 · 류성창 · 박인심 · 문찬수 (2011). 교사 선발방식 개선 방안 연구. 충청북도: 한국교육개발원.

정덕희 (2014). 보육교사가 어린이집에서 경험하는 인간관계의 양상. 아동교육, 23(1), 321-343.

정미경 · 김정원 · 류성창 · 박인심 (2011). 교사선발 방식 개선 방안 연구. 한국교육개발원, RR 2011-05.

정미경 · 김정원 · 류성창 · 박인심 · 문찬수 (2011). 교사 선발방식 개선 방안 연구. 충청북도: 한국교육개발원.

정병호 (1993). 영유아 보육의 질적 수준 진단과 개선 방안 모색에 대한 토론. 우리나라 보육의 현실 진단과 발전 방안 모색. 영유아 보육 발전을 위한 학술 심포지움. 우리 아이들의 보육을 걱정하는 모임.

정영희 · 이영숙 (2012). 어린이집 교사의 직무환경과 민감성 분석, 미래유아교육학회지, 19(2), 107-132.

정옥분 · 김경은 · 김미진 · 노성향 · 박연정 · 엄세진 · 임정하 · 정순화 (2015). 보육교사론. 서울: 학지사.

정태시 (1968). 교원의 지위에 관한 권고 문서. 서울: 대한교육연합회.

정혜정 · 조은경 (2007). 한국형 자기분화척도개발과 타당성에 관한 연구. 한국가족치료학회, 가족과 가족치료, 15(1), 19-46.

조부경 · 백은주 · 서소영 (2001). 유아교사의 발달을 돕는 장학. 서울: 양서원.

조성연 · 백은주 · 김혜금 · 권연희 · 정지나 (2011). 한국형 보육교사 직무만족척도(K-CTJSS)의 표준화를 위한 타당화 연구. 한국가정관리학회, 29(2), 1-12.

조운주 (2007). 유아교사와 유아가 인식한 유아교사의 이미지 이해. 유아교육연구, 27(3), 315-335.

조은미 (2009). 실천지향의 인성교육 프로그램을 통한 바른 인성 함양 방안 연구. 광주교육대학교 교육대학원 석사학위논문.

조주연 · 백순근 (2004). 교직적성 · 인성 검사도구 개발. 서울: 교육인적자원부.

조주연 · 백순근 · 임진영 · 여태철 (2004). 초등교직적성검사 모형개발 연구. 교육심리연구, 18(3), 231-247.

조필수 (2007). 보육교사의 교직 윤리의식에 관한 연구. 연세대학교 행정대학원 석사학위논문.

조형숙 (2009). 보육실습 경험에 나타난 예비교사의 영아에 대한 이해과정의 교육적 의미. 유아교육학논집.

조혜경 · 곽혜경 · 구경선 (2016). 개정 보육학개론. 서울: 창지사.

차언지 (2013). 어린이집교사의 보육컨설팅 참여 여부에 따른 교사 효능감의 차이. 울산대학교 대학원 석사학위논문.

천세영 외(2012). 인성교육 비전 수립 및 실천 방안 연구. 서울: 교육부.

최애경 · 김길숙 · 김혜윤 · 좌승화 (2016). 영유아교사론. 경기: 공동체.

최예정 (2004). 예비초등교사용 '교직 적성, 인성 검사' 평가 연구. 서울대학교 대학원 석사학위논문.

최은영 (2015). 한국 유아교육과 보육 통합의 선결 과제. 육아정책연구, 9(1), 257-277.

최일선 (2009). 유아교사의 자아개념과 인성개발 효능감의 관계. 한국유아교육 보육복지학회, 유아교육 · 보육복지연구, 13(2), 219-237.

최종욱 (2010). GPS 인성 프로그램. 전문대학 특성화 사업보고서.

최형성 (2015). 보육교사의 이직의도 모형탐색: 소진의 매개효과를 중심으로. 미래유아교육학회지,

22(2), 101-118.

최혜순 · 이미현 · 김계중 (2016). 영유아 뇌발달과 인성교육. 경기: 어가.

최희선 · 김재복 · 김영수 · 허숙 · 김명수 · 김경이 · 김정기 · 권영구 · 정재현 (2000). 신규교원임용시험 평가기준 및 척도 개발 연구. 교육부정책연구보고서.

통계청 (2017). 보육통계.

통계청 (2017). 지역별 고용조사.

표갑수 (1993). 우리나라 영유아보육의 현실진단과 발전 방안 모색. 영유아보육 발전을 위한 심포지움, 우리 아이들의 보육을 걱정하는 모임, 삼성복지재단, 93.

하쾌남 · 정민자 (2017). 유아기 맞벌이 부부의 일-가족 균형, 회복탄력성이 행복에 미치는 영향. 한국가족관계학회지, 22(1), 111-134.

한국경제TV (2016. 1. 2.). 한국인 "내 건강상태 나쁘다"… OECD 국가 중 가장 비관적. http://www.wowtv.co.kr/NewsCenter/News/Read?articleId=A201601220035&resource=에서 인출.

한국대학교육협의회 (2016). 수업의 몰입도를 높이는 정서활용교수법 과정 고등교육연수원 연수교재.

한국보육시설연합회 · 육아정책연구소 (2010). 보육시설장 교사 윤리강령 개발 연구.

한국보육진흥원 (2010). 장애아보육 운영 실제. 서울: 한국보육진흥원.

한국유아교육학회 편 (1996). 유아교육사전. 서울: 한국사전연구사.

한기연 (2001). 분노 스스로 해결하기. 서울: 학지사.

한수란 (2006). 유아교사의 반성적 사고 및 반성적 사고수준과 교수능력. 부사대학교 대학원 석사학위논문.

한은주 (1989). 교원의 권리 · 의무에 관한 일 조사 연구: 특수학교교원을 중심으로. 이화여자대학교 교육대학원 석사학위논문.

허미경 (2014). 유아교사의 윤리적 딜레마 해결력 증진 프로그램 개발 및 적용. 덕성여자대학교 대학원 박사학위논문.

허혜경 · 박인숙 (2010). 보육교사의 자질과 직무태도가 보육의 질(質)에 미치는 영향. 한국영유아보육학회, 한국영유아보육학, 64(64), 21-44.

홍은경 (2003). 유치원 초임교사를 위한 멘토링 과정. 중앙대학교 대학원 박사학위논문.

황보영란 (2010). 유아교육법의 기본법으로서의 교육기본법에 관한 연구. 유아교육연구, 30(6), 291-314.

황보영란 (2011). 유치원 교원의 법적 지위에 관한 연구. 유아교육연구, 31(5), 87-112.

황보영란 (2014). 영유아보육법에 관한 연혁적 고찰 : 법의 성격과 법체계의 관점에서. 육아지원연구, 9(2), 125-146.

황소현 (2017). 원장 · 동료교사와의 관계와 보육교사의 행복감에 관한 연구 - 직장어린이집 교사를 중심으로. 울산대학교 대학원 석사학위논문.

황용준 (1994). 자율성, 협동성을 기본으로 한 동료장학. 경기교육, 122.

황응연 (1990). 潛在力 啓發과 敎育. 서울: 한영출판사.

황정규 (1990). 교직적성 및 면접고사 실시의 논리와 방안. 교직적성과 면접고사에 관한 세미나, 9-25.

황정규 · 윤정일 · 서정화 · 송광용 · 이윤승 (1995). 교원교육 개혁을 위한 종합 연구. 서울: 서울대학교 교육연구소.

황해익 (2004). 유아교육평가. 서울: 양서원.

황혜경 · 김용희 · 김지영 · 심윤희 · 김보영 · 이회현 (2017). 보육교사(인성)론. 경기: 양서원.

Adler, A. (2014). 항상 나를 가로막는 나에게 (변리영 역음). 서울: 카시오페아.

Billington, D. (2009). 멋지게 나이 드는 법 46 (윤경미 역) (p. 54). 서울: 작은씨앗.

Biswas-Diener, R. & Dean, B. (2009). 긍정심리학 코칭 (서희연 역). 아시아코치센터.

Bowen, M. & Kerr, M. E. (2005). 보웬의 가족치료 이론 (남순현 역). 서울: 학지사.

Bredekamp, S. & Wilr, B. (1992). The early childhood profession coming together. *Young children, 47*(6), 36-39.

Brooks, J. B. (2006). 새로운 세대의 부모와 자녀 (이순례 · 문연실 · 신건호 역). 서울: 학지사.

Bullough, R. & Knowles, J. (1991). Teaching and nurturing: Changing conceptions of self as teacher in a case study of becoming a teacher. *Qualitative Studies in Education, 4*, 121-140.

Feiman-Nemser, S. (1996). Teacher mentoring: A critical review. (*ERIC* Document Reproduction Service *No. ED 397 060*).

Fromberg, D. P. (2003). Professionalism ion early childhood teacher education in an era of elevated standardization and minimalist testing. *Journal of Early Childhood Teacher Education, 24*(2), 103-109.

Gibran, K. (1923). 예언자 (류시화 역). 서울: 무소의뿔(도서출판연금술사).

Goffin, S. C. (1996). Child development knowledge and early childhood teacher preparation. *Early Childhood Research Quarterly, 11*(2), 117-133.

Hildebrand, V. (1976). Introduction to Early Childhood Education(pp. 324-330). NY: Macmillan Publishing INC.

Hoit-Reynolds, D. (1992). Personal history-based beliefs as relevant prior knowledge in course work. *American Educational Research Journal, 29*(2), 325-349.

Holloway, J. H. (2001). Research link. The benefits of mentoring. *Educational Leadership, 58*(8), 85-86.

Josephson, M. (2002). *Making ethical decision*. CA: Josephson Institute of Ethics.

Kat, L. G. (1972). Developmental stages of preschool Teachers. *Elementary School Journal, 73*.

Kat, L. G. (1985). Research currents Teachers as larners. *Language Arts, 62*(7).

Kat, L. G. (1992). 유아교사를 위한 제언 (이차숙 역). 서울: 양서원. (원저 출판 1977년).

Knowles, J. G. & Holt-reynolds, D. (1991). Shaping pedagogies through personal histories in preservice teacher education. *Teachers College Record*, *93*(1), 87-113.

Korthage, F. A. J. (1988). The influence of learning orientations on the development of re-flective teaching. In J. Calderhead (Eds.), *Teachers' professional learning* (pp. 35-50). Philadelphia: Falmer.

Kozol, J. (2008). 젊은 교사에게 보내는 편지 (김명신 역). 서울: 문예출판사.

Kyzar, W. (1994). A qualitative study of student teacher's perceptions and reflective thinking during the student teaching experience. Unpublished doctral dissertation, Mississippi State University.

Leavitt, H. & Lipman-Blumen, J. (1995, Jul/Aug). Hot Groups.

Lickona, T. (1991). *Education for character: How our schools can teach respect and responsibility*. NY: Bantam.

Lickona, T., Schaps, E., & Lewis, C. (2003). CEP's eleven principles of effective character education.

Lopez, S. J. (Eds.) (2011). 정서적 경험 활용하기 (권석만 · 임선영 · 김기환 역). 서울: 학지사.

Lortie, D. C. (1975). *Schoolteacher: A sociological study*. Chicago: The University of Chicago Press.

NAEYC (1993). A conceptual framework for early childhood professional development. A position statement of the National Association for the Education of Young Children. Washington, DC: NAEYC.

NAEYC (2005). A position statement of the National Association for the Education of Young Children *Revised* April 2005.

NAEYC (2011). *Code of ethical conduct and statement of commitment*. Washington, DC: NAEYC.

OECD (2013). Starting Strong Ⅲ: A Quality Toolbox for Early Childhood Education and Care. 유아교육과 보육의 질 제고를 위한 정책 방안. 덕성여자대학교 산학협력단.

Orloff, J. (2004). 포지티브 에너지: 좋은 운명을 끌어들이는 (김소연 역). 서울: 한언.

Portner, H. (1998). *Being mentored: A guide for proteges*. Thousand California: Corwin Press, Inc.

Powell, R. & Birrell, J. (1992, April). The influences of prior experiences on pedagogical constructs of traditional and nontraditional preservice teachers. Paper presented at the annual meeting of the American Educational Research Association, San Francisco.

Riso, D. R. & Hudson, R. (2009). 에니어그램의 지혜 (주혜명 역). 서울: 한문화.

Robbins, A. (2002). 네 안에 잠든 거인을 깨워라 (조진형 역). 서울: 씨앗을뿌리는사람.

Rosenholtz, S. J. & Simpson, C. (1990). Workplace Conditions and the Rise and Fall of Teachers'

Commitment. *Sociology of education: American Sociological Association* (pp. 241-257).

Rosenholtz, S. J. (1991). *The teacher's workplace: The social organization of schools*. NY: Teachers College Press.

Saracho, O. N. & Spodek, B. (1998). *Multiple Perspectives on Play in Early Childhood*. Education. New York: State University of New York Press.

Seefeldt, C. (1980). *A curriculum for preschools* (2nd ed.). Columbus: Charles E. Merril.

Sinnott-Armstrong, W. (1988). *Moral Dilemmas (Philosophical Theory)*. Oxford, UK; NY, USA: B. Blackwell.

Spodeck, B. & Saracho, O. N. (1992). Issues in Child Care. *Yearbook in Early childhood education, Vol. 3*, Teachers College Colombia University.

Spodek, D., Saracho, O. N., & Davis (1998). *Issues in early childhood educational research*. Edited by Bernard Spodek, Olivia N. Saracho, and Anthony D. Pellegrini. New York: Teachers College Press, c1998.

Stroot, A. (1999). Impact of a collaborative peer assistance and review model on entry-year teachers in large urban school setting. *Journal of Teacher Education*, *50*(1), 27-41.

Surbeck, E., Han, E., & Moyer, J. (1992). Two step forward and one step back: Dancing forward effection with undergraduate student. *College Student Journal*, *26*(4), 459-466.

4대보험정보연계센터. http://www.4insure.or.kr

교육과학기술부. www.mest.go.kr.

국민연금보험공단 www.nps.or.kr .

국립국어원 표준국어대사전. http://stdweb2.korean.go.kr.

법제처. http://www.moleg.go.kr에서 영유아보육법, 인성교육진흥법을 인출

보건복지부. http://www.mohw.go.kr

육아정책연구소. http://www.kicce.re.kr

중앙육아종합지원센터. http://www.educare.or.kr

통계청. http://www.kostat.go.kr

저자 소개

이성희 우석대학교 아동복지학과 교수

이민경 전주기전대학교 유아교육과 교수

이영주 전주비전대학교 유아교육과 교수

최인숙 한일장신대학교 사회복지학과 겸임교수

장윤정 군장대학교 사회복지계열 객원교수

보육교사(인성)론

초판 1쇄 발행 2018년 7월 11일
초판 2쇄 발행 2020년 9월 10일

지 은 이 | 이성희 · 이민경 · 이영주 · 최인숙 · 장윤정
펴 낸 이 | 김기섭
편 집 인 | 김민수
펴 낸 곳 | 창지사 www.changjisa.com
08589 서울시 금천구 가산디지털 1로 83 파트너스타워 1차 9층
전화 (02)719-2211~3
팩스 (02)701-9386
등 록 | 1977년 4월 28일 · 제1-421호

ISBN 978-89-426-1135-5 (93370)

값 20,000원

「이 도서의 국립중앙도서관 출판예정도서목록(CIP)은 서지정보유통지원시스템 홈페이지(http://seoji.nl.go.kr)와 국가자료공동목록시스템(http://www.nl.go.kr/kolisnet)에서 이용하실 수 있습니다.(CIP제어번호: CIP2018020844)」